公民读本世界编

万国之上犹有人类在

主编/李庆明
编选/李　冰

二十一世纪出版社
21st Century Publishing House
全国百佳出版社

图书在版编目（CIP）数据

公民读本. 世界编：万国之上犹有人类在 / 李庆明, 李冰主编. -- 南昌：二十一世纪出版社, 2011.11(2022.4重印)

ISBN 978-7-5391-6972-9

Ⅰ. ①中… Ⅱ. ①李… ②李… Ⅲ. ①公民教育 – 基本知识 – 中国 Ⅳ. ①D648.3

中国版本图书馆CIP数据核字(2011)第208308号

公民读本：万国之上犹有人类在　　李庆明 / 主编　李冰 / 编选

责任编辑　文　欢
出版发行　二十一世纪出版社（江西省南昌市子安路75号　330009）
　　　　　www.21cccc.com　cc21@163.net
出 版 人　张秋林
经　　销　新华书店
印　　刷　北京金康利印刷有限公司
版　　次　2011年11月第1版　2022年4月第3次印刷
开　　本　700 × 1000 mm　1/16
印　　张　19.75
字　　数　290千
书　　号　ISBN 978-7-5391-6972-9
定　　价　30.00元

赣版权登字—04—2011—570

序

高雅阅读铸就高贵灵魂

李庆明

奉献在读者面前的《公民读本》丛书，是一套公民修养的启蒙读本。

“蒙以养正，圣功也。”[1]儿童的德性成长不仅关乎儿童自身的福祉，也关乎家庭、社会、民族、国家和人类未来的福祉。“太上有立德，其次有立功”，我深信，与才智、事功相比较，德性对于人格成长和社会发展的影响更基本，更重要，更核心，也更久远。而且，因为儿童是纯洁、脆弱、需要依靠的，当下的生长环境对儿童的健康发展又充满前所未有而且难以预料的挑战甚至威胁，我们就更有义务和责任牵起孩子们的手，向他们展示曾经有过的、还在绵延的并且一定会变得更加美好的世界！柏拉图早就说过：“你知道，开一个好头，对于做任何事情都是重要的，尤其是那些尚处于年青和稚嫩阶段的事物；因为正是个性形成的时候，此时留下的印象也最深刻……”“年青时形成的观念是很难消除和改变的，因此，年轻人成长时首次听到的故事应该是美德的典范……”柏拉图认为，“没有哪种训练能比这更高贵的了。”[2]

柏拉图的这番话无疑道出了道德启蒙对于个人一生发展的奠基意义。我想，其中还有两点提示特别值得我们深入思考：一是阅读与德性成长的关系；二是如何在当下的语境中理解“美德典范”。

我们这里所说的“阅读”，不是一般的知识性阅读，而主要是指具有文化意蕴、文学意味的阅读。德性知识的阅读如果不是附着在、蕴涵在诗意弥漫、情理交融的文学语言之中，那么往往会大打折扣，甚至无效。梁启超曾经详细的描述过文学作品的这种“浸润于国民脑质”的功能：“文学的功效不可思议。动人心速，入人心深，住人心久，一经被他感化了，登时现于行事。”当然，不一定只是文学阅读，凡

① 《易·蒙》。

② 《理想国》。

是具有"诗"(诗意)、"史"(史韵)、"思"(理趣)的"文化阅读"(the reading with cultural roots),包括文学、历史、政治(乃至时政)、哲学、科学、数学等方面的文化阅读,都能深刻持久地影响儿童思想道德的成长。我相信,童年需要并且适合这种斯文的、高贵的阅读。这样的阅读会使儿童气质斯文,灵魂纯朴,童心不灭。而由它发出的道德指引,给人的现实生活带来光亮、梦想和希望,而且激发他的道德反省和自觉,从而由感性而理性,加深了道德的积淀。

有人希望通过阅读"四书""五经",阅读《孝经》《弟子规》等所谓儒家经典来拯救时代的思想道德危机。对此,我是很怀疑的。事实上,一百年间的尊孔读经运动都是以偃旗息鼓而告终的。这并不令人惋惜。道理很简单,传统礼教与道德文化毕竟从根本上宣扬的是一套与现代文明格格不入的主张,它的一套核心价值观念——所谓"修齐治平"(即修身、齐家、治国、平天下)说,其实不过是一套以血缘关系为纽带和以宗法等级为基础建立起来的专制主义、禁欲主义、人伦(而非人文)主义的道德化政治和政治化道德系统,它所造就的封闭、僵化、愚昧、依附、奴性、亲缘等级性,以及虚文、虚荣、虚伪等国民劣根性对于现代文明进程的巨大妨碍,显而易见。当然,传统思想道德文化并非没有可取之处,但需要我们细细扒梳整理,以适应、充实、完善现代文明的变革与发展。

相形之下,有一种美德主义的伦理学和德育主张看上去更为人所称道和接纳。美国前教育部长威廉·贝内特可以被看做这方面的一个代表。他曾编著过一本盛极一时、甚至被誉为美国儿童"圣经"的《美德书》,他希望把人类那些具有卓越高尚价值如同情、自律、责任、友谊、工作、勇气、毅力、诚实、忠诚和信念的美德故事呈现在儿童面前。美德伦理(the ethic of virtue) 作为个人所表现的卓越道德品质与成就,注重的是人格理想完善基础上道德的圆满实现,它常常要求个人在遭遇并意识到权利与义务、功利与责任、欲望与理性、世俗与神圣等矛盾冲突的时候,根据道德良知做出超越狭隘功利的自主抉择,通过意志的痛苦努力,放弃或牺牲个人的利益、幸福甚至生命,以服从社群(团体、民族、国家等)的义务、指令或利益,充分彰显了人性的尊严和高尚。美德伦理对成长中的儿童和走向未来的社会拥有积淀厚重和高蹈卓越的道德文化,具有十分重要的作用。

我们把这种伦理称之为"公民伦理"或"公民德性"。我们认为,现代文明社会倡导的德育应当是公民德性或公民伦理教育。而儿童阅读的所谓"美德的典范",则应当是启迪、濡染和造就公民伦理或公民德性的经典。

倡导公民伦理和公民阅读,具有十分迫切的意义。热捧传统文化的人可能忽视了一个简单的事实,中国传统道德文化始终存在公民文化的缺位,以至梁启超发出了这样的喟叹："我国民所最缺者，公德其一端也。"[①]。古代中国从来不存在"公民社会"，也无所谓"公民"，而只有依附于国家的臣民、顺民，抑或与之敌对的刁民、暴民。因此，直至今天，仍有不少中国人认为公共事务就是政府的责任，而与公民无关。也因此，我们就不难理解，为什么上个世纪初，在经历了洋务运动、戊戌变法失败，经济、政治强国迷梦破碎之后，许多仁人志士试图通过国民性启蒙与改造探索中国的出路。从龚自珍、魏源的"人心风俗"改造主张，到康有为、梁启超、严复、谭嗣同的"新民"说，再到陈独秀、李大钊、鲁迅等人的个性主义的"立人"说，莫不彰显对于公民人格的召唤和执著。目睹中国公民素质缺失的现状，重温国民性改造时代那些依旧振聋发聩的言说，我们会有芒刺在背的愧疚、忧患，和自我救赎、奋起直追的强烈冲动。胡锦涛总书记在中共十七大报告中指出："加强公民意识教育，树立社会主义民主法治、自由平等、公平正义理念。"就是向我们发出的最强烈的时代召唤！

当然，对于公民德性或公民伦理的理解，一直是众说纷纭的。公民和公民教育的思想发轫于古希腊，例如，在古希腊，公民在亚里士多德"人天生是一个政治动物"的语境里，扮演的是能说会道、参与公共事务的"政治人"角色；而在罗马帝国，公民则是"法律人"（legalis homo），或自然的权利承担者；到了近现代，公民除了政治、法律身份外，还因为社会与国家的分离而具有了"社会的个人"的性质，他和国家的关系不再是传统社会那种家国一体的关系。国家对于社会和个人的控制越来越小，而个人所拥有的社会空间、公共空间越来越大，他必须遵循公共空间的游戏规则。此外，对于公民素质的理解，还一直存在共和主义、自由主义、社群主义以及国别取向和世界取向的视角。

梳理了这些公民观念与主张，我一直在思考一个问题，能不能构建一种社会主义公民观念的假说呢？社会主义公民观念与学说不可能从天而降，凭空产生，它会自觉积极地吸取人类优秀的思想财富。2007年3月16日，温家宝总理在十届全国人大五次会议记者招待会上答中外记者问时说过这样一段话："民主、法制、自由、人权、平等、博爱，这不是资本主义所特有的，这是整个世界在漫长的历史过程中共同形成的文明成果，也是人类共同追求的价值观。"[②]基于此，我借用中国本土道德文化中的"修齐治平"提出一个重建国民精神的新"五爱"说或新"修齐治平"说，也

---

① 《新民说》。

② www.xinhuanet.com(新华网)：《在十届全国人大五次会议记者招待会上温家宝总理答中外记者问》。

即：爱自己（“修身”），爱亲人（“齐家”），爱大家（“为公”），爱祖国（“治国”），爱人类（“平天下”）。

“在爱里一切都得到丰足。”（纪伯伦：《爱》）“新五爱”由个体为基础，向家庭、社会、国家（包括祖国）、世界次第扩展，构成一个相互独立又相互依存的有机整体，从不同侧面陶冶、锤炼、丰富人的公民素养。我认为，每个人心中只有同时拥有了这五种爱，他的公民素养才是完整丰足、和谐圆融的。

李冰老师的这套《公民读本》就是根据上述文化阅读和公民伦理教育（包括与公民伦理互补的美德伦理乃至圣德伦理教育）的主张，精心编写出来的。它一共分为五编：第一编为个人编：《为我唱首歌吧》；第二编为家庭编：《家，甜蜜的家》；第三编为社会编：《全世界都在对我微微笑》；第四编为国家编：《我有一个梦想》；第五编为世界编：《万国之上还有人类在》。分别涉及公民伦理教育的五个领域。

虽然我是这套读本的主编，负责确定了读本的主旨与立意，勾画了读本的基本框架和选编原则，但绝大部分的选材、编辑、加工都是由李冰老师独立完成的，周其星、李燕妮、郭晓云、林静子、唐维芳、高夏华、梁素芬、张晓琴等老师也在编写过程中为读本素材的初步搜集与整理付出了辛勤劳动。由于李冰老师的出色工作，我提出的修改意见是微乎其微的。李冰老师是一位优秀的中学历史老师，不仅勤于读书，还一直大胆尝试通过历史教学开展公民启蒙教育，做过《恶魔的背影——聚焦希特勒》、《天堂此时——解读恐怖主义》、《希特勒的孩子们》、《圆明园的前世今生》等发人深省、令人惊叹的公民阅读个案研究。一套洋洋百余万字的《公民读本》更是凝聚了她几年的心血与智慧。在一个浮华而喧嚣的都市，能抵拒诱惑，甘于寂寞，沉埋书斋，熟读精思，真是难能可贵。这套《公民读本》即使存有诸多不足与缺憾，但可以想见，它的面世，对于我国青少年儿童的精神成长，必是一个福音！

我坚信：高雅阅读必能铸就高贵灵魂！

2011年9月30日完稿于“拼音识字斋”

目录

战争与和平

另一种话

面对明天让我们从容些

要桥梁，不要围墙

苦难记忆

《一个人的受难》之二十二　　麦绥莱勒（1918—1919）

前言

我一直在思考这样的问题：在孩子纯洁透明的生命之初，在他蹒跚学步的童蒙时代，风华正茂的少年岁月，该拿什么来滋养他，建造他生生不息的精神家园？

有人认为，给童年和少年知识和相应的才能最重要。我不认同这种见解。难道还有什么比人活着更重要吗？活着可是生命成长与发展的根基啊！紧接的问题是：怎样活着才是有意义和价值的？美国大哲学家威廉·詹姆斯曾意味深长地问道："人生值得过吗?"在对哈佛大学生的演讲中，他回答了这个问题：值得过的人生一定是有意义的人生，而人生意义的由来正在于人类有其道德理想和价值信仰。

詹姆斯是对的。法国有句谚语："人而无德，生而何益。"把道德提到了生死存亡的高度，是不是有点儿危言耸听？我觉得不是。几乎每个人儿时都听过《狼来了》的故事，结局是撒谎的孩子被狼吃掉了（一说他放牧的羊统统被吃掉了，或他和羊都被吃掉了）。总之，这是一个关于道德与生命的故事。有道德的生活才使我们的生命变得安稳无虞，变得有意义，有尊严，有光彩；才使知识、才能、成就、财富、幸福等成为可能和现实。

英国著名诗人雪莱说过："道德中最大的秘密就是爱。"我非常赞同本书主编李庆明先生提出的"新五爱"主张，即爱自己、爱亲人、爱大家、爱祖国、爱人类。我想，这些爱一定存在着水乳交融的关联，因而缺一不可。记得前苏联的伟大教育家苏霍姆林斯基说过："如果一个孩子连他的妈妈也不爱，他还会爱别人、爱家乡、爱祖国吗？"揭示的不就是这种关联吗？正是这些互相补充、滋养和丰富的爱，构成文明社会"好公民"的精神世界。编写这样一套读本，就是想在孩子们空灵的生命之杯，斟上爱的琼浆，轻酌慢饮，让爱的涌流在孩子的生命世界里欢歌劲舞，奔腾不息。在持续地阅读、吟诵与沉思冥想中，一扇通往未来的门打开了。

有人说：生命的早晨就像一天的黎明，充满纯真、美景和融洽。孩子对爱有着天然的渴求。但孩子会像容器一样接受现成的道德说教吗？不会。道德只能陶冶和熏陶，孩子只会在美仑美奂的文字宫殿里优游流连，乐而忘返，这也是他们的天性。所以，我努力提供给孩子的，只能是道德文字的经典和范例。孩子们可以不拘顺序，跨越年龄界限随意阅览，反复品读，让道德文字的芬芳弥漫在校园、家庭、社区的每一个角落……从这里，孩子们将开始健全的公民生活。因为选编的是经典，我期待这套读本会令阅读者爱不释手，常读常新。

特别感谢朱小蔓、朱永新两位大家，主编告诉我，他的公民教育探索深受朱永新教授新教育思想的影响与启迪，而朱小蔓教授对我跟随她访学期间研究公民阅读提出的许多切中肯綮的批评指导至今令人难忘！

衷心感谢梅子涵教授，是他向21世纪出版社热情推荐了这套读本，感谢袁伟时教授、陈家琪教授、傅杰教授、王彬彬教授和他的弟子周红博士；此外，还要深切缅怀已经故去的文史专家商友敬先生，他生前一直关心读本的编写，多次亲临指导，令人铭记终身！

真诚感谢广东省教育厅、深圳市委宣传部、深圳团市委、深圳市教育局、深圳南山区委宣传部、南山区教育局诸位具有远见卓识的领导对探索社会主义公民教育的理解、支持和指导，否则，包括这套公民读本编写在内的所有探索与研究都很难想象会进展顺利，并取得一个又一个成果。

21世纪出版社张秋林社长自始至终关心读本的出版，充分表现出一位出版家对于青少年儿童思想道德成长的极大热忱与殷殷期望，出版社北京人文中心张明主任、读本的责任编辑文欢女士高度负责，一丝不苟，其精湛的专业水准和高尚的职场伦理给我们留下深刻的印象，也在此一并致以谢忱！深表感谢！

李 冰

2011年10月

有人说“大人、小孩以及别的动物的消遣办法，大多数都是模仿打仗。”有人类存在的地方，就很难避免会有暴力和冲突，纵观战云密布的人类史，随着文明的进步，各种战争也不断升级。战争造成生命消失、文明损毁、生态破坏、疫病流行……人类把刀剑当做他的上帝。当刀剑胜利时人类自己却失败了。“但愿我能找到这样一个国家，那里人们所关心的不再是我们一向所关心的那些，而是美，是自然，是彼此仁爱相待。但愿我能找到那座远处的青山！”

第一章

战争与和平

和平睡着了[①]

◇ 丁谕弘

丁谕弘，台湾小朋友。

战争趁和平睡着时，
偷偷地跑出来捣蛋。
弄得，
美国跟利比亚，
伊朗和伊拉克，
以色列和阿拉伯，
争得脸红脖子粗，
和平，
你到底何时才醒来？

① 选自《中外儿童诗精选》，小舟主编，浙江文艺出版社2004年版。

我不过是个小小的声音[①]

◇ 巴特娜格

巴特娜格，菲律宾小朋友。

我不过是个小小的声音，
我只有个小小的梦想：
在清新的空气里，
充满了花香。
我不过是个小小的声音，
我只有个小小的梦想：
对着太阳微笑，
自由地跳舞歌唱，
不管在什么地方，
自由地把我的歌来唱。
来吧，全世界的小朋友，
我们是一体，
来吧，全世界的小朋友，
我们是一体，
我们有同一的希望。
我们有同一的梦想，
我们用一个嗓子来歌唱。

和平啊，给我们和平，
幸福啊，给我们幸福，

---

① 选自《中外儿童诗精选》，小舟主编，浙江文艺出版社2004年版。

给我们全人类的爱。
和平啊，给我们和平，
幸福啊，给我们幸福。
给我们全人类的爱。

我不过是个小小的声音，
我只有个小小的梦想。
对着太阳微笑，
自由地跳舞歌唱，
不管对什么人，
自由地把我的歌来唱。
歌唱和平，
和平啊，给我们和平。
幸福啊，给我们幸福，
给我们全人类的爱，
和平啊，给我们和平。
幸福啊，给我们幸福，
给我们全人类的爱。

我与死神有个约会[①]

◇ 阿伦·西格

我与死神有个约会，
地点在双方争夺的街垒。
当树叶沙沙，大地春回，
空中充满了苹果花香——

我与死神有个约会，
当春天带回晴朗的蓝天。
也许他将牵着我手，
把我引入黑暗王国，
停止我的呼吸，合上我的眼——
也许我将从他身边逃脱。

我与死神有个约会，
在遭到炮击、弹痕累累的山坡。
当今年春天又来临，
鲜花初开在草地。
丝绸作衾被，
芬香沁心脾，
恋人相拥入梦乡，
脉搏、呼吸汇成一个节奏，

阿伦·西格（1888—1916），美国战地作家、诗人，生于纽约。第一次世界大战爆发后，西格加入法国的外国军团，在索姆战役中阵亡。《我与死神有个约会》是他战地诗作中最有名的一首，最初发表于1916年10月的《北美评论》。

① 选自《美国读本》，（美）戴安娜·拉维奇编，陈凯等译，国际文化出版公司2005年版。

梦醒更觉宁静温柔……
但是我却与死神有个约会，
夜半相聚在燃烧的小城，
当春天又轻快地移向北方；
我发誓一定要遵守诺言，
这约会决不让对方失望。

在风中吹响[①]

◇ 鲍勃·戴伦

鲍勃·戴伦（1941—），又译为鲍勃·迪伦，美国上世纪60年代最有影响力的民谣歌手、音乐家、诗人，获2008年诺贝尔文学奖提名。

这其实是一首歌的歌词，一连串的提问撕裂着人类心灵的伤疤，它的悲愤和无奈让人想起另一首歌《Tell me why?》，“如何努力才能成为一个男人，难道非要无休止的忍受和争夺来向世人证明自己吗？这就将是我漫长的生命吗——在炮火横行的世界中慢慢消逝？”这一切一切的问题，答案飘荡在风中……

一个男人要走过多少路，
你才能称他为男子汉？
一只白鸽要飞过多少海面，
她才能在沙丘安眠？
炮弹要掠过天空多少回，
它们才被永远禁用？
这回答，我的朋友，正在风中吹响，
这回答正在风中吹响。

一个人抬头看多少次，
才能望见蓝天？
一个人需多少只耳朵，

① 选自《美国读本》，（美）戴安娜·拉维奇编，陈凯等译，国际文化出版公司2005年版。

鲍勃·戴伦之所以成为美国60年代的巨星，大概是因为他的声音中有一种沧桑感和抗争的力量，有一种愤怒而孤独的情绪。这些对于美国迷惘的青年人来说，恰恰是他们最需要的。

才能听到人们的哭喊？
多少人死去才能使他了解，
已有太多人死亡？
这回答，我的朋友，正在风中吹响，
这回答正在风中吹响。

一座山要耸立多少年，
才会被冲刷入海？
一些人要生活多少年，
才会被给予自由？
一个人能转过头去多少回，
假装他什么也没看见？
这回答，我的朋友，正在风中吹响，
这回答正在风中吹响。

爱花的牛[①]

◇ 曼罗·里夫

曼罗·里夫 （1905—1976），美国作家和儿童图书插画家。生前写过、画过近40本书，其中最具盛名的，即与罗伯特·劳森合作的《爱花的牛》。由曼罗·里夫所执笔的这本书，在美国是第一本被贴上“颠覆”卷标的作品。在西班牙内战期间（20世纪30年代），这本书曾经被禁；另外，它也曾被德国纳粹列为禁书。尽管命运多舛，《爱花的牛》还是静静地流经后世。它不仅被后来的大人肯定为是绘本中宣扬“反战、和平主义”的先驱，同时，也深受世界各地儿童的喜爱。

从前，西班牙有一只小公牛，他的名字叫费迪南。

所有的小牛，每天都在一块儿跑跑跳跳、或是顶着头撞来撞去。

只有费迪南，和大家不一样。

他喜欢坐在草堆里，静静地闻着花香。

牧场边边有一棵橡树，费迪南最喜欢到这棵橡树的底下坐了。费迪南好喜欢这棵树，他可以坐在树荫下，闻一整天的花香。

费迪南的妈妈看了好担心。

她怕费迪南会很孤单。“你为什么不去和其他的小公牛玩呢？”妈妈问。费迪南摇摇头，说：“我比较喜欢坐在这里，我可以静静地闻一闻花香。”妈妈终于知道费迪南不会寂寞。她是一个了解孩子的妈妈。

她让费迪南去做他想做的事情。

日子一天天过去，费迪南长大了。

他变成一只又大又壮的牛。

和费迪南在同一个牧场长大的那些牛，每天都顶着头伸着角，斗来斗去。每一只牛最大的希望，就是能到马德里的斗牛会上，风风光光地打一场胜仗。但是，只有费迪南和大家不一样，他仍是坐在橡树的底下，静静地闻

① 选自《爱花的牛》，（美）曼罗·里夫著，（美）罗伯特·劳森图，孙敏译，二十一世纪出版社2008年版。

着花香。

有一天来了五个戴着奇怪帽子的男人。他们来为马德里的斗牛会找一只身体最大、动作最敏捷、看起来最凶暴的牛。牧场上的那些牛，都一边跑一边发出叫声。他们跳来跳去、用头顶来顶去，显得非常、非常的凶猛。那些男人觉得这些牛好强壮、好厉害，准备要将其中的一只带走。费迪南认为没有人会把他带走。而且，他一点也不在乎。所以，他还是跑到他的橡树下，准备坐下来闻一闻花香。

费迪南要坐下去以前，并没有看一看底下，当他正准备坐在软绵绵的草上时，竟然有一只大黄蜂停在那儿。如果，你是一只大黄蜂。现在，有一只公牛坐到你的身上，你会怎么样？你一定会狠狠地刺他一下吧！没错，大黄蜂就是这么做的。

“哇！好痛！”费迪南又叫又跳。他就像疯了一样，横冲直撞，一会儿仰起头，一会儿撞向地面。

五个男人看到费迪南，都高兴很叫了起来。因为他们终于找到一只最大、最凶猛的牛。也只有这一只牛，才有资格被带到马德里的斗牛场去！

于是，五个男人载着费迪南到马德里。

斗牛大会就要开始了！街上插满了旗子。而且，还有乐队演奏呢！

坐在看台上的漂亮女士们，都在头上插满了花朵。在比赛开始之前，参赛的人都要绕场一周。首先是一群人拿着扎枪出场。他们是专门用绑有缎带的扎枪，去惹牛生气。紧接着，是拿着长矛的人，骑着瘦瘦的马出现。他们要用长矛去戳牛的身体，把牛弄得更生气。

最后，最了不起的大斗牛士出场了。他故作神气的，对着看台上的女士们鞠躬。他披着一条红色的披风。有一个少年，捧着剑，跟了出来。这把剑，是用来把牛刺死的。再过不久，公牛就要出来了。你们知道是谁吗？——是费迪南！“现出场的是‘猛牛费迪南’！”刚刚拿扎枪和长矛出场的人都吓坏了。即使是大斗牛士，也吓得直冒冷汗。

费迪南跑到斗牛场的中央。所有的观众都鼓掌、欢呼。因为，大家都以为费迪南会凶狠地露一手给大家看。可是费迪南并没有这么做。当他来到斗牛场的中央时，他看到看台上的女士们，头上都插满花。他便慢条其理地坐下来闻花香了。不论斗牛士怎么挑逗，费迪南都不想同他们争。他只是坐着闻花香。所有的人气得都在跳脚，特别是大斗牛士，因为没有办法在大家的面前炫耀功夫，更是气得发狂。

于是费迪南又被送回他的老家。

据我所知，到现在费迪南都还坐在他最喜欢的那棵橡树下，静静地闻着花香。费迪南过得很幸福。

费迪南可以一整天坐在树下，闻着那花香。

为什么会有战争？[①]

◇ 埃利·韦瑟尔

埃利·韦瑟尔（1928—），罗马尼亚出生的美国作家。作者在儿童时代经历了纳粹对犹太人的大屠杀事件，虽然侥幸逃生，但这种伤痛却伴其一生。因此，成年后他一直在为和平和人的尊严做出努力，努力把个人的关注化为全人类对战争、仇恨和压迫的谴责。由于贡献突出，他于1986年获得诺贝尔和平奖。

为什么有战争？

我的德国小朋友，这个问题跟所有的孩子都有些关系。你有权利提出这个问题，就如同你的父母有义务考虑这个问题那样。为什么人们在一个风和日丽的日子决定互相杀害、互相消灭。出于嫉妒？出于仇恨？在一个可能会是十分美好的世界上，为什么会有这么多的仇恨。科索沃的电视图像一定还在你的脑际萦回，你究竟知不知道，这些图像对于你周围的人以及所有其他的人意味着什么？“那个画面”的事情会不会到处发生，也在这里发生？

1945年，那时我只比你现在的年纪大一点儿。我当时坚信，世界上永远也不会再有战争了。人类永远也不会再经受这样的残忍和这样的痛苦了。我搞错了。社会似乎没有从其错误中学到许多东西。找你的父母，要他们给你讲讲，他们在报纸上读到了些什么。在爱尔兰，尽管有了种种和平协定，猜疑和怨恨却依然还一直在分裂着基督徒们，因为他们以不同的方式信仰着爱他们的拯救者。哥伦比亚一直还在流血。一场野蛮的争夺权力和地下资源的战争席卷刚果，至少有6个非洲国家卷进了这场战争。现在你一定会问：所有这些惨无人道的暴行都是为了什么？它们有什么意义？为什么人们不明白，结束暴力和恐怖已

① 选自《诺贝尔奖获得者与儿童对话》，（德）贝蒂娜·施蒂克尔编，张荣昌译，生活·读书·新知三联书店2005年版。

刻不容缓?

现在我来告诉你，人们是如何为他们有时所做的恶事辩解的。我们就拿宗教做例子吧。你也许以为，宗教的存在就是为了使人们互相亲近，因为他们都服从同一个神。可遗憾的是，我不得不让你感到失望。宗教完全同样地具有煽动人们互相敌对的情绪，使人们变成嗜杀成性、冷酷无情的怪物的力量。在本书的第二篇文章里，我的朋友西蒙·佩雷斯已经给你讲了很多这方面的事情。也讲了有时成百万的人会以宗教的名义杀人和被杀害。

那么，这是否意味着宗教始终就是某种灾难性的东西，它一直只是让不幸降临我们头上吗? 不，我的小朋友，决不是这样的。只是人们不可以狂热地从事宗教活动罢了。人们必须永远记住：好些道路都能通往上帝。上帝懂得所有的语言。它垂听所有的祷告，既垂听麦加的穆斯林的祷告，也垂听罗马基督徒的或耶路撒冷犹太人的祷告。信教者们只需同意有人隶属于另一种传统信仰，一切事情也就好办了。

然后还有爱国主义。在许多战争中，成百万的人们凭借着对自己国家的爱戴和信念，为保卫祖国而惨遭屠杀。这错了吗? 不，爱自己的人民、自己的祖国和自己的家庭是一件好事，这是值得称道的。与侵略者作战、反抗入侵者是每一个人应尽的义务。但是这与宗教信仰一样，这方面的危险也在于无节制，在于狂热。狂热会扭曲最高尚的动机；它甚至使纯洁和美丽的东西变得丑陋。狂热永远为恶魔服务。它为死神服务。

人们能与狂热做斗争吗? 人们能希望有一天战胜它吗? 我想能的。你看看今天的欧洲! 几百年来一直互相视为敌人的各国人民，现在正共同建设着它们的未来。德国和法国永远也不会再为了占领边境这一边或那一边的一小块地区而互相宣战。从根本上说，几乎不再有国境了。今天人们没有护照也能从一个国家进入另一个国家。你知道吗? 19个国家曾调集它们的武装力量，在前南斯拉夫阻止独裁者及其残忍的帮凶们的种族主义。在几十年前，这些国家中的某些怀着顽强的必胜信念的人们曾互相争斗过呢，今天它们却成了同盟者。

再说仇恨。人们怎么才能遏制或者甚至完全消除它? 首先人们得撕下它的假面具，并发现隐藏在它背后的是什么。这是第一步，其余的一切便迎刃而解了。在某一个时候，人们将会明白，仇恨不仅毁灭对手，而且也毁灭它的始作俑者。说到底，仇恨终究是自我毁灭性的。

甚至还有某种比仇恨更糟糕的事情，如果穿制服的杀人犯杀害了像你这样的儿童或像你父母这样的成年人，而不是因为有什么仇恨，那么这就更糟糕了。他们根本就不是因为愤怒和仇恨而杀人。这确实比仇恨更糟糕。

你年轻，你在上学，读书，看电影。你一定有朋友，你和朋友们谈论许多事情，并制订共同的计划。你们在梦想什么？我希望，在你们的梦境中不会有什么战场上的胜利。相信我吧：真正的荣誉不是在那里可以获得的。战争意味着一切可能的事物，但是荣誉肯定不在其中。它意味着人们有时向你显示的这种种景象：在冷漠的天空下，一个衣衫褴褛的身体；受凌辱的妇女；精神恍惚的、乞讨的人；失去了自己的父母和所有亲人的悲伤的儿童。战争意味着苦难；战争意味着破坏、绝望和死亡。

但是为什么人们在书籍中、在影视里，把战争说成是伟大而壮丽的呢？你会这样问我。是的，人们是这样做的。但是人们再也不应该这样做了。在新的千年里，人们应该歌颂和平、人与人之间的和谐，以及和谐所赐予的幸运。

最后我要给你讲一个故事，你早已知道这个故事：《圣经》故事中描述的那场最早的战争。你记得该隐和亚伯吗？他们是兄弟，然而哥哥该隐竟杀害了弟弟亚伯。为什么《圣经》告诉我们这个可怕的故事？我愿意告诉你为什么：为了让我们知道兄弟之间存在着敌意，因为这是一个应该永远记取的教训：谁杀人，就是杀他的兄弟。

从军五更转[①]

◇ 佚名

一更里，月光光；身靠着营门，站呀站岗；别人都在房中睡，我独门外受凄凉。

二更里，月初华；触起了想思，忆呀忆家；妻子梦中来会我，爹娘床上眼巴巴。

三更里，月正明；最苦的生涯，当呀当兵！七两饷银随手掷，千金性命一毛轻。

四更里，月转低；想起那战争，惨呀惨凄！炮火连天烟满野，尸骸遍地血沾泥。

五更里，月西沉；恨不得回家，养一呀养神！除非强暴来欺我，誓不无端去杀人。

---

① 选自《百年老课文》，胡继华、马自力主编，北岳文艺出版社2003年版。

远处的青山[1]

◇ 约翰·高尔斯华绥

约翰·高尔斯华绥（1867—1933），英国小说家、剧作家，代表作有长篇小说《福塞特世家》三部曲等。1932年获诺贝尔文学奖。

大自然美丽宁静，但是战争中“一边因为那新的恐怖”而寻找大自然的安慰，一边却揪心着“随着我的表针的每一下滴答，就又有一批生灵惨遭涂炭。”和平下，终于有“分外悠闲的心情”观赏美丽的大自然，“而不会时刻受着悲愁的拘牵”。人们渴望彼此仁爱相待，然而那美与仁爱的“青山”离我们还很遥远。什么时候它会更近一些？人们渴求美，自然，淳朴的友情，和平的家园，却“偏偏要去追逐那浊流一般的命运。所以战争能永远终止吗？”

但是，青山再遥远，也不能因此而对人类实现和平感到悲观失望，纵观世界今年，科索沃、车臣、海湾、非洲……饱受战乱之苦的人们对象征着和平、美和仁爱的“青山”又会是怎样的一种渴望？

不仅仅是在这刚刚过去的3月里（但已恍如隔世），在一个充满着痛苦的日子——德国发动它最后一次总攻的那个星期天，我还登上过那座青山吗？正是那个阳光美好的天气，南坡上的野茴香浓郁扑鼻，远处的海面一片金黄。我俯身草上，暖着面颊，一边因为那新的恐怖而寻找安慰，这进攻发生在连续4年的战祸之后，益发显得酷烈出奇。

---

① 选自《世界散文经典》，高健译，北方文艺出版社1995年版。

“但愿这一切快结束吧！”我自言自语道，“那时我就又能到这里来，到一切我熟悉的可爱的地方来，而不致这么神伤揪心，不致随着我的表针的每下滴答，就有一批生灵惨遭涂炭。啊，但愿我又能——难道这事便永远完结吗？”

现在总算有了完结，于是我又一次登上这座青山，头顶上沐浴着10月的阳光，远处的海面一片金黄。这时心头不再感到痉挛，身上也不再有毒气侵袭。和平了，仍然有些难以相信。不过再不用过度紧张地去谛听那永无休止的隆隆炮声，或去观看那些倒毙的人们、张裂的伤口与死亡。和平了，真的和平了！战争继续了这么长久，我们不少人似乎已经忘记了1914年8月战争全面爆发之初的那种盛怒与惊愕之感。但是我却没有，而且永远不会。

静静读着《远处的青山》，文字中并没有流露出作者对战争的谴责和对苦难的抱怨，而是充满对能够重返青山的感激和期待，对远处的青山寄予了更美好的向往和由衷的赞叹。这里传递着作者的思想，他要表达的仅仅是对生命的尊重，对青山的尊重，还有对美好未来的一种期待。

在我们和一些人中——我以为实际在相当多的人中，只不过他们表达不出罢了——这场战争主要会给他们留下了这种感觉：“但愿我能找到这样一个国家，那里人们所关心的不再是我们一向所关心的那些，而是美丽，是自然，是彼此仁爱相待。但愿我们能找到那座远处的青山！”关于忒俄克里托斯①的诗篇，关于圣弗西斯的高风，在当今的各个国家里，正如东风里草上的露珠那样，早日渺为可见。即或过去我们的想法不同，现在我们的幻想也破灭。不过和平终归已经到来，那些新近屠杀掉的人们的幽魂总不致再随着我们呼吸而充塞在我们的胸膛。

和平之感在我们的思想上正一天天变得愈益真实和愈益与幸福相连。此刻我已能在这座青山之上为自己还能活在这样一个美好的世界而赞美造物主。我能在这温暖阳光的覆盖之下安然睡去，而不会睡后又是过去那种恹恹欲绝。我甚至能心情欢快地去做梦，不致醒后好梦打破，而且即使做了噩梦，睁开眼睛后也就一切

① 忒俄克里托斯：西方牧歌（田园诗）的创始人。

消失了。我可以抬头仰望那蔚蓝的晴空，而不会突然瞥见那里拖曳着一长串狰狞可怖的幻象，或者人对人所干出的种种伤天害理的惨景。我终于能够一动不动地凝视着晴空，那么澄澈的蔚蓝，而不会时刻受着悲愁的拘牵；或者俯视那光艳的远海，而不致担心波面上再会浮起屠杀和血污。

天空中各种禽鸟的飞翔，海鸥、白嘴鸭以及那些往来徘徊于白蛋坑边的棕色小东西对我都是欣慰，它们是那样的自由自在，不受拘束。一只画眉正鸣啭在黑莓丛中，那里叶间还晨露未干。轻如蝉翼的新月依然隐浮在天际；远处不时传来熟悉的声籁；而阳光正暖着我的脸颊。这一切都是多么令人愉快。这里见不到凶猛可怕的苍鹰飞扑而下，把那快乐的小鸟攫去。这里不再有歉疚不安的良心把我从这逸乐之中唤走。到处都是无限欢欣，完美无瑕。这里张目四望，不管你看看眼前的蜗牛甲壳，雕镂刻画得那般精致，恍如童话里小精灵头上的细角，而且角端作蔷薇色；还是俯瞰从此处至海上的一带平芜，它浮游于午后阳光的微笑之下，几乎活了起来，这里没有树篱，一片空旷，但有许多炯炯有神的树木，还有那银白的海鸥，翱翔在色如蘑菇的耕地或青葱翠绿的田野之间；不管你凝视的是这株小小的粉红雏菊，还是注目那棕红灰褐的满谷林木，上面乳白的流云低低悬垂，暗影浮动——一切都是那么美好，这是只有大自然在一个风和日丽的天气，而且那观赏大自然的人的心情也分外悠闲的时候，才能见到的。

在这座青山之上，我对战争与和平的区别也认识得比往常更加透彻。在我们的一般生活中，一切几乎没有发生多大改变——我们并没有领得更多的奶油或更多的汽油，战争的外衣与装备笼罩着我们，报刊杂志上还充溢着敌意和仇恨；但是精神情绪上我们确已感到了巨大差别，那久病之后逐渐死去还是逐渐恢复的巨大差别。据说，此次战争爆发之初，曾有一位艺术家闭门不出，把自己关在家中和花园里面，不订报纸、不会宾客，耳不闻杀伐之声，目不睹战争之形，每日唯以作画赏花自娱——只不知他这样继续了多久。难道他这样做法便是聪明，还是他所感到的痛苦比那些不知躲避的人更加厉害？难道一个人连自己头顶上的苍穹也能躲得开吗？连自己同类的普遍灾难也能无动于衷吗？

整个世界逐渐恢复——生命这株伟大的花朵慢慢重放——在人的感觉与印象上的确是再美不过的事了。我把手掌狠狠地压在草叶上，然后把手拿开，再看看那草叶慢慢直了过来，脱去它的损伤。我们自己的情形也正是如此。战争的创伤已深深侵入我们身心，正如严霜侵入土地那样。在为了杀人流血这桩事情而在战斗、护理、宣传、作文、筑工事，以及计数不清的各个方面而竭力努力的人们当中，很少人是出于对战争的真正的热忱才去做的。但是，说来奇怪，这些年来写得最优美的一篇诗歌，亦即朱利安·克伦菲尔的《投入战争》，竟是纵情讴歌战争之作！但是如果我们能把自那第一声战斗号角之后一切男女对战争所发出的深切诅咒全都聚集起来，那些哀歌之多恐怕连笼罩地面的高空也盛装不下。

然而那美与仁爱所在的“青山”离我们还很遥远。什么时候它会更近些？人们甚至在我所偃卧的这座青山也打过仗。根据在这里白垩与草地上的工事的痕迹，这里还曾住宿过士兵。白昼与夜晚的美好、云雀的欢歌、花香与芳草、健美的欢畅、空气的澄鲜、星辰的庄严，阳光的和熙，还有那轻歌与曼舞、淳朴的友情，这一切都是人们渴求不餍的。但是我们却偏偏要去追逐那浊流一般的命运。所以战争能永远停止吗？……

这是四年零四个月以来我再也没有领略过的快乐、听任思想自由飞翔，那安祥如海面上轻轻袭来的和风，那幸福如这座青山上的晴光。

战争与和平[1]（节选）

◇ 列夫·托尔斯泰

列夫·尼古拉耶维奇·托尔斯泰（1828—1910），最伟大的俄罗斯文学家，《战争与和平》问世至今，一直被人称为“世界上最伟大的小说”。与其另外两部作品《安娜·卡列尼娜》和《复活》被称为托尔斯泰文学艺术上的三个里程碑。

《战争与和平》以战争问题为中心，展示了19世纪最初15年的俄国历史，是一部再现当时社会风貌的恢弘史诗。本篇节选的是反映主人公安德来公爵战场上负伤濒临死亡以及战后的生活的两个片断。从这里，我们可以了解生命之于战争是多么的脆弱与无助以及它带来的沮丧、颓废、恐惧弥漫人心。安德来对庄严、蔚蓝、宁静而悠远的天空的恍然惊觉，是对一种永恒的礼赞，是对幸福的终极定义。

天　空

“乌拉！”安德来公爵大叫了一声，双手费劲地拿着那沉重的军旗，他向前奔跑，无疑地相信全营都要跟着他跑。

果然，他只单独地跑了几步。一个兵动了，另一个兵动了，全营的兵大呼“乌拉！”向前奔跑，并且越过了他。营中的军曹，跑来抓住安德来公爵手中的因为沉重而摇晃的军旗，但他立即被打死了。安德来公爵又抓住军旗，拖

① 选自《战争与和平》第1卷、第2卷，（俄）列夫·托尔斯泰著，高植译，上海译文出版社1981年版。有删节。小标题系编者所加。

着旗杆，和全营的兵一同向前跑。他看见了前面俄军的炮兵，其中有的在战斗，有的丢了炮向他迎面跑来；他看见法国步兵在夺炮兵马匹，在掉转大炮。安德来公爵和全营离大炮只隔二十步了。他听到头上不断的子弹嗞嗞声，在他的左右两边，兵士们不停地哼着倒下。但他没有看他们，他只注视着他前面所发生的事，看着炮兵连。他清楚地看见了一个红发的炮兵，戴着打歪了的帽子，拖着炮帚的一端，一个法国兵拖着炮帚的另一端。安德来公爵还清楚地看见了这两个人的慌张而又愤怒的表情，他们显然不明白他们所做的事情。

“他们在做什么？”安德来公爵想，看着他们：“红发的炮兵在没有武器的时候为什么不跑呢？为什么法兵不刺他呢？法国人想起了刺刀并且要刺他的时候，他便来不及跑了。”

果然，另一个法兵，横拿着枪，跑到在争斗的士兵们面前，红发的炮兵还不明白他要遭遇的事情，胜利地夺回了炮帚，他的命运就要决定了。但安德来公爵没有看到这是怎么结束的。他似乎觉得，附近的兵士中有人举起硬棒猛力地打他的头。这并不很痛，但最糟的就是，这个疼痛分散了他的注意力，使他看不清他所看着的事情。

“这是什么回事？我倒下了吗？我的腿站不稳了。”他想着，并且仰着跌倒了。他睁开了眼睛，希望看见法兵和炮兵的斗争是怎么结束的，想要知道红发的炮兵是否被杀死了。大炮是被夺去还是被保全了。但他没有看见任何东西。在他头上，除了天，崇高的天，虽不明朗，然而是高不可测的、有灰云静静地移动着的天，没有别的了。“多么静穆、安宁、严肃呵，完全不像法兵和炮兵那样地带着愤怒惊惶的面孔，互相争夺炮帚，——云在这个崇高无极的天空移动着，完全不像我们那样的哦。为什么我从前没有看过这个崇高的天？我终于发现了它，我是多么幸福啊。是的，除了这个无极的天，一切都是空虚，一切都是欺骗。除了天，什么、什么都没有了。但甚至天也是没有的，除了静穆与安宁，什么也没有。谢谢上帝！……”

安德来·保尔康斯基公爵躺在卜拉村山上，就是他手拿旗杆倒下的地方。他流着血，失去了知觉，发着低微的、可怜的、小孩般的呻吟。

傍晚时他停止了呻吟，完全安静了。他不知道他的昏迷经过了多久。忽然他又觉得自己是活着的，感到头部火烧的、撕割的疼痛。

“我知道现在才知道的，今天才看见的那个崇高的天，它在哪里？”这是他的第一个思想。“这种痛苦我也不曾知道过，”他想，“是的，我知道现在，什么、什么也不知道。但我是在哪里？”

他开始倾听，听到临近的马蹄声，和说法语的话声。他睁开了眼睛。在他头上又是那同样的崇高的天，和升得更高的浮云，在浮云之间可以看见蔚蓝的天穹。他没有掉转头，也没有看那些从蹄声与话声上判断起来，是骑马来到他面前停下来的人。

骑马来的人是拿破仑和伴随他的两个副官。拿破仑骑马从战场上走过，下了最后命令，要加强那射击奥盖斯特的炮兵，他看着留在战场上的死伤的人。

“De beaux homes!（很好的人！）”拿破仑说，望着一个被打死的俄国掷弹兵，这兵脸贴地，脖子发黑，肚子向下，远远地伸着一只已经僵硬的手，躺在地上。

“Les munitions des pieces de position sont epuisees, sire.（阵地上的炮弹用完了，陛下。）”这时，一个副官从射击奥盖斯特的炮兵那里骑马跑来说。

“Faite savancer celles de la reserve.（到预备队里去取）”拿破仑说，又走了几步，在安德来公爵面前停住了，安德来公爵仰面躺着，身旁有丢下的旗杆（军旗已经被法军拿去做胜利品了）。

“Voila une belle mort!（这是光荣的死！）”拿破仑望着安德来·保尔康斯基说。

安德来公爵明白这是说他的，而且这是拿破仑说的。他听到他们用Sire（陛下）称呼这个说话的人。但是他听到这些话声，好像听到苍蝇的嗡嗡声一样。他不但不对这些话发生兴趣，而且也没有注意，立刻就把他的话忘记了。他的头发烧，他觉得他流血过多，快要死了，他看见了头上遥远的、崇高的、永恒的天，他知道这是拿破仑——是他心目中的英雄，但是这时候，他觉得，拿破仑，和当时在他的内心与那崇高、无极、有飞云的天空之间所发生的东西比较起来，是那么一个渺小、不重要的人。这时候，无论是谁站在他的身边，无论说到他什么，这一切在他都无关重要了；他只高兴有人站在他身边，他只希望这些人帮助他，使他回生，他觉得生命是那么美好，因为他此刻对生命的了解是全然不同了。他鼓起了全部的力量，想要动弹一下，发出声音。他无力的动了动他的腿，发出自怜的、微弱的、疼痛的呻吟。

橡树与月光

《战争与和平》是世界文学史上一部不朽名著。小说最突出的艺术成就是那气势磅礴、宏大复杂的结构与严整有序的布局。托尔斯泰以天才之笔，游刃于战争与和平、心理与社会、历史与哲学、婚姻与宗教之间，主次分明，匠心独具。

1809年春，安德来公爵去看他儿子的瑞阿桑田庄，他是他儿子的监护人。

他坐在篷车里，身子被春天的太阳晒得发暖，望着初生的草，初出的桦树叶和漂浮在明亮蓝空中的初春的白云朵。他没有想到任何事情，却愉快地茫然地望着两边。

他们渡过了河，一年前他曾经在这里同彼埃尔谈过话。他们走过泥泞的村庄、打谷场、冬麦的绿畴，经过桥旁有积雪的下坡，经过被水冲走泥土的山坡，经过有残株的、有几处长着发绿的矮树的田地，走进了道路所穿过的桦树林里。树林里几乎是很热了，没有一点儿风。桦树长出绿色的、粘汁的叶子，一动也不动，绿色的新草和淡紫色的花朵从上年的落叶下边钻出来，并且将它们掀起。散布在桦树间的小枞树，由于它的难看的常绿的颜色，还显出了令人不愉快的冬天色调。马进了树林就喷鼻子，并且更加出汗了。

听差彼得向车夫说了什么，车夫同意地回答着。但显然彼得觉得车夫的同情还不够，他在驾驶台上向主人回过头来。

“大人，多么爽快呵！”他恭敬地微笑着说。

“什么！”

“爽快，大人。”

“他在说什么？”安德来公爵想。“是的，大概是关于春天，”他想着，看着两边。“真的，一切都已经发青了……多么早啊！桦树、野樱桃树、赤杨已经发芽了……但我还没有看见橡树。哦，橡树在这里！”

路旁有一棵橡树。它大概比树林里的桦树老九倍，大九倍，高一倍。这是一棵巨大的、两人才能合抱的橡树，有些树枝显然折断了很久，破裂的树皮上带着一些老伤痕。它像一个老迈的、粗暴的、傲慢的怪物，站在带笑的桦树之间，伸开着巨大的、丑陋的、不对称的、有瘤的手臂和手指。只有这棵橡树，它不愿受春天的蛊惑，不愿看见春天和太阳。

“春天，爱情，幸福！”似乎这棵橡树在说，“您还不讨厌那老是不变的、愚蠢的、无意义的欺骗吗？老是一样的，全是欺骗！没有春天，没有太阳，没有幸福！看吧，那里的被摧残的、总是一样的、死气沉沉的枞树，看吧，我伸出我的折断的、破碎的手指，从它们长出的地方——从后边，从旁边……伸出来，因为它们长出来了——所以我也站着，我不相信您的希望和欺骗。”

安德来公爵经过树林时，向这棵橡树回顾了好几次，好像是对它期待着什么。在橡树下边也有花草，但它仍然皱着眉，不动地、丑陋地、固执地站在它们当中。

“是的，它是对的，这棵橡树是一千次对，”安德来公爵想，“让别的年轻的人们重新受到这个欺骗，但我们认识生活——我们的生活完结了！”一整串新的、与这棵橡树有关的、绝望的、但悲哀而又愉快的思想，在安德来公爵的心中出现了。在这次旅行的时候，他似乎重新考虑了他的全部生活，并且得到了和从前一样的又是安慰的又是绝望的结论，就是他无须开始做任何事情，他应该过完他自己的一生，不做坏事，不忧虑，也不抱有任何希望。

为了瑞阿桑田庄上监护的问题，安德来公爵必须去会本县的贵族代表。这人是伊利亚·安德来伊支·罗斯托夫伯爵，安德来公爵在5月中去看他。

已是春季里热的时候了。森林全披上了绿装，路上灰尘很大，并且天气热得叫人走过水塘边便想洗澡。

安德来公爵，一面不愉快地、挂心地想到他应该向贵族代表问些什么关于事务上的话，一面在车上顺着花园的路径向奥特拉德诺的罗斯托夫家的房子驶去。在右首树木后边，他听到了女人的、愉快的叫声，看见了在他车前横跑过去的一群姑娘们。在顶前面最靠近的一个黑发的、很瘦的、异常瘦的、黑眼的姑娘向车子跑来[①]，她身穿黄色印花棉布衣服，头扎白头巾，在头巾下边露出松下来的发绺。这个姑娘喊叫了一声，但是认出了是生客，便没有看他，带着笑声跑回去了。

安德来公爵忽然因为什么觉得心里难过。天气是那么好，太阳是那么明亮，周围的一切是那么愉快；但那个瘦瘦的漂亮的姑娘不知道、也不想要知道有他这

---

① 这位“黑眼的姑娘”与后文月光下想飞的姑娘是同一个人，名叫娜塔莎，后来与安德来公爵倾心相爱。公爵夫人已于几年前去世。

个人，她对于她个人的——大概是愚笨的然而愉快的、幸福的生活，感到满意和高兴。“她为什么那么高兴呢？她在想什么呢？不是关于军事条例，不是关于瑞阿桑农奴免役税的处理。她在想什么呢？她为什么这么快乐呢？”安德来公爵不觉地、好奇地问他自己。

伊利亚·安德来伊支伯爵在1809年住在奥特拉德诺，完全和从前一样，即用狩猎、演戏、宴会、演奏招待几乎全省的人。他欢迎安德来公爵，正如同他欢迎任何新的客人一样，并且几乎是强迫地留他过夜。

在这无聊的一天中，招待安德来公爵的，有年老的男女主人和客人中最尊贵的人，因为快要来到的命名日，老伯爵的家里住满了客人，

在这一天中，安德来·保尔康斯基有好几次窥见幼辈当中因为什么缘故发出笑声的开心的娜塔莎。他每次都问他自己：“她在想什么呢？她为什么那么高兴？”

晚间，剩下他一个人在陌生地方。他好久还睡不着觉。他看书，后来熄掉蜡烛，但是又把它点着了。里面的窗子关闭着，房间里很热。他讨厌这个愚蠢的老人（他这么称呼罗斯托夫），他留住了他，向他断言，城里必要的文件还没有到，他恼恨自己留了下来。

安德来公爵起来了，走到窗前去开窗子。他一打开窗子，月光就射进了房里，好像它是早就在窗外守候着的。他打开了窗子。夜是清凉、寂静、明亮的。正在窗子前面，有一排剪顶的树，一边是黑暗的，一边是银色的明亮的。在树下是某种多汁的、潮湿的、枝叶繁茂的植物，它的叶予和茎干有些地方是银色的。在黑暗的树那边稍远的地方，是一个有露水闪光的屋顶，右边是一株枝叶茂盛的大树，它的枝干是明亮发白的，在它上面，在晶莹的、几乎无星的、春季的天空中，是一轮几乎团圆的明月。安德来公爵把胳膊支在窗台上，他的眼睛注视着天空。

安德来公爵的房间是在当中的一层；在上面的房间里住了人，也没有睡。他听到上边女子的话声。

“只再唱一次。”上边女子的声音说，安德来公爵立刻辨出了这个声音。

“你要什么时候才睡呢？”另一个声音回答。

“我不要睡，我不能睡，要我怎么办！来，最后一次……”

两个女子的声音唱了一个乐节，这是一个歌的结尾。

“啊，多么美妙！好，现在睡了吧，完了。”

“你睡，我不能够睡。”头一个人的声音在窗子旁边回答。她显然把头完全伸在窗外，因为可以听到她的衣服声，甚至她的呼吸声。一切都安静了，像石头一样了，就像月亮、月光和影子那样。安德来公爵不敢动弹，怕暴露了他无心的在场。

“索尼亚！索尼亚！”又听到头一个的声音说。“哦，怎么能够睡觉！你看，多么美妙啊！看，多么美妙啊！起来吧，索尼亚。”她几乎带着眼泪地说。“要知道，这样美妙的夜色是从来没有过的。”

索尼亚勉强地回答。

“啊，你看，多么好的月亮！……啊，多么美妙！你到这里来。心爱的，亲爱的，到这里来。哦，你看见吗？在这里，这样蹲下来，就是这样，抱住自己的膝盖——抱紧，尽量地抱紧——要用力一跳就飞上天了。就这样！”

“当心啊，你会跌下去的。”

传来了争执声和索尼亚的不满意的声音：“已经一点多钟了。”

“啊，你只会破坏我的一切。好吧，去睡吧，去睡吧。”

一切又都平静下来，但是安德来公爵知道她仍然坐在那里。他听到时而出现的轻轻的响声，时而发出的叹气声。

“啊，我的上帝！我的上帝！这是怎么回事！”她忽然叫起来。“睡就睡吧！”她砰的一声关上了窗子。

“看来，她还没有察觉我在这里！”安德来公爵在听她说话时这么想，他不知为了什么又希望她提到他，又怕她提到他。“又是她！好像是故意的！”他想。那些和他的全部生活相矛盾的青年时代的想法和希望，忽然在他心中发生了那么意外的混乱，使他觉得说不清楚自己的心情，就立刻入睡了。

第二天早晨，安德来公爵只和伯爵一个人告别，不等到妇女们出来，就动身回家了。

安德来公爵坐车回家，又走进了那个桦树林时，已是6月初了，在这个树林里，那棵古老的橡树曾经那样奇怪地深深地使他惊讶。铃声在树林里比在一个半月前更哑了；各种树都长得枝叶茂盛、浓阴蔽日；散布在林里的小枞树抽出毛茸茸的嫩芽，发出娇嫩的绿色，不但没有破坏整个树林的美，而且和整个树林的格调配合得十分和谐。

整天都很炎热，暴风雨正在酝酿着，但是只有小块的乌云洒下了雨点，落在灰土飞扬的道路上和多汁的树叶上。树林的左边被乌云的阴影遮盖着，显得异常幽暗；右边是潮湿的，明亮的，在阳光下闪耀着，被风吹得微微摆动着。一切都欣欣向荣；夜莺在啼啭，时远时近地响起回声。

“是的，在这里，那棵橡树就在这个树林里，我同情过它。”安德来公爵想。“但是它在哪里？”安德来公爵又想，望着道路的左边，欣赏着一棵橡树，他不知道也没有认出来，这就是他所寻找的那棵橡树。老橡树完全变了样子，撑开了帐幕般的多汁的暗绿色的枝叶，在夕阳的余辉下轻轻摆动着，昂然地矗立着。既没有生节瘤的手指，也没有瘢痕，又没有老年的不满与苦闷——什么都看不见了。从粗糙的、百年的树皮里，长出了一片片没有枝干的多汁的幼嫩的叶子，使人不能相信这棵老树会长出这样的树叶。

“不错，就是那棵橡树。”安德来公爵想，他突然产生了一种不知从何而来的春天独有的快乐和清新的感觉。同时，他忽然想起了生活中一切最好的时光。奥斯特理兹和高高的天空，死去的妻子的谴责的面孔，在渡船上的彼埃尔，因为夜色的美而感到兴奋的姑娘，那个夜晚和月亮，这一切他都忽然想起来了。

“不，生活并不在31岁结束。”安德来公爵忽然最后地、断然地做出结论，“单是我知道我心中所有的一切是不够的，一定要大家都知道这个：彼挨尔和那个想要飞上天的姑娘也在内。一定要大家都知道我，要我的生活不只是为了我自己，要他们的生活不是和我的生活那么毫不相干，要我的生活在大家的身上反映出来，要他们和我在一起生活！”

论非暴力[1]

◇ 甘地

莫罕达斯·卡拉姆昌德·甘地（1869—1948），印度最伟大的政治领袖，被尊为印度的国父，他以自己的“非暴力不合作”运动，带领印度民众脱离英国的殖民统治，取得了国家的独立。为人类解决民族冲突和政治争端开创了一种新的思路。

“人类只能通过非暴力来抵抗暴力，通过爱来克服恨。”

——圣雄甘地

1.一边是真理和非暴力，一边是谬误和暴力，在两者之间没有调和的余地。我们也许不可能做到在思想言词和行为中完全非暴力，但我们必须始终把非暴力作为我们的目标稳步地向它接近。不管是一个人的自由还是一个民族或整个世界的自由，都必须通过这个人、这个民族或这个世界的非暴力来达到。

2.非暴力并不是一件可以随时穿上和脱下的衣服，它的地位是在心灵中，它必定是我们存在不可分离的一部分。

4.如果一个人要同崇拜武力作斗争，必须仅仅使用与崇拜武力者惯用手段完全不同的手段。

12.人作为动物是残暴的，而作为精神存在是非暴力的，他一旦在精神上觉醒就不能够再使用暴力。

14.勇敢在于赴死，而不在于杀戮。

15.非暴力抵抗运动的原则，是在这个运动的名称还没有发明以前就已经存在了。实在说，当这个名称诞生的

---

① 选自《西方公民不服从的传统》，何怀宏编著，吉林人民出版社2011年版。本文有删节。

时候，连我自己也不知道它是什么。在古遮拉特文中，我也用过英文的“消极抵抗”这几个字来描述它。有一次我在欧洲人的一个集会上发觉“消极抵抗”这个词的含义太狭隘了，我还发觉它被当着是弱者的武器，其特点是仇恨，最后还可以成为暴力。因此我不得不反对这些解释，而说明印度人这个运动的真正性质。显然印度人必须创造一个新字来表示这个斗争。我绞尽了脑汁，还是找不出一个恰当名称来。因此我便在《印度舆论》上悬赏征求读者的高明意见。结果摩干拉尔·甘地提供了“萨特阿格拉哈”（“萨特”意为真理，“阿格拉哈”意为实力）这个字得了奖。但是为了弄得更清楚，我把这个字改为“萨提亚格拉哈”（satyagrha），从此它便成为古遮拉特文中表明这个斗争的通称。

17.在非暴力的王国中，每一真实的思想都受到尊重，每一真实的声音都有其充分的价值。

18.一种非暴力的革命并不是一个攫取权力的过程，而是一种关系的改选，最终达到权力的和平移交。

19.在非暴力反抗中，手段和目的是同样正义和纯洁的。

22.非暴力行为的第一个原则是不参与任何羞辱人的事情。

23.把生命奉献给自己认为是正当的事情，是非暴力反抗的核心。

24.非暴力反抗总是优于武装抵抗。……非暴力决不能用于保护一个邪恶的事业。

25.非暴力是一个教育公众的过程，它渗透到社会的所有方面，最终使自己不可战胜。

26.非暴力反抗成功的必要条件是：问题必须是真实和实质性的；非暴力反抗者必须准备受苦到底。

27.人类只能通过非暴力来摆脱暴力，通过爱来克服恨。

30.非暴力并不是怯懦者的借口，而是勇敢者的最高德性。……怯懦是与非暴力完全不相容的。非暴力以实行打击的能力为前提。

32.在我看来，没有一种直接的积极的行动，非暴力就是无意义的。

34.非暴力是一个勇者的品质，怯懦与非暴力如水火不相容。

37.只要一个人还想保留他的剑，他就尚未达到完全的无畏。

39.一个非暴力反抗者决不可能逃避危险，不管他是在许多同伴中还是独自一人，只要他是战斗而死的，他就是完全履行了他的职责。

40.在生活中要完全避开暴力是不可能的。那么，这个问题就出现了，一个人把界限画在哪里呢？这界限不可能对所有人都是一样的。……食肉对我来说是一种罪。但对另一个有食肉习惯的人来说却没有什么错处，仅仅是为了模仿我而放弃这一习惯就将是一种罪。

41.非暴力是世界上最伟大和最积极的力量。一个非暴力反抗者不可能是消极的……一个在其生活中表现了非暴力的人是在使用一种优于所有野蛮力量的力量。

42.印度若要恢复古时的光荣，就只有获得自由以后才可以。就我所知，我们的斗争之所以引起全世界的注意，并不是因为印度正在为自己的解放而战，而是因为我们为争取解放而采取的手段是独一无二的，不曾为历史上有过记录的任何民族所采用。我们采用的手段不是暴力，不必流血，也无须采取时下人们所理解的那种外交手段，我们运用的是纯粹的真理和非暴力。我们企图成功地进行不流血革命，无怪乎全世界的注意力都转向我们，迄今为止，所有国家的斗争方式都是野蛮的。他们向自己心目中的敌人报复。查阅各大国的国歌，我们发现歌词中含有对敌人的诅咒，歌词中发誓要毁灭敌人，而且毫不犹豫地引用上帝的名义并祈求神助以毁灭敌人。我们印度人正努力扭转这种进程。我们感到统治野蛮世界的法则不是指导人类的法则。统治野蛮世界的法则有悖于人类尊严。就我个人而言，如果需要的话，我宁愿长时期地等待，也不愿意用流血手段使我的国家得到自由。在连续不断地从政35年之后，我由衷地感到，全世界对于流血已经深恶痛绝。世界正在寻找出路，我敢说，或许印度古国会有幸为这饥渴的世界找到出路。

43.我知道非暴力所取得的进展看来是一种相当缓慢的进展，但经验告诉我们它是达到共同目标的最可靠途径。

45.如果说理智在暴力中起很大作用，那么它在非暴力领域中起着更大的作用。非暴力反抗的不可动摇的力量在于——受苦且决不报复。

46.我相信这句话是不朽的真理：由剑得到的亦将因剑而失去。

50.民主只能通过非暴力来挽救，因为民主只要是靠暴力来维持，就不可能为弱者谋利或保护弱者。我所理解的民主是：在这一制度中最弱者应当有和最强者一样的机会。这只能通过非暴力来实现。

54.除了通过真理和非暴力，我们别无出路。我知道战争是恶，是不可缓解的恶；我也知道它必须进行，我坚定地相信通过血腥和欺诈赢得的自由决非自由。

55.对非暴力的最好准备甚至表现于坚决地追求建设性的目标……

56.一个非暴力反抗者不可能等待，或延迟到条件十全十美时才进行这种反抗。他将使用无论手边的什么材料，将其净化、冶炼，转变为真金。

58.要想真正挽救自由与民主，就只能通过非暴力反抗来进行，这种非暴力反抗所需要的勇气和所赢得的光荣决不比暴力反抗更少，它将是无比的更勇敢和更光荣，因为它将给予生命而不夺去生命。

59.非暴力作为一个信条必须是全面的。我不能够在一个行动中是非暴力的，而在另一个行动中却使用暴力，那样做就是把非暴力作为一种策略而非一种生活的力量。

60.不在国家的水平上接受非暴力就不会有一个立宪制或民主的政府。

61.只要非暴力尚未被承认为一种生活的力量、一个神圣的信条而非一种策略，民主政府就还是一个遥远的梦。

66.在奴隶决定他不再做奴隶的一刻，他的镣铐就脱落了。他使自己自由并将其展示于人。自由和奴役是精神的状态。因此，第一件事就是对自己说："我将不再接受一个奴隶的地位，不再服从与我的良心相违的命令。"至于主人可能鞭打你，试图迫使你为他服务，你将说："不，我不再为你的钱或威胁而服务于你。"这可能意味着受苦，但你的坦然受苦将点亮自由的火炬，这一火炬不可能被扑灭。

67.任何政府都不可能迫使那些在自己的心里认识到自由的人们违背其意志而向其致敬。

68.我不赞成任何地下行动。数百万人不可能进行地下活动，他们也不需要地下活动。

69.人类正处在分路口，它必须选择人道的法则或者丛林的法则。

70.非暴力反抗呼吁不报复地忍受痛苦和打击的力量和勇气。但它的意义还不限于此。当时局要求说出全部真理和相应行动时，沉默就是怯弱。

71.（"他们的社会主义"）——他们的一个目标是物质的进步。在他们的社会主义中没有个人的自由。你一无所有，甚至于对你的身体。你可能在任何时候被逮捕，即使你没有犯任何罪，他们将给你任何愿给你的东西。（"我的社会主义"）——我在许多社会主义者诞生之前就是一个社会主义者，我的主张在他们的社会主义消失之后仍将存在。我的社会主义意味着"始终公平"。我不想从盲人、聋哑人和跛者的灰烬中升起。……我想要充分表现我的人格的自由。我必须有建造通往天狼星的天梯的自由，只要我想去那里……我的社会主义意味着国家一无所有。

73.手段的不纯洁必然导致目的的不纯洁。

79.人的行为是两件不同的事情。一件好的行为是应该引起赞许的，而一件不好的行为就应该受到谴责，而做出此种行为的人，不管他是好是坏，总是因为他的行为的好坏而受到尊敬和怜恤。“恶其罪而非恶其人”虽然是一个很容易被理解的观念，却很少有人做到，这也就是为什么怨恨的毒汁遍布世界的原因。

80.在非暴力反抗的字典里没有敌人。

90.一个不公正的法本身是一种恶，因别人违反它而实施逮捕就更是一种恶。现在非暴力的法则说对暴力不应当用暴力去抵抗，而应当用非暴力去抵抗……这样，我就通过违反这种法律，并和平地任其逮捕和监禁来做这件事。

91.人民在适合进行非暴力反抗运动以前，必须透彻了解其深刻的含义。所以在重新发动一次群众性的非暴力反抗运动以前，必须先建立一队久经考验、心地纯洁而又完全了解非暴力反抗的严格条件的志愿人员。他们可以向人民说明这些原则，并且日以继夜警惕着其是否被正确地执行。

97.如果不进行自我纯洁的工作，要和每一个生物合为一体是不可能的；没有自我纯洁，要遵行非暴力的法则也必然是一种梦想；一个心地不纯洁的人，决不能认识上帝。因此，自我纯洁必须包括生活中的各个方面的纯洁。而由于纯洁是富有感染力的，个人纯洁的结果必然使周围的环境也纯洁了。然而自我纯洁的路程是艰难而崎岖的。一个人要达到完全的纯洁，就必须绝对摆脱思想、辩论和行动中的感情，超越于爱、憎、迎、拒的逆流之上。我知道我自己还没有达到这三方面的纯洁，虽然我在这方面一直进行着不倦的努力。这就是为什么世界上的赞誉不能使我动心，有时反而使我难过的道理。在我看来，克服微妙的情欲比用武力征服世界要难得多。我自从回到印度以后，总感到情欲一直在我的内心潜伏着。这一种感觉使我感到惭愧，但是并没有使我气馁。这些试验和尝试使我知道在我的面前还有一条艰难的道路，我必须把我自己降为零。一个人若不能自动地在同类中甘居末位，就不能解脱。非暴力是最大限度的谦让。

100.经验教导了我，文明是非暴力反抗中最困难的部分，这里所说的文明不是指在这种场合讲话要斯斯文文，而是指对于敌人也有一种内在的善意的胸怀。这应该在非暴力反抗者的每一个行动中表现出来。

决不向一个提裤子的人开枪[①]

◇ 王开岭

按战争逻辑说，“决不向一个提裤子的人开枪”的英国作家奥威尔可能算不上英勇的战士，但他却是一个真正的“人”！假如人类有一天真的不再遭遇战争和杀戮，或许，最早制止它的力量，即源于这样一组细节和情景：比如，决不向一个提着裤子的人开枪！

王开岭（1969—），学者，著有思想随笔集和文学评论集《激动的舌头》、《黑暗中的锐角》、《跟随勇敢的心》、《精神自治》等。

1936年，英国作家奥威尔与新婚妻子一道，志愿赴西班牙参加反法西斯的战斗，并被子弹射穿了喉咙。在《西班牙战争回顾》中，他讲述了一件“有趣”的事——

一天早晨，他到前沿阵地打狙击，好不容易准星里才闯进一个目标：一个光着膀子、提着裤子的敌方士兵，正在不远处……真乃天赐良机，且十拿九稳。但奥威尔犹豫了，他的手指始终凝固在扳机上，直到那个冒失鬼走远……他的理由是：“一个提着裤子的人已不能算是法西斯分子，他显然是个和你一样的人，你不想开枪打死他。”

一个人，当他提着裤子时，其杀人的职业色彩已完全褪去了。他从军事符号——一枚供射击的靶子——还原成了普普通通的血肉之躯，一具生理的人，一具正在生活的人。

多么幸运的家伙！他被敌人救了，竟然还蒙在鼓里。

---

① 选自《阅读与鉴赏（高中版）》2002年第11期。

因为他碰上了“人”，一个真正的人，而不仅仅是一个军人，一个只知服从命令的杀手。那一刻，奥威尔执行的是自己的命令——“人”的命令。

杀手和杀手是有别的。换了另一个狙击手，他的裤子肯定就永远提不上了。而换了奥威尔在他的位置上，他肯定会毫不迟疑地搂动扳机，甚至会发出一丝“见鬼去吧”的冷笑。然而，这正是人与士兵的区别，人之希望也就在这儿。

与其说称之“奥威尔式”的做法，毋宁说这是真正的“人”之行为。任何时候，作为“人”的奥威尔都不会改变：即使正是该士兵，不久之后将用瞄准来回报自己，即使他就是射穿自己咽喉的那个凶手，即使早料到会如此，奥威尔也不会改变，更不会后悔。

所有的战争，最直接的方式与后果皆乃杀人。每一个踏上战场的士兵都匹配清醒的杀人意识，他是这样被任命的：既是射击者，又是供射击的靶子……而“英雄”与否，亦即杀人成绩的大小。在军事观察员眼里，奥威尔式的“犹豫”，无疑乃一次“不轨”，一起严重的渎职事故，按战争逻辑说，它是违规的、非法的，甚至要遭惩处。但于人性和心灵而言，那“犹豫”却那样的伟大和珍贵！作为人类的一次精神事件，它应被载入史册才是。

这样说一点也不过分。

假如人类有一天真的不再遭遇战争和杀戮，你会发现，那值得感激的——最早制止它的力量，即源于这样一组细节和情景：比如，决不向一个提着裤子的人开枪！

这是和平之于战争的一次挑战。也是人对军人的一次挑战。

它在捍卫武器纯洁性的同时，更维护了人道的尊严和力量。

斗争、杀戮、牺牲、死难、血债、复仇……

如果只有仇恨而没有道义，只有决绝而没有犹豫，你能说今天的受害者明天不会变成施虐者？英勇的战士不会变成残暴的凶手？

你隐约想起了一些向来不被怀疑的话：“对敌人的仁慈就是对同志的凶残！”“对敌人要像秋风扫落叶般严酷无情！”“军人以绝对服从命令为天职！”……你感到一股冷。一股说不清来自历史还是地狱的冷。

一股政治特有的冷。匕首的冷。工具的冷。阶级的冷。梦魇的冷。

而不合时宜的奥威尔，却提供了一种温暖。就像冬天里的童话。

为万世开太平[①]

◇ 曹孚

这次日皇昭和在投降敕令中，曾有“为万代子孙开辟和平”一语，有一家报纸把它译为“为万世开太平”。“为万世开太平”一语出自宋儒张横渠。假使日皇用的是这句话，那是魔鬼引证《圣经》。

曹孚（1911—1968），教授、学者。

对目前的我国人诅咒战争，歌颂和平，是多余的事。这8年来，我们耳闻、目睹、身历的种种，使我们每个人知道了什么是战争，认识了战争是怎样一种面貌。战争的可怕，和平的必须争取，再没有比我们知道得清楚的了。我们自然不希望我们这辈子重见战争，我们自然愿望我们的子女不再遇见战争，我们也祝祷我们的万代子孙永享和平之福。

和平，永久的和平，不仅是我国人民的祝祷，也是全世界人民的愿望。这愿望在旧金山联合国会议席上各国代表的言论中发出了声音。他们千言万语，总不脱如何根绝战争，如何永保和平。在许多名言谠论之中，我以为埃及代表的言论最足发人深省。他分析和平两字的中国字义，说：“和是和谐，平是公平”。真正的和平，他指出：“必须以和谐与公平为基础”。在我们看来，作为和平的基础，公平比和谐更为重要。公平是因，和谐是果。能公平相处，然后会彼此和谐。

---

① 选自《百年老课文》，胡继华、马自力主编，北岳文艺出版社2003年版。

当意大利侵略阿比西尼亚之时，国际舆论倡言制裁。而为我们所敬仰的一位英国哲人罗素却反对英法诸大国干涉意大利的侵略。他以为阿比西尼亚遭殃是较小的祸害，若英法干涉引起世界大战，那是较大的祸害。两害相权取其轻，他主张牺牲弱小的阿比西尼亚。后来阿比西尼亚果然被牺牲了，罗素那避免世界战争的愿望却终成虚愿。而当张伯伦签订慕尼黑协定归来，聚集在唐宁街向张伯伦欢呼致敬的英国民众，也像罗素一样，最后失望于所谓"我们这一辈子的和平"。他们就在这一辈子遭遇了战争，因为他们想离开公平的原则而求致和平。

我们目前还不能预言，我们这一辈子是否要再见一次战争，我们的子孙是否必须经历战争的浩劫。假使今后国与国相处，仍然不以公平为指导精神，那么，让我们提醒自己，从第一次大战到第二次大战，中间的距离仅有25年！

国与国之间需要和平，一国的内部更需要和平。一国内部的真正和平，寓于国内各阶级之间关系的和谐，而这和谐，像国际的和谐一样，也得以公平为基础。

远在几千年前，希腊哲人柏拉图就曾指出，同一社会中各阶级之间贫富过分不平，足以将同一国家的人民划分成两个敌对的国家。因而他在他的《共和国》中所描状的理想社会，乃是取消贫富差别的共产社会。

柏拉图所看到的不仅是希腊一个时期的情形，而是中外古今一切社会的情形。就这意义看，真正的国内和平，在人类历史上，很少存在过。因为从过去到现在，社会各阶级之间很少有真正的和谐，而这不和谐因于各阶级人民间生活的不公平，尤其是经济生活上的不公平。

从柏拉图开始，中外古今的哲人不谈社会改造则已，谈社会改造总不忽视这公平的原则。他们将公平的精神，或多或少地注入于他们的理想社会中。而近代史上的三大运动或思潮——民族主义、民主主义、社会主义，更明显地以公平为指导精神。民族主义着眼于民族间的公平，民主主义着眼于政治上的公平，社会主义着眼于经济上的公平。

说民主主义着眼于政治上的公平，那是对民主主义的狭义的看法。真正的民族主义即是民主原则在民族关系上的运用。欧洲的民族主义运动以被压迫民族对主宰民族争取解放独立的方式开始。在异族统治之下，决不能有民主的政治，建立民主政治必须以民族独立为前提。因此，欧美早期的民主主义运动者同时就是民族主义运动者。真诚的民主主义信徒一定拥护民族平等、民族自决等原则。至于后来民族主义演变成为弱肉强食的侵略主义、帝国主义，那是民族主义的堕落，堕落的另一方式是利用民族主义去阻碍乃至镇压民主主义。

民主主义的构成信条有三。第一是快乐，第二是平等，第三是自由。

快乐的概念是17、18世纪人类思想上伟大发现之一。在这以前，痛苦被认为人类命定的本分。幸福是禁果，追求快乐是非法的不道德的愿望。到了17、18世纪，人类开始相信，痛苦是应该避免而且可以避免的，快乐是应该追求而且可以求致的。功利主义伦理学派更以追求快乐为人生至高无上的目的。早期的民主主义者完全接受了这个观点。1776年的美国独立宣言郑重声明：生命、自由是人类的追求，是人人所有的天赋人权。功利主义伦理学派以追求快乐为人生至高无上的目标，民主主义者以“最大多数的最大幸福”的实现为国家存在政府组成的最后理由。

关于快乐或幸福的考虑，关键不在快乐的绝对数量而在快乐的相对分配。民主主义者所以要争取决乐，当然不是为少数人锦上添花，而是为多数人雪中送炭。他们所要实现的不是少数人的最大幸福，而是最大多数人的最大幸福。快乐的追求不是少数人的天赋人权，而是人人所有的天赋人权。在这里就有公平的原则。

平等是最大的公平。早期民主主义者有人人生而平等的信念。从生理心理上考察，人人生而平等的信念不能成立。但民主主义所要求的平等，不是削趾适履的生活方式的机械的齐一，而是人人幸福快乐的追求上机会的平等。譬如教育机会，构成快乐的一个条件是教育机会。民主主义应该保证每个公民有平等的受教育机会；但它不保证各个公民都受同样的教育，并享受由教育中获得同样的生活幸福。这些须受各人不同的心智、才能、兴趣的限制。

平等有许多种类，主要的是法律的平等、政治的平等、经济的平等、教育文化的平等。在上述诸项平等之中，经济的平等是最基本的，它是人生快乐的最后决定因素。其他种种平等，都以经济的平等为条件。教育机会对经济能力之依存关系是显然的，而对于贫穷的人侈谈法律地位政治地位的平等也显然是一种讽刺。过去欧美的民主主义假使有值得受人诟病的地方，那首先是它对经济上不平等的熟视无睹。但民主主义的救药就在于民主主义本身——更多的，更彻底的民主，那就是经济的民主。故而逻辑地发展起来，民主主义必然与社会主义合流。

自由是一个涵义最为笼统的名词。拉斯基教授在《现代国家中之自由》一书中，对自由下了这么一个定义：所谓自由，即是作为个人快乐幸福的必要保障的社会条件的不受拘束。一个工人不喜欢某种工作，可以自动脱离那种工作，这不能算自由。他脱离了那种工作，便有冻馁之忧，在这个情形下，选择工作的自由对他是没有意义的。他所缺乏的是虽然脱离某种工作而可找到其他更合意的工作，因而不致受冻馁的威胁的社会条件。拉斯基指出，自由的第一先决条件是安全，经济的安全。一个被剥夺了职业安全的人，必然会陷于肉体的及精神的奴隶状态。经济的安全不就是自由，但没有了经济的安全，就无所谓自由。他比较英美与前苏联的工人，认为后者有较多的自由，因为他有较多的职业保障、经济安全。另一个先决条件是教育权利。我们生活在一个又广大又复杂的世界上，如果我们的心智不受足以运用自由的充分训练，我们就没有真正的自由。一个被剥夺了知识的人，他说，必然会沦为比他更为幸运的人的奴隶。所以，受教育的权利是现代人自由的基本条件。最后，他阐明自由与平等的关系。他指出，自由与平等是同时并进的。在民主运动史上，人民争取自由，最初以压迫统治阶级放弃某些特权的方式出现。有特权存在的地方，即是有不自由存在的地方。反之，社会中平等进一步，自由也进一步。他在《思想之自由》一章内反复指陈，在有经济特权存在的国家中，不会有真正的思想自由。所以最大限度自由的实现，有待于一切社会特权的夷平。那就是，有待于公平原则在一切生活方面——经济、政治、文化教育——确立起来。

民主主义不仅是一种政治制度，而且是一种社会理想。在过去，民主主义给予世人以民选政府、代议政治，但它对于初期民主主义运动者所揭示的快乐、平等、自由三大理想未能如数兑现。这因为民主得不够，在范围上不够充分，在程度上不够彻底。这一次，民主主义经过了一次最严厉的测验，今后的世界是民主主义的世界。世界各国的人民一定会朝着快乐、平等、自由三大目标迈步前进。等到我们有了一个真正平等真正自由的社会，我们也就有了一个人人快乐幸福的社会，我们也就有了一个理想的社会。

所谓太平，它的涵义与和平不尽相同。没有战争是和平，可是太平，除了没有战争，还含有其他东西。所谓太平盛世，除了不动刀兵之外，更应是一个人人快乐幸福的至治之世或大同之世；而所谓大同之世，也无非是至公至平之世、“天下为公”之世。

过去的人类对大同之世只能心向往之。他们或者把幻想寄托在乌有的过去，那就是我国的“尧舜之治”；或者把希望预约在渺茫的将来，那就是西方的“乌托邦”。目前的人类却已经跨上了大同之世的门槛。民主主义的道路即是导向真正公平，完全和谐的理想世界的道路。

“为天地立心，为生民立命，为往圣继绝学，为万世开太平”这是我国先哲的最高抱负。而目前的我国人比起先哲来幸运多了，因为，万世的太平就可以在我们这一辈子身上开辟起来。假使我们用这种目光看民主主义，那么民主主义可以成为目前的我国人，尤其是青年人，寄托其热诚与想象的生活理想。

战争、和平、和平主义[①]

◇ 林达

林达，美籍华人作家夫妇合用的笔名，夫为丁鸿富，妻为李晓琳，他们都生于1952年。二人著有《历史深处的忧虑》、《总统是靠不住的》、《我也有一个梦想》等。

战争是人类苦难最重要的根源之一，大多数人都相信，如果没有战争，人类的生活将会美好得多。那么，在和平与发展为主题的今天，反对一切战争和暴力的和平主义能够实现吗？它对人类有着怎样的价值呢？

一

这个题目看上去大得吓人，其实，只是想谈谈一些相关的随感。

人是一种奇怪的动物。其他动物之间，很少发生大规模灭绝性的自相残杀。最近，英国《泰晤士报》，根据科学家的最新发现，证明现代智人的两个近亲人种，是在和现代智人接触之后才灭绝的。许多科学家早就推定，他们的灭绝，很可能是现代智人"干的好事"，意指争斗、屠杀。这虽然只是一种推定，至少证明了科学家们根据自己的经验，对祖宗的禀性毫无信心。

第二次世界大战，是迄今为止最后一次世界性战争。当时，武器的升级换代发生了本质性变化，战争观念却

① 选自《扫起落叶好过冬》，林达著，生活·读书·新知三联书店2006年版。

还是传统观念：要打败一个国家，就要彻底击溃这个国家民众的战斗意愿和意志力。因此，战争双方都采取了对城市的大规模轰炸，形状惨烈。

当时险险乎就是纳粹要赢，大家有个共识，就是纳粹若赢后果不堪设想。因此，赢得战争是人们关注的中心，支付的代价都被默默认可。时过境迁，赢的已经赢了，危机也被淡忘。民众支付的代价，战争不人道的一面，被长久地追忆、反省，伤痛难忘。不仅是发动战争一方遭到谴责，就是进行反法西斯战争的一方，也同样受到责难。对美国为结束日本发动的太平洋战争，在广岛、长崎扔下原子弹而引出的争议，就是最典型的例子。

这样的反省无疑带来正面的效应，就是对新一代的和平教育。这对一些在传统上“尚武”的国家，尤其重要，使得这些国家的民众对无端侵略他人的支持度大幅降低。

战后的几代年轻人，是反战的中坚。今天，只要出现任何战争，全世界各地都会爆发规模巨大的反战示威，年轻人永远是主力。可是，逐渐地，我们也看到，不问青红皂白地反战，在知识界也成为不必承当任何责任、道德始终居于高位的简化思维。

反战为什么不是一个永远不错的选择？因为这个世界并没有干净到非暴力能够解决一切的地步。在冷战中和冷战结束之后，在一些国家发生过大规模种族清洗的事件。这些事件在发生的时候，主持屠杀的，都是一个国家的政权。从原则上来说，那是他们国家的内政。这些事件造成上百万的平民在和平时期被屠杀，也造成难以遏止的难民潮。外交手段的抗议、制裁等等，难以奏效，而眼见着血流成河的大屠杀在天天发生。

这时，对于政治家和有号召力的知识界来说，只有自己假想的净土，并没有一个事实存在的道德高位。

国际社会武力干涉，就是战争。战争不仅造成战斗人员的伤亡，还必定造成平民的伤亡。在今天的战争新观念下，尽量利用高精度武器，减少平民伤亡，已成为战争的一个重要考量。然而，要推往极端，要求一个完全没有平民误伤的战争，只是一个幻想。于是，许多人认为，站到对面，反对一切武力干涉，反对一切战争，永远高举和平大旗，这是保障自己在道德、良心上立于不败之地的良策。而事实上，在前面的例子中，不赞成武力干涉，就是坐视屠杀，事实上造成的平民流血，要比武力干涉要多得多。

这就是联合国秘书长安南，曾痛悔没有对卢旺达的屠杀早些采取武力干涉的原因。

二

和平主义是一个美好的名字。所以，今天给自己引入和平主义立场的人，很多。

可是，究竟什么是和平主义？我会得到这样的回答：和平主义就是反对一切暴力和战争。一点不错。可是，绝大多数宣称自己是和平主义者的人，并不知道，要维持一个和平主义立场，比他们想象的要困难得多。

和平主义是一种信念，就是反对一切暴力。听上去很简单。可是，落实到具体，就变得复杂起来。举个简单例子，假如有一名歹徒，拿着一把刀子，冲进你家，要杀死你的妻子儿女。你呢，手边恰有武器，可以轻易地以暴力反抗，救下亲人。可是，你是和平主义者，反对一切暴力。所以，你就不能动武，你宁可眼睁睁看着家人死于歹徒之手，也要维持自己非暴力的信念。这样的行为，才是和平主义的实践。所以说，当和平主义者并不简单。往往是起于某个宗教信念，只有坚持宗教信仰，才能维持住和平主义的立场。

维持这样的立场，容易不容易尚且不论，因为像歹徒冲进家里，当场测试立场，毕竟罕见。可是，即便是真的和平主义，就铁定是一个道德高尚的立场吗？这也不是一个简单的问题。

在美国和一些欧洲国家，经甄别确认，真正的和平主义者，都可以免服兵役。他们被看做是一种宗教信仰，被社会尊重。然而，在反侵略战争中，和平主义者并没有尽一个公民的义务。虽然你可以说，我宁可敌人打进来杀死我，也要坚持和平理念。事实上，却是你的同胞牺牲在战场，为你抵挡了子弹，换了来你的和平生活。“道德”也就随之引出困惑。

于是有人说，那么，我是一个相对的和平主义者，我反对法西斯的侵略战争，却不反对正义的反法西斯战争。这时你会发现，你和一个非和平主义者已经没有区别，你并不反对“一切”暴力和战争。事实上，只有“是”或“不是”和平主义者，而并不存在“相对的”和平主义者。你不能说，歹徒杀在别人家里，我主张和平主义；杀进自己家里，我就改主意了。你对战争的态度其实也和一般人没有区别了：你在根据个案的具体情况，判断是要“赞同”还是“反对”。而不是认为，在当今世界上，“和平”是唯一可以接受的“主义”，而“暴力”、“战争”是决不可取的手段。

在细究所谓“相对和平主义”的时候，你还会发现，其实人是有天然弱点的。就是在危险距离自己远的时候，态度就容易“超然冷静”，更“和平”，而危险逼近，态度就会变化。因此，一个面临巨大危险的国家，它的反应，将本能地和他国他人不同。这引出双方都要警惕的一个问题：身处险境的，要避免过度反应；安享和平的，要居安思危。

离开自己的道德幻影，世界才可能摆脱左翼的、虚假和平主义的青春期，进入成人的理性思维。当一场战争即将发生或已经发生，大家才能够理智地根据自己掌握的事实，分析和判断自己应该如何看待，采取何种立场。这个过程才是正常的思维过程，这时取的立场，才是一块坚实的土地。

那么，和平主义还是不是一个美好的名字呢？是的。它是极少数人的信仰。这样信仰的产生，给我们多数人，指点着一个可能的和平未来。

孤独的旅客[①]
——爱因斯坦

◇ 林贤治

林贤治（1948—），当代诗人、学者，著有诗集《梦想或忧伤》、评论集《自制的海图》等。

“在像我们这个令人焦虑和动荡不定的时代，难以在人性中和人类事务的进程中找到乐趣，在这个时候来想念起像开普勒那样高尚而淳朴的人物，就特别感到欣慰。”我理解爱因斯坦。

两次世界大战从同一个枪口洞穿了这个德国人的一生。德国，这个盛产哲学头脑的民族，在一个夜里，竟然变成了一头疯狂的野兽！最可怕的，还不在于千千万万的人们对于权力者的意志的屈从，而是把一种兽道主义内化为每个人心中的道德律——于是放火，杀戮，欣欣然仿佛干着世界上唯一正义的事业。他们收拾起同类，就像收拾街头的垃圾一样，自然而便当！整个祖国背叛了爱因斯坦。幸好，他有另一个祖国。

他是把周围的知识分子集团当成自己的祖国的。这时，“精英”们如何呢？情况更糟！知识，非但没有为他们保持一点应有的操守，反而成了可供彻底叛卖的资本！在一个为军国主义者的暴行辩护的被称做《文明世界的宣言》上面，便有93个著名的科学家、艺术家和牧师，以属于他们的手，签署了他们尊贵的姓名！93个！93个赤裸裸地站出来向人类的良心挑战！而另一个反战宣言《告欧洲人书》，包括爱因斯坦在内，签名的一共才只有4个人！那些知识分子多么卑鄙、无耻、自私啊！连海德格尔这样的人

① 选自《向着太阳歌唱》，徐传德主编，商务印书馆2007年版。

物，也一样跟着大棒走！在普鲁士科学院的会议厅里，爱因斯坦身边的两把椅子总是空着。没有人敢靠近他。其实，他不过是一个物理学家罢了，那时候，除了做实验，拨弄一些数字与逻辑，什么事情都还没有做出来。然而，作为一个危险分子，这已经足够了！不顺从就意味着反抗。在一个专制国度里，谁不敬畏权力呢？他没有了退路。

他完完全全地被一个充满敌意的世界抛弃了！但是，比起大批大批死于汽油与火的犹太人，爱因斯坦究竟是幸运的。无论怎样，后来，他总算可以站在自由女神的火炬底下自由地喘息了。

爱因斯坦！你尽可以沉浸在天才的想象之中，而无须理会千万里外的战争的嚣骚；你可以静静地观察物理力的相互作用，而无须提防暴力的报复；可以进一步完善你的相对论，而无须担心绝对权力的威凌。让你结束那个关于"祖国"的噩梦，向未来世纪的子孙们讲说你眼中广袤、辉煌的宇宙天体，大自然的美与和谐吧！要是教堂的晚钟响过，你也已感觉疲倦，那么，就走出实验室，带着你心爱的小提琴，随同纷飞的鸽子到公园或是旷野里来！那里，有惠特曼抚摸过的柔和的草叶，有爱默生喜欢的岩石、松树和橡树，有林肯播种的紫罗兰的缠绕不息的芳香……我知道你是一个诗人，本来意义上的诗人，爱因斯坦！可是，这个刚刚逃脱了政治迫害的人，却把他全部的激情，献给了政治斗争。

政治，在他看来，乃是全人类的事务，并不限于邪恶势力的墙垣之内的。他赞扬法国的物理学家朗之万说："理性是他的信念——这信念不仅带来了光明，也带来了解放。他为促进全人类的幸福生活的愿望，也许比他为纯粹的知识启蒙的热望还要强烈。正因为这样，他花了很多时间和精力用于政治启蒙。"这不也是自我的深沉表白吗？当屠伯们开始了血的游戏，当无情的炮火摧毁了田园，当大地因无数妇孺惊恐的哭声和挣扎的呼喊而日夜战栗，难道还能在实验室的圆转椅里安坐吗？科学成就本身，到底能够从本质上减轻多少落在人们身上的灾难呢？这时候，他没有沉默。

他根本不可能沉默。如果沉默，就等于犯了"同谋罪"——他比任何人都更清楚地理解这样一道现实政治中的等式。所以，他全身心投入了各种公开和秘密的反战运动，没有一点犹豫。他成了不带枪的战士。他以榜样的力量，召唤着更多的为和平而战的人们。

他那么紧张地注视着时局的发展，以科学家的精确，不断地校正自己的每一个行动。从呼吁拒服兵役到主张武装抵抗，他不惜严酷地涂改自己，以致睿智的罗曼·罗兰也不能理解他。是的，他渴望理解，一生都渴望理解；但是对他来说，更为重要的是倾听自己，倾听内心的神圣的声音。真理的声音。真理是简单自明的，但又丰富到没有极限，只有忠实于人类自由事业的奋斗者，才能从它那富于人性的启示中，获得独立支持的勇气。

他一面从事反战运动，一面开辟“第二战场”：保卫言论自由和教学自由。维护和加强这些自由，距眼下生死攸关的战争未免太远了；然而他认为，任何民族的健全和发展，都不可能离开这个基础。当人们焦灼的心几乎全数为血火的战场所吸附时，他的目光，便已经探及使世界充满痛苦、叹息和辛酸的战争和各种压迫的根源了。呵，爱因斯坦，你四周的和平环境还不能令你感到满意吗？最初到来时，你是那般深情地礼赞这个自由民主之邦，怎么会诅咒起来的呢？难道你不怕陷于新的孤立？……这个大步跨出了科学圣殿而直面血与污秽的伟大的天才，他发现：科学和政治，个人和社会，都一样深深植根于脚下的多难的土地。这土地，原来便连成一片，并没有大陆和次大陆之分的。没有国界。他没有祖国，可又无处不是他的祖国！说到底，时代与他，谁也没有抛弃谁。

如果说他离开德国，离开普鲁士科学院，离开属于科学工作者的纯粹的研究生涯也算是一种抛弃，不如说是一种拒绝。他拒绝了他所应拒绝的一切。

他拒绝了一切，唯独保留作为一个世界公民的责任。人类是什么呢？作为类的概念，其实是哲学中的一个“无”，然而在他那里却是一个实实在在的“有”，一个足以让他甘愿委以全部生命热情的实体。为此，无形中便在他与爱人和朋友之间划开了一段情感距离。他拒绝了祖国的拒绝，却也拒绝了亲人的接近，拒绝了为世俗所珍视的、日常的爱抚与温情。——这才是人生最可怕最难堪的一种拒绝呵！他曾经这样写道：我实在是一个“孤独的旅客”，我未曾全心全意地属于我的国家，我的家庭，我的朋友，甚至我最接近的亲人；在所有这些关系面前，我总是感觉到有一定距离并且需要保持孤独——而这种感觉正与年俱增。

——两难的孤境！以爱因斯坦的坚强而明澈的理性，真使人怀疑，他是否真的进入了这样痛苦的状态。但是，只要读到他以无限的同情描写斯托多拉，一位“气轮机和燃气轮机之父”的话，便一切都明白了。他说：“人们的苦难，特别是由人们自己所造成的苦难以及他们的愚钝和粗暴，沉重地压在他心上。他深刻了解我们时代的社会问题。

1933年希特勒上台后，爱因斯坦正在美国，他宣布不再回德国。后来纳粹义勇军抄查了他的房子，并没收了他的银行账号。一家柏林报纸的头条写道：“来自爱因斯坦的好消息——他不回来了。”

“他是一个孤独的人，如同所有的个人主义者一样，对于人折磨人的那种可怕的事情的责任感，以及对于群众处于悲惨的境地的无能为力的感觉，都使他感到苦恼。虽然他有了特殊的成就和深受爱戴，但是他的感受力还是使他痛苦地感到孤独。”

不是形而上学者的无端的空虚，也不是唯我论者的孤单寂寞，而是一个清醒的现实主义者的刻骨铭心的时代体验。在专制和谎言所毒化的空气里成长起来的普遍缺乏气魄和力量的一代人中，又能找到多少个这样的孤独者？所以，我想，他才因开普勒朗之万斯托多拉而多出那么一份沉痛与欣慰。即使同时出现了一批孤独的天才，也都大抵如莱布尼兹所说的单子一样分布着——没有“窗口”，灵魂怎样往来呢？爱因斯坦的孤独是恒在的孤独。那是一种状态，也是一种力量，是他唯一可感知可把握的。只要他要做一个完整的人，只要他不肯放弃那个始终引导着他的目标，只要人类的苦难与他同在，他就注定是一个“孤独的旅客”，永远落在途中，做无止无休的跋涉……哦，命中的孤独者！

《光明的追求》之十五　　麦绥莱勒（1919）

总有那么一天，黑人、白人、黄皮肤的人，在同一片蓝天下舞之蹈之，嬉之戏之，空气中流动着千奇百怪的字符，象形文、楔形文、拉丁文……来自地球每个角落的声音都汇成一曲绚丽空灵的欢乐颂歌：“人和万物都亲密无间，群岛和蝴蝶可以安然地飞到人的跟前，成群的羚羊可以放心地走向水塘边。我没见到有谁一贫如洗，也没看到什么人纸醉金迷，看到的是平等互助，亲如兄弟。”

第二章

另一种话

另一种话[①]

◇ 西格尔

西格尔，美国小朋友。

虽然来自不同的国家，听不懂对方的语言，但我们有可以交流的另一种话。

我遇见一个小女娃，
她来自别的国家，
我不会说她的话，
便把她的手儿拉。

手拉手儿来跳舞，
越跳越是兴冲冲
跳舞就是说话呀，
你对谁说她都懂。

① 选自《20世纪世界儿童文学名著精粹·儿童诗卷》，刘文刚主编，湖南少年儿童出版社1992年版。

有色人种

◇ 杰侯姆·胡里埃

我，是一个黑人，我出生的时候，就是黑黑的。
你，是一个白人，你出生的时候，却是粉粉的。

我长大以后，还是黑黑的。
你长大以后，变成白白的。

在太阳底下，不管怎么晒，我都是黑黑的。
在太阳底下，不一会儿，你就晒成红红的。

我很冷的时候，是黑黑的。
你很冷的时候，就冻得发紫。

我害怕的时候，也是黑黑的。
你害怕的时候，脸都变绿了。

如果我上天堂，我还是黑黑的。
如果你上天堂，你就变成灰灰的。

可是，你却叫我有色人种！

杰侯姆·胡里埃（1966—），非洲裔法国插画家，能写善画。近年来创作了许多风格拙朴又发人深省的图画书，代表作有《有色人种》、《小方和小圆》等。

胡里埃以别出心裁的幽默与创意，在这首诗里为各种颜色的人种来讲述“平等”和“友爱”的理念。由于他前卫的思想，他的《有色人种》图书一经出版，就获得欧洲绘本界的高度评价，被翻译为多国语言。

---

① 选自《有色人种》，杰侯姆·胡里埃著，谢逢蓓译，接力出版社2011年版。

黑人的手[1]

◇ 翁瓦纳

翁瓦纳，莫桑比克作家、诗人。

黑人的手，白人的手，同是人类的手。世界就是由这些同样的手创造出来的。

我不知为何提出了这样一个问题。不过有一天，我的老师说："黑人的手心比身体其他部分要白。因为几个世纪以前，他们的祖先像森林中的兽类一样，是用手心着地走路的。手心是见不到阳光的，而身体其他部分却被太阳晒黑了。"又有一次使我想起这个问题的是神父讲经后说的几句话："我们这些白人的价值还不如黑人，甚至可以说，黑人比我们强。"他又说道，"黑人的手掌比身上白，是因为他们经常合掌祈祷的缘故。"

黑人的手掌居然比身上白，这对我来说，真是一个大笑话。无论是谁，我逢人便问这是为什么，不讲清楚这个问题我是不会放他走的。比如说，多雷丝太太是这样解释的，上帝让黑人的手掌长得更白亮一些是为了避免把给主人准备的饭菜弄脏，主人吩咐做的任何东西都必须是干干净净的。

可口可乐店的安徒内斯先生是很少在镇上露面的。待可口可乐销售完了之后，他告诉我说："别人的解释都是胡说八道。"当然，我是无法确定然否的，但他却满口否定了。并且，只有等我同意他的观点，并说别人的说法

---

① 选自《小溪流》1987年第2期。

是骗人的鬼话时，他才告诉了我这样的一个故事：

“许多许多年以前，上帝、耶稣基督、圣母玛丽亚、圣子、众圣人、天上的天使以及死后升天的人开了一个会，决定创造黑人。你知道怎么做吗？他们把造黑人用的黏土放在用过了的模子里，然后为了把粘土烘干，就得把黏土投入天堂的烤炉里。由于他们太着急，炉底事先也没留空儿，就只得把这些黏土挂在烟囱里。就这样熏呀熏的，这些人就变得像煤球似的黑不溜秋。你现在不是想知道黑人的手为什么是白的吗？那是因为被挂起来熏的时候，他们必须得用双手抓住东西呀！”

故事讲完，安图内斯先生和坐在我们周围的先生们都笑了起来，大伙儿对这种解释挺满意的。

同一天内，当安图内斯走后，福利亚斯先生叫住了我。说，刚才他听安图内斯先生的故事时惊得都张大了嘴：纯粹是弥天大谎。并说，关于黑人的手的事他知道的才是正确的：“上帝创造了人类后，就让他们到一个天上的湖泊里洗澡。洗过澡后，人都变白了。黑人呢？由于他们是上帝在清晨创造的，那时，湖水太凉，他们只能把手掌和脚掌放在湖面上浸湿。所以，没顾上穿衣服他们就来到了人间。”

但是，我看的一本书偶然在提到这个问题时却说那是因为黑人整天弯腰摘圣母的白棉花的缘故。还有什么，我就不知道了。看来，埃斯特凡尼亚太太是不同意这本书的解释的。她认为，黑人的手是因为洗的次数太多而褪了色的原因。

好啦，我不知道想这个问题太多会怎么样。但是，有一点是没有错的：无论是长满鸡眼的手，还是裂缝条条的手，黑人的手就是比身上白，事情就是这样的。

我母亲在这个问题上是唯一有道理的人。一天，当我同她谈及这个问题时，我一个劲儿地只顾向她叙说我知道的一切，而她却在一旁愁容满面。使我奇怪的是当我想知道她的所有想法时，她并不马上告诉我，而是坚持等我说够了，这才开始回答。她泪如泉涌，捂着肚子，和笑痛了肚子的人一个样。原话大概是这样说的：

无论是黑人还是白人，都是上帝创造出来的，都是活生生的，真、善、美的人。

“上帝创造了黑人，是因为人世间必须有黑人。必须有黑人呀，我的儿子。上帝想：这个世界上的确需要黑人……但后来却后悔创造了黑人。因为别的人种嘲笑黑人，他们把黑人带到自己家里当奴隶使唤或者派其他用处。然而上帝又不能把黑人都变成白人，因为有那些习惯看黑人的人反对。上帝只得把黑人的手掌做得和其他人种的手掌完全一样。你知道上帝为什么这样做吗？当然你是不知道的，也用不着大惊小怪，世上有好多好多的人也不知道。

“所以，这就说明：每个人种所做的一切只不过是全人类的成果……东西都是人们创造的，都是用同样的手创造的。头脑清楚的人都懂得：黑人不管怎么黑，他们也是人。上帝肯定是一直这么想的才把黑人的手掌做得和别的人种的一样。”说完这席话，母亲吻了吻我的手……

致白人传教士[①]

◇ 红夹克

红夹克（1758—1830），原名萨波耶瓦撒，北美塞内卡族酋长，著名印第安人演说家之一。北美独立战争期间曾为英国效力，并接受英军红色号衣，故改名“红夹克”，后掉转矛头率部支持美国革命。随着白人文化的推进，印第安人的土地渐遭蚕食，开始与美国政府日益对立。红夹克竭力主张印第安各部落联合起来，捍卫本族利益和习俗，抵制白人文化。本篇演说是在6个部落酋长联席会议上对白人传教士的回答。揭露了白人殖民者的背信弃义和恩将仇报，表达了印第安人抵御白人文化的理由和决心。

我的朋友和兄弟，今天，是神的的意志使我们聚首一堂。他为我们的会议安排了一切，并赐予我们如此明媚的艳阳天。他让太阳喷薄而出，将灿烂的光芒洒向人间。他使我们耳聪目明，得以看清周围的一切，得以听清您说的每一句话。我们唯一要感谢的是伟大的神灵，感谢他赐予这一切。

兄弟，是你点燃了这次会议之火。也是在你的要求下，我们各方人士此时此刻会聚在这里。我们刚才仔细聆听了你的讲话，你希望我们畅所欲言，这使我们感到分外高兴，因为今天我们是怀着坦诚的心情与你见面的，并希望说说我们的心里话。我们如同一个人般听了你的发言，现在又如同一个人般对你说话。我们的意见是一致的。

兄弟，你说在离开这里之前希望听到对你的讲话的反应。你说得对，你应该得到这样一个反应，因为你不远千里来到这里，我们也无意强留。首先让我们稍稍回顾一下过去。我想请你了解我们的父辈是如何对我们说的，而我们又从白人那里听到了什么。

兄弟，请听我们说吧。我们的祖先曾经拥有这片广袤无垠的土地。他们的足迹从日出之地一直延伸到日落之地。伟大的神灵创造了这片土地，供我们印第安人享用。

---

① 选自《感动一个国家的文字》，艾柯编译，天津教育出版社2006年版。

他创造了野牛、麋鹿和其他动物作为我们的食物。他创造了熊及河狸，以其毛皮作为我们的衣裳。他使这些动物遍布大地，并教导我们捕捉的技巧。他还让土地长出五谷，作为我们的食粮。伟大的神灵所做的一切，都是为了他的红皮肤孩子们，因为他爱他们。即使我们的孩子之间为了猎物而互有争执，这些争执也总会在不需怎么流血的情况下得以平息。

但是，罪恶的一天突然降临。你的祖先们远涉重洋，登上了这块大陆。那时他们的人数并不多，在这里，你们遇上的是朋友，而不是敌人。他们告诉我们，他们逃离自己的祖国是出于对邪恶之徒的恐惧，而来到这儿是为了继续自己的宗教信仰。他们请求得到一隅之地。我们怀着对他们的怜悯，同意了他们的请求。于是，他们同我们坐在了一起。我们给予他们的是谷物，是肉食，而他们回报的却是毒药。

兄弟，你们白人看上了我们的家园。消息不断地传回去，越来越多的白人如潮水般涌来。可是我们并不害怕他们，我们仍将他们视为朋友，他们也称我们为弟兄。于是，我们相信了他们，并给予他们更多的土地：最后，他们的人数剧增，他们还需要更多的土地，他们甚至想占有我们整个家园。我们困惑，我们不安。于是战争爆发了。他们雇佣印第安人去跟印第安人战斗，我们中的很多人就此遭到杀戮。白人们还带来了烈酒，这些烈酒使我们成千上万的同胞失去了生命。

兄弟，我们的领地曾经是那样广大，而你们的曾是那样狭小。现在，你们成了一个庞大的民族，而我们的生存之地却所剩无几，甚至我们连铺开毯子的地方都没有。你们夺走了我们的家园，却仍不知足，你们还想将自己的宗教强加在我们头上。

兄弟，请继续听我说。你说自己被派到这里来，是为了教导我们怎样敬神，并按照神的旨意行事，如果我们不信奉你们白人要求我们去信奉的宗教，将再也得不到幸福。你还说，你们是正义而高贵的，我们却深陷于迷茫和堕落中。可是，我们又如何证明你的话就是真理呢？我们知道你们的宗教是写在一本书上的，如果这本书既是为我们而写，也是为你们而写，为什么伟大的神灵没有把它赐予我们？为什么伟大的神灵既不直接如实地让我们的祖先知晓那本书的内容，又不赋予他们正确理解那本书的方法？我们所知道的仅仅是你们所告诉的。我们总是受到白人的欺骗，又怎么知道什么时候该相信，什么时候不该相信？

兄弟，你说礼拜和侍奉全能的神灵只有一种方式。既然只存在一种信仰，为什么你们白人的所作所为与之截然不同？既然你们个个都熟读《圣经》，你们自己又为什么不照着《圣经》说的去做？

兄弟，这些事情我们统统不明白。我们只知道你们的宗教先被赋予你们的祖先，然后又代代相传。我们也有自己的宗教，它也被赋予我们的祖先，并一直传到我们，再传给我们的孩子们。它教导我们要为我们所受到的一切恩惠而对神灵充满感激之情，要相互热爱，团结一心。我们就是以这样的方式表达对宗教的信仰，我们从来不为信仰而纷争。

兄弟，伟大的神灵创造了我们全体，但他也在他的白皮肤孩子和红皮肤孩子之间制造了巨大差别。他给予我们不同的肤色，不同的习俗。伟大的神灵给予你们各种各样的艺术，而在这方面，他却至今未使我们开眼。我们知道那些艺术是真实的。既然神灵在其他方面也造就了这种巨大差别，我们为什么就不能按照这种理解得出这么一个结论——神灵给予我们印第安人一种不同的宗教？全能的神灵是对的。他知道对他的孩子们来说什么是最好的，我们为此感到满足。

兄弟，我们不想摧毁你们的宗教，也不想从你们身边夺走它。我们只是希望能信仰自己的宗教。

兄弟，你说你来此地并非为了我们的土地和金钱，而是为了启迪我们的心灵。我现在可以告诉你，我曾经出席过你主持的集会，亲眼看到你在收钱。我不能肯定这些钱将派什么用场，也许是为了给你们的牧师。推而论之，假如我们接受了你们的思维方式，你或许也会向我们索取钱财。

兄弟，我听说你一直在这里给白人们讲道。那些白人都是我们的邻居。我们对他们非常熟悉。你的说教到底会对他们产生什么样的效果，我们将拭目以待。如果我们发现你的布道对他们确有益处，使他们变得诚实，不再老是欺骗印第安人，我们将重新考虑你所说的一切。

兄弟，现在你终于听到了我们对你讲话的反应。我们目前所能说的就是这些。我们将会全心照顾你，因为你即将离开我们。愿神灵保佑你一路平安，顺利地回到你的朋友们中间去。

西雅图酋长谈话[①]

◇ 西雅图酋长

西雅图酋长（1786—1866），印第安索瓜米西族酋长。

西雅图的父亲与当地白人建立了友好关系，而他多年来一直维护着这种关系。1855年西雅图与白人签订了《埃利澳特港》条约，并建立印第安人保留地，当时美国政府要将当地土人驱逐到“保留地”定居。本文就是西雅图在美国政府压力下的答复。处在历史的无奈抉择关头，西雅图表现出了令人震撼的澹泊、超然、智慧、真诚与悲悯情怀。他对白人的“承诺”了然于心却还是报之以真诚，他清楚认识到“两个截然不同的种族，起源不同，命运也各异”。他痛惜部族的衰落，本土文化的逐渐消亡，并告诫所有恃强凌弱的民族“一个部落没落，另一个部落兴起，一个民族灭亡，另一个民族崛起，如同潮起潮落。”黑人、白人同为人类，本是同根生，相煎何太急？

无数个世纪以来，浩渺苍天曾为我的族人挥洒下同情之泪；这人们看似永恒不易的苍天，实际上是会改变的：今天和风煦日，明日则可能乌云密布。但我的话却有如天空亘古的恒星，永不变更。华盛顿的大酋长可以像信赖日月季节更替一般，相信西雅图所说的话。

---

① 选自《感动一个国家的文字》，艾柯编译，天津教育出版社2006年版。

华盛顿的大酋长托白人酋长向我们致以友好的问候与祝愿。我们应该感谢他们的好意，因为我们知道他不需要我们的友情作为回报。他的子民众多，如广袤平原上无边的青草；我的族人寥寥，如风雨狂虐过后平原上的稀拉的树木。这位了不起的——我想也是仁慈的——白人酋长传话给我们，他愿意在为我们保留足够的土地过安逸生活的前提下，购买我们的土地。这看起来的确很合理，甚至该说是慷慨的，因为红种人已经没有要求受尊重的权利了；这个提议也许还是英明的，因为这么辽阔的国土对我们来说已经没有意义了。

曾几何时，我们的族人曾密密麻麻地布满了整片土地，就像随风涌浪的海水掩盖着满是贝壳的海底。但那个时代早已一去不复返了，部族曾经的辉煌只留给我们忧伤的回忆。我不愿再纠缠于我们部落过早的衰落，不愿再为此哀叹，也不愿将此归咎于白种兄弟，因为我们自己多少也有值得埋怨的地方。

年轻一代总是容易冲动。我们年轻的族人被或真实或虚幻的冤屈所激怒，用黑漆把脸涂黑，其实同时他们也抹黑了自己的心，变得残酷无情，而我们这些上了岁数的老人们又无力约束他们。然而，尽管一直都是如此，尽管自从白人把我们往西驱逐以来一直都是如此，但还是让我们寄希望于彼此之间的仇恨能够永远泯灭。仇恨能让我们失去一切，却毫无所得。对年轻人来说，可能复仇本身就是一种收获，即使那会让他们失去生命，但是那些在战时固守家园的老人，以及可能在战争中失去儿子的母亲们，懂得更多事情的真相。

我们在华盛顿的好父亲——自从乔治国王将他的边界线向北大举推进之后，我已经把他当成我们的，也是你们的父亲了——我说，我们了不起的好心肠的父亲传话来说，他会保护我们，唯一的条件就是我们要按他说的去做。他神武的勇士将为我们筑起护卫之墙，他神奇的战舰会驻满我们的港口。这样一来，我们北边的宿敌——海达人和辛姆希人——再也不能威胁到我们的妇孺老弱。如此这般，他作为父亲，我们作为孩子就成了事实了。

但这可能吗？你们的上帝并不是我们的上帝；你们的上帝爱护你们的子民，却憎恨我的族人。他以他那有力的臂弯慈爱地环绕保护着白人。就像父亲指引新生儿般指引着他们，但是他却遗弃了他的红皮肤的孩子——如果我们真的能称做他的孩子的话。

我们的上帝，那伟大的神灵，好像也已经遗弃了我们。你们的神让你们的人民一天天强大起来，很快就能占据整个大地，而我的族人却衰落得如急退的潮水一去不回了。白人的神不会爱护我们的同胞，不然他为何不保护他们，而让他们像孤儿一样求助无日？既然如此，我们怎能成为兄弟呢？你们的神又怎能成为我们的神，让我们重振雄风并唤醒我们重返昔日鼎盛时期的梦想呢？

假如我们真的有着同一位天父的话，那他也必定偏心，因为他只照看着他那白皮肤的儿子，我们却从来见不到他；他教给你们律法，对他红皮肤的儿子却无话要说，尽管他们曾经如繁星占满苍穹般遍布着整个大陆。不，我们是两个截然不同的种族，起源不同，命运也各异。我们之间几乎毫无共同点。

在我们看来，祖先的骨灰是神圣的，他们的安息之所也是圣地，而你们却似乎可以毫无哀痛感地远离祖先墓地。

你们的宗教，是你们的神恐怕你们遗忘，以铁指书写在石板之上的。红种人对此既不能领会也难以记住；我们的宗教传自我们的祖先——伟大的神灵于夜晚的神圣时刻，以梦的方式赐予我们族中长者，经过酋长们的洞察，铭刻在我们族人的心底。

你们的亡者一旦踏上墓地的大门，便不再爱护你们，也不再爱护曾经的故国家园。从此飘忽于群星之外，很快就被生者遗忘，也永不再回来。我们的逝者却永远不会遗忘这个曾赐予他生命的美丽世界。他们依然爱恋着青翠的峡谷，潺潺的河流，雄伟的大山，以及幽静的溪谷和碧绿的湖泊海湾，并且以最温柔体贴的情感牵挂着内心孤寂的生者，一次次地从他们极乐的狩猎之地回来，探望他们，指引他们，安抚他们。

至于我们度过余生的地点，是无关紧要的。我们已经去日不多了。印第安人的夜晚只有一片漆黑，在他的地平线上不会再有希望的星星闪烁。忧伤的风在远处呜咽，残酷的命运尾随在红种人的身后，不论身在何方，都听得见无情的毁灭者靠近的脚步。他只能麻木地等待末日的到来，如同受伤的母鹿无奈地听着猎人靠近的脚步声。

几经月盈月亏，几次寒来暑往，这个由伟大的神灵所护佑、曾经遍布广袤的大地、在自己堪比乐园的家园幸福生活的民族，将不会再有一名幸存的子孙，为一个曾经比你们更强大，更生机勃勃，如今却只剩下墓碑的部族哀哀哭泣。但我又何须为我族的灭亡而悲叹呢？一个部落没落，另一个部落兴起，一个民族灭亡，另一个民族崛起，如同潮起潮落。自然的法则如此，哀叹痛惜又有何益呢？你们没落的一天固然遥远，但终究还是会有那么一天的，就算白人能和上帝有如密友至交般亲密无间，也同样在劫难逃。我们终究是会成为同命相怜的兄弟的，我们就拭目以待吧。

我们会仔细权衡你们的提议，一做出决议就会告诉你们。但是要接受的话，我们还得先提一个条件：你们不能剥夺我们随时回去探望祖先、朋友和儿子坟墓的权利，也不可干扰刁难；对我们的族人而言，那里的每一寸土地都是神圣的。每一片山坡，每一处河谷，每一块平原，每一丛树林，都因我们族人早已远去的喜怒哀乐而变得圣洁无比，甚至那些静静躺在寂静的海边、被烈日暴晒的顽石，也因见证过族人们曾有的生气勃勃的生活而变得激动人心，甚至你们脚底的尘土也不会给予你们那种它曾给予我们的深情回应，因为它被我们祖先的鲜血所浸透，只有我们的赤足才更能感受到它那充满怜惜的触摸。

我们已逝的勇士，多情的母亲，欢欣的少女，甚至还有仅仅在这里生长嬉戏过一段短短的美好岁月的孩子们，都热恋着这一片黯淡荒寂的土地，并在夜幕降临之时，迎接那些蒙蒙的族人之魂飘然而归。

当最后一个红种人逝去，我们部落的回忆在白人心中已经成为神话之时，这里的海岸仍将聚集着我们族人无形的灵魂；当你们的后代以为他们是独自在田野、库房、商店、公路或者寂静的树林之中流连时，他们也绝非孤身一人。大地之上没有任何地方是真正孤寂的，夜深人静，当你们城镇或村庄的街道悄然入梦，也许你会以为此刻它们都是荒无生命的。其实不然，街上将挤满了回归故园的亡魂。他们曾生活在这里，至今仍然热爱这片美丽的故土。有他们相伴，白人永远不会感到孤单。

愿他公正友善地对待我的族人，因为死者并不是无能为力的。我说他们是死者吗？不，世上并没有“死亡”一说——他们只是去了另外一个世界。

洛根首领的哀辞[①]

◇ 洛根

洛根，明戈印第安人首领。

1774年，住在俄亥俄河流域的印第安人与白人之间发生了一系列流血事件。以“白人朋友”的身份而闻名的明戈印第安人的首领洛根的家人惨遭杀害，在洛根的领导下，印第安人发动了一场反对白人定居者的战争，但最终以失败而告终。洛根拒绝和其他首领一起去向获胜的白人屈膝哀求。相反，他给弗吉尼亚皇家总督邓莫尔勋爵寄去以下这篇演讲。这样，他失去了所有的朋友，“谁去那儿为洛根哀悼？没有一人。”杰斐逊把洛根的这篇演讲作为“这个国土上土人的天才，尤其是他们的雄辩之才”的证据。洛根的演说曾是19世纪学校读本中固定的文章，并为几代美国年轻人所熟悉。

我恳请任何一位白人说说，他是否曾饿着肚子走进洛根家的小屋，而洛根没有给他肉吃；他是否曾在又冷又没衣穿时来到洛根家，而洛根没有给他衣服穿。在最近这次漫长而血腥的战争中，洛根一直呆在自己的小屋里，一直是一位宣传和平的人。我对白人的爱就是这样的，以致我的同胞经过我家时都指着说：“洛根是白人的朋友。”如果不是一个人伤害了我们，我甚至想过和你们住在一

① 选自《美国读本》，（美）戴安娜·拉维奇编，陈凯等译，国际文化出版公司2005年版。

起。去年春天，克雷萨普上校无缘无故地残酷杀害了洛根的所有亲人，甚至连我的女人和孩子也不放过。在现在活着的人中，没有一个人的血管里流着我的血。这个事实呼唤我去报复。我寻求报复，我杀死了许多人。我已经复仇够了，为了国家，我很高兴看到和平的曙光。但不要以为我的高兴是出于害怕。洛根从不惧怕。他不会为了保全自己的生命而突然作180度的转身的。谁去那儿为洛根哀悼？——没有一人。

匹茨和李重获自由[①]

◇ 杰恩·米勒

杰恩·米勒，《迈阿密先驱报》的专栏作家，1967年因发表了《玛丽汉普顿的冤案会真相大白吗》而获得普利策地方特别调查报道奖。1975年报道了《匹茨和李重获自由》而再次获普利策新闻奖。

1963年，马丁·路德·金慷慨陈词：“……100年后的今天，黑人依然悲惨地蹒跚于种族隔离和种族歧视的枷锁之下。100年后的今天，黑人依然在美国社会的阴暗角落里艰难挣扎，在自己的国土上受到放逐。”就是这一年，美国的两个黑人匹茨和李，在检察官没有做任何调查的情况下，即判他们犯有杀人罪，他们在监狱度过了漫长的12年。是什么导致他们无辜地蒙受冤屈，他们又怎样获得赦免，重新得到自由的呢？

（佛罗里达州监狱）——星期五下午12时37分，弗雷迪·励·匹茨和威尔伯特·李摆脱了死神笼罩的阴影。他俩连头都没回。

铁窗内囚犯的喧闹声在他们身后由近而远渐渐地消失。摄影机旁的人流潮水般地退去，纷纷给他俩让路。

匹茨和李面无笑容，对囚犯的喧闹声和让路的人流都没加以理会。

无辜地蒙受冤屈，无罪而被判刑，并由此而在监狱里关了12年零48天后，他们又回到人间，获得了自由，皮夹里放着有州长签名的赦免副本。

① 选自《普利策新闻奖名篇快读》，李天道主编，四川文艺出版社2005年版。

“这家‘旅馆’我住够了，”匹茨委婉地说，“这儿的吃住条件太糟糕了。”

“脱掉了囚衣，换上自由人的服装，”李说，“好家伙，我觉得自己真像费城的律师。”

他俩心里怀揣着近期的计划离开了监狱，但没宣布是什么计划。

“我想我们不会公开我们的计划。”李说，“哈，哈……”

他俩的律师欧文·J.勃罗克和菲利普·A.巴特开车送他们到盖恩斯维尔。接着，他们乘坐一架波音727飞机飞往迈阿密。

李有些发怵。这是他头一次乘飞机。

“9年来我一直没怕过坐电椅，我想我也不会怕坐飞机。”他说。

他真没怕。在2.9万英尺的高空，他咧开嘴笑着说：“真来劲。”

全球最著名的新闻作品奖是普利策大奖，获奖的每一篇作品都真实地折射了美国近百年历史风云，深刻影响着美国近百年政治与社会生活。因此普利策新闻奖是美国新闻界一致公认的最高奖项。它使新闻记者赢得传奇般的地位，人人都以能获得此项殊荣为自己终生的职业追求。

匹茨一边喝着加有饮料的威士忌，一边说：“现在让你瞧瞧，列奥·琼斯。”

就是这位潘海德尔的检察官琼斯，在听取了一位罪犯说他们二人于1963年杀害了摩约加油站工人杰斯·柏克特和小格罗弗·佛洛伊德的口供后，组成一个清一色白人的潘海德尔陪审团。

9年前，匹茨和李曾被判犯有这些杀人罪，而琼斯的陪审团又重新定了他们的罪。

那次的供词最后由鲁宾·艾斯库州长亲自审理。上星期，他建议为这两位黑人提出正式的赦免诉讼。

赦免令宣布他俩自由了。可是，直到星期五他们才明白自由还有一个条件。

坐在送他们去机场的出租汽车后排座位上，李从后窗认真观察着一辆佛罗里达州警察局的护卫巡逻车。

“我就是这样被投进监狱的，”他说，“现在我还是这样离开监狱。”

他举起双臂，眼睛盯着双手说：“瞧，没有手铐了。”

整整一个上午，他俩都在焦急不安地等着从塔拉海西来的电话。

前一个晚上，李没有睡多少觉。这并不反常，自从蒙受冤屈以来他就难得入眠。匹茨倒是几乎躺下就能睡着，只有脚步声到他的牢房跟前他才会醒来。

他们睡的牢房里，只能看到监狱的铁窗。

“我已好久好久没有看到月亮和星星，没有呼吸到新鲜空气了。”李说。

星期四晚上，D.A.斯波隆，一个胖胖的和气的看守最后一次关上了他们牢房的电动门。

“你们还没自由呢，伙计。”他面无表情地说，然后咧嘴笑了笑。

“等我走到那边的停车场就会有我的人身自由了。”匹茨快活地说。

星期五清晨，他俩换下蓝色的囚衣，穿上了惹人注目的运动衣。迈阿密电视台记者C.T.泰勒事先在自由城一家商店买了衣服，作为送给他们的礼物。

鲍勃和玛丽·托马斯是匹茨–李辩护委员会成员。他们事先估计了匹茨和李服装的肥瘦大小，尤其是他俩穿什么裤子，两人也琢磨了好半天。最后决定，李穿深绿色，匹茨穿深蓝色，裤脚削成喇叭形状。为此，玛丽·托马斯还向斯塔克的假日旅馆服务员借来了绿线。

但是，为监狱做裁缝的列昂纳德·麦克埃汉尼还是把裤子做了修改。他把改短的裤子交给匹茨和李。和他俩道别时，他直流眼泪。

匹茨和李身穿新衣服走进地板闪着蜡光的会客室。81名记者正等着采写他们。当他俩在一张铺着蓝布、上面摆满麦克风的桌子前就座时，18架电视摄像机忙个不停。

他俩并不健谈，只是记者问什么，他们答什么。“我被监禁了12年。”带着一副墨镜的李说。

“我得用几天时间才能说清楚现在脑子里在想什么。”

有人问匹茨在监狱里与世隔绝了12年是什么滋味。他说：“前车之覆，后车之鉴。再说我也不能老为过去而活着。”

难道他不痛苦？“我想某种程度的痛苦是有的，”他点点头说，“但是没有憎恶和仇恨。”

记者招待会后，他俩来到监狱档案管理员凯·斯诺佛那间没有什么摆设的办公室。

他交给他们一人一份有州长签名的赦免令副本，里边有4个必需的名字：艾斯库、首席检察官罗伯特·谢文、财政部长菲利普·埃席勒、教育部专员拉尔夫·特灵顿，从而构成了7人组成的州保释局的必要多数。

另外3名州内阁官员：审计长杰拉尔德·路易斯、州务卿勃鲁斯·司迈塞和农业部专员多埃尔·珂纳拒绝在赦免令上签字。

“你们现在要说的就是你们同意接受赦免令。”斯诺佛说。

现年31岁的匹茨和40岁的李接受了赦免令。各自折叠好副本，放进自己的皮夹里。

他俩谢绝了按惯例可以送他们回去的2张禁止转让的公共汽车票。

“公共汽车太慢了。”李说。

他俩拆开最后一次邮件——一堆信和电报。其中一封信里附有一枚徽章，上面刻着“释迈放匹茨和李”。匹茨把它别在衬衣衣领上。

为了便于转投他们的信件，他俩给斯诺佛留下了临时地址：33054，佛罗里达州奥葩–洛卡，872信箱。

现在只有两个能使他们自由的电话了。两人在房间里紧张不安地来回踱步。

匹茨借用了一下电话，准备和加利福尼亚佛里蒙特通话，电话费对方事先答应由对方付。匹茨找克里斯·柏克特接电话，他是被害的杰斯·柏克特的长子。

克里斯·柏克特不相信是这两位黑人杀死了他的父亲。为了营救匹茨和李，他自己出面为他俩奔波。

“是的，”匹茨说，“我们终于出狱了。”

克里斯·柏克特邀请他俩到他加州的家去住，如果他们往西走的话。匹茨答道：“我正盼着呢。”

中午12点，还是没有他俩的电话。“到12点半再不来电话，”勃罗克开玩笑地说，“我们可要走了，不过一个已被赦免的人被冷枪打死，可是一件可怕的事。”

电传首先传来了消息，因为监狱里的电话都被记者用上了。

中午12点25分来的电话证实了赦免令。

“我们总算拿到了。”勃罗克说。

“快离开这鬼地方吧。”哈巴特说。

“你干吗着急？”勃罗克说，“你前面的生活道路还长着呢，弗雷迪。”匹茨笑了。“我们去迪斯尼游乐场吧。”他说。

当他们走在又宽又长的监狱走廊时，一扇扇铁门迎着他们打开了。

最后，牢房的大门在他们身后关上了，他们又重见阳光。接着，他们朝监狱最后的二道铁栅栏走了最后的30英尺。

两只警犬趴在那儿，在大热天里打着瞌睡。

最后，他们与另一个曾和他们一起关在死囚室的牢友告别，他叫丁尼斯·魏特尼，被定有杀人罪。

“你们是回乔圣港吗，弗雷迪？”魏特尼问道。

他们不是。

狂吼乱叫的人群愤怒地冲向黑人学生[①]

◇ 雷尔曼·莫林

雷尔曼·莫林（1932—），美国记者、新闻工作者，曾任职于美联社，1957年在《阿肯色新闻报》上发表的关于在小石城学校种族隔离危机的报导，客观冷静，发挥了社论的导向作用，因此获得1958年的普利策国际报道奖。

20世纪50年代后期，美国的黑人斗争进入了一个新阶段。1954年5月17日最高法院就“布朗控告托皮卡市教育委员会”一案所作的判决，否定了1896年在“普莱西控告弗格森”一案的判决中所确立的“隔离但平等”的原则，宣布在公立学校里实行种族隔离制违反宪法。但由于南部各州以种种方式抵制，这项历史性的裁决形同一纸空文。由于南部几个最保守的农业州进行强烈的抵制，使黑人儿童因种族隔离而被剥夺了受教育的机会。

1957年9月发生的小石城事件，足以说明消除学校种族隔离制是一场严重的斗争。美联社记者雷尔曼·莫林第一时间赶到现场，并对此事件做出了详细的报道，报道刊登于1957年9月23日的报纸上，该文荣获了1958年的普利策国际报道奖。

（阿肯色州，小石城）——星期一。聚集在中心中学外的一群狂吼乱叫的男男女女和校园内的一些骚动学生，胁迫当局驱除学校里的8名黑人学生。这8名学生是3个半小时前进学校的。

中午，伍德罗·威尔逊曼市长通过无线电报话机和在

① 选自《普利策新闻奖名篇快读》，李天道主编，四川文艺出版社2005年版。

场的警官通了话，请他们转告这些人：“黑人学生已经撤走。”

很快，3名黑人男生和5名黑人女生在警察的严密保护下离开了学校。警察们用警车将他们载走。

聚集在学校两头的人群一阵又一阵地拥向市警察和州警察把守的警戒线。但他们被挡了回来。

这一爆炸性的高潮，发生在早晨8点45分学校被包围以后。在此之前，那8名黑人学生已悄悄地走进学校。

此时，在学校内，学生们说他们看见这些黑人衣服上带有血迹。一些反对废除种族隔离的白人学生在离开校园时描述了学校内的混乱景象。警察在大厅里追赶白人学生；白人学生在楼内袭击黑人学生。

混乱在近中午时停止了。

学校负责人弗吉尔·布洛塞姆说他问过在场的警察局副局长史密斯，他认为是否应该最好让黑人学生离去。史密斯认为应该这样做。

不一会儿，市长命令警察通告人群的通知就传下来了。

在形势突变之前，有3名记者遭到人群的殴打。他们是《时代》杂志的文字记者保罗·韦尔什、摄影记者格雷·威利特和弗朗希斯·米勒。

抱着一堆摄影器材的米勒被人迎面给了一拳，摔倒在地，满脸都是血。

甚至在黑人学生离开学校之后，人群仍然没有散去。一些十几岁的年轻人乘着两辆汽车在校园外一边转悠，一边大喊：“黑鬼们从哪条路走的？”

在黑人学生呆在学校的那几个小时里，大约有30名到50名白人学生离开了学校。每当一个白人学生走出校门时，人群都会大喊大叫，拍手鼓掌一番。“不和黑鬼呆在一块儿。”人们嚷嚷道。

在这8名黑人学生进入学校之前，有另外4个黑人遭到殴打，警察逮捕了一些人。

最初在学校外发生的暴力行为是骇人的。女人们哭泣着。有一个男人爬到一个木头路障上高喊：“谁冲过去？”

“我们都冲过去。”人群高声应道。但人们并没有动。

在小石城发生的反种族隔离的斗争已持续了3个星期。而今天这一戏剧性的高潮发生在拥有2000名学生的中心中学，时间为8点45分，正当铃响学生们准备上课之际。

忽然，人群发现在通往学校的一条街道上，4个黑人成年人两两成对地向前走去。人群中有个人喊道："看，黑鬼们来了。"

这4个人不是学生。其中的一个人看起来像个记者。头上的帽子上有张名片，肩上挎着一部照相机。

我迅速奔到角落里的一个玻璃外罩电话亭去口述这里发生的事件。当人群拥向这4名黑人时，他们散开跑了。

这几个黑人在附近的一家草坪上被人们逮住了。几个白人从那个拿照相机的黑人背后扑了过去，把他摔倒在地，拳打脚踢，最后把照相机也给砸了。

很明显，这几个黑人是有意转移这些人对学校的注意。当我口述报道时，有个人高喊道："看，他们正往学校里走。"

此时，那3名黑人男生和5名黑人女生正穿过校园向学校南端的旁门走去，那几个女生穿着时髦的短袜，男生们身着开领衬衫。每人手里都拿着几本书。

他们没有跑，甚至没有疾走。他们只是慢慢地向门口走去，跨上台阶，进了大门。这时，聚集在街那头的200人中，只有少数几个人看见他们。

"他们过去了，"一个男人吼道，"唉，天啊，黑鬼们进学校了。"

一个女人尖叫着问道："他们进去了吗？你看见他们进去了吗？""他们现在就在里面。"其他男人嚷嚷道。"啊，天哪！"那个女人尖声喊着，眼泪夺眶而出，两手不停地撕抓自己的头发。人群开始变得歇斯底里了。其他女人们也开始哭泣尖叫。

这时，一个穿着棕色猎衫、高个子白头发的男人跳到路障上，挥舞双臂高声喊道："谁冲过去？""我们都冲过去！"人们高声应道。他们有的冲过路障，有的绕过路障，向警察扑去。在街的那一角有十几名警察。他们举起了手中的警棍。

一些警察抓住几个冲过来的男人和女人，连推带搡地把他们弄回原处。另有两名警察追赶着一个像足球运动员一样溜过警戒线的黑头发男人。他们在校园里逮住了他，将他的衣服撸到胳膊处使他不好动弹，然后将他推出校园。

有一名带着一顶建筑工人硬壳帽的男人忽然在一个警察面前高高举起了双手。这情景就发生在离我不过十几码的地方。

我看不清这个警察是不是拿着一把枪对着这个男人。但他忽然不跑了，回到原来的地方。冲突中有两个男人被捕。

与此同时，几辆载着头戴宽檐武装帽、腰扎山姆·布朗皮带的州警察的车从街道的两端开了进来。警察们进入路障内，周围的秩序暂时恢复了平静。

女人们还在不停地哭着，尖叫着。一个男人说：“我要到学校叫我孩子出来。”

一位警官答道：“你哪儿也不能去。”

忽然，从人群里又传来一片欢呼和拍手声。一个白人学生拿着书走出校门，他后面还跟着两位穿着时髦短袜的女孩子。过了一会，又有一些学生出来。在后来的半个小时里，有大约159到209学生离开学校。每当有学生离开学校，外面的人都会拍手欢呼一番，高喊：“不和黑鬼们在一块儿，回去把他们都叫出来。”

据说，在学校里，那8名黑人学生正呆在校长办公室里。不一会儿，两名警察忽然从北门跑进大楼。当他们出来时，他们架着一个女孩子的胳膊，连拖带拽地把她带向一辆警察局的囚车。

瞬间，人群似乎想再一次冲过警戒线去救她。但警察把她推进车后，迅速驶离了这条街道。当汽车行驶在街上时，人群发出尖叫声、嘘声和吼声。

一个男人发狂似的跟在汽车后面跑着、喊着：“那是我的孩子，救救我的孩子！”

但是，汽车开走了。很快又有4个白人学生跑下学校大门的台阶，穿过街道。好几名警察在后面追赶他们。

这4名男孩中的一个说，他们在校长办公室外面抓住一名黑人男孩。“我们和他一块儿走了半个楼的距离，我们想把他撵出大楼。”孩子们说。但他们拒绝说出他们的姓名。

与此同时，在学校两头的街道上，一堆一堆的州警察占据了各自的岗位。加强了市警察的力量。人群不停地诘难这些州警察，污辱和猥亵之词劈头盖脑地砸了过去。

“今晚见到你们的邻居时将有何感受？”一个人高声问道。

人们称市警察是“黑鬼的情人”，污辱他们。警察们站在那儿，脸绷得紧紧的，不做任何反应。

后来，这些人觉得无聊了，又把攻击的目标转向记者和摄影师。一个男孩跳将起来，抓住通向主线的3个电话亭分线中的一条，来回扭着，想把它扭断。

电话亭被拽得东倒西歪。

几乎就要倒在地上。有个人说：“我们应该把街上的这些英国佬记者赶走。”

“我们现在就开始干。”另一个响应道。

但人们只是说说，没见任何行动。那个带头又哭又闹的女人缠着一个记者不放，连声质问："为什么你不将我们的真实情况报道给公众？为什么你不告诉他们我们是爱好和平的人，不想让我们的孩子和黑鬼们在一块儿？"

人群里的许多人兴高采烈地议论着什么，然后对着其他警官们高喊："有一名警察撕掉了自己的徽章，把它扔到地上了。"

"警察里还有一位真正的白人。"一个身着T恤衫，身强力壮，头发梳得光光的年轻人对他跟前的警察喊着。

当人们一次又一次企图冲过市警察和州警察把守的警戒线时，零星冲突不时发生。警察将一个男人掼倒在地，然后架着他的胳膊。连推带拖地把他弄到警车上带走。

不少便衣人员不时地在学校前面转来转去。据说他们当中有些是联邦调查局的工作人员。

学校里的气氛和往常相比没有什么不同。在10点半课间休息时出来的学生们说，有一个30名学生的班，当一名黑人学生走进去时，只有一个学生留在了教室里。

恐惧与正义[①]

◇ 林达

巨大的恐惧阻挡了所有的证人，半个世纪以来，凶手逍遥法外，正义得不到伸张。但是，几十年惊慌失措颠沛流离的流亡生涯，让唯一的证人亚当斯意识到："假如罪恶不予追究，它带来的恐惧永远不会真正消除。"他终于决定不再躲避，不再逃亡，面对恐惧，走向公众，公开埋藏在他心底的见证。

我们常走美国佐治亚州的78号公路。路边，一个小镇的牌子让我们很留意。小镇的名字叫"门罗"，那是一个著名美国总统的名字："Monroe"。这个小镇是在19世纪20年代、门罗总统的时代建制的。所以，小镇随着当任总统的名字，叫了门罗。

带我们来到小镇的，是一个60年前的谋杀案。1946年7月25日，在门罗镇附近、一个叫做摩尔滩（Moore's Ford）的河滩边，一群白人三K党暴徒，私刑谋杀了4个黑人。

2005年4月2日，是个星期六。前一天从广播中听到，今天上午，门罗的黑人教堂有个"摩尔滩事件"的纪念集会，随后游行去摩尔滩，在那里有一个追思仪式。

网上有个"摩尔滩纪念协会"的网站。作为专题网站，它对事件本身的介绍实在太简要，一共十来句话，没

---

① 选自《中国青年报》冰点特稿第551期，2005年7月27日。

有任何细节。

在车上，我们聊着说，也难怪，60年前的事情了，细节自然都消失了。

网站上没有死难者照片，却有一个白人小孩。照片的注解是，他是目睹惨案发生的证人。小孩给我留下很深印象，因为这孩子笑得很甜，目光单纯。他的名字很好记：克林顿·亚当斯。

"我父亲做了口述记录，你提到的这些细节，里面都有"

阳光下的门罗非常温馨。土里土气的小店铺一家接一家，密密地排在一起，还是传统的形式。看来，小镇还没有被现代化的连锁商场击溃，200年的文化积淀还在那里。

可是，没过多久，在那个黑人教堂的集会上，我们才知道，很多年来，小镇曾经在轻松外表下，藏着很深的凶险。

在集会上主讲的，是个黑人州议员。他戴着眼镜，演讲很能够吸引听众。我注意到，很特别的是，他的胸前戴了一枚马丁·路德·金的像章。上世纪60年代，他还是个年轻的民权运动者。有一次，他到门罗来活动，当地接待他的一个黑人对他说，以后你要来这个小镇，先给我们来一个电话，我们多去些人，去半路接你。接着告诉他，20年前，这里有过一个"摩尔滩事件"。那个黑人对他说，我们不希望你也成为这样的牺牲品。

这是那个州议员第一次听到这个案子，虽然事隔20年，他站在门罗的土地上，还是很受惊。因为在60年代的民权运动中，在一些三K党活动猖獗的地区，他这样的活动者，处境可能突然变得很危险。

他还介绍说，直到1981年，门罗的黑人争取民权的游行，还有过和一些三K党成员对峙的情况，场面非常紧张。他指指坐在我们旁边一个叫做保伯的黑人说，当时，保伯被三K党绑架了6小时，我们都以为他已经被杀掉了。

这基本上是一个黑人的聚会。也来了不少白人，其中将近一半是记者。州议员谈到，他们一直在收集证据，他说，我们还缺少许多细节，接着，他举了一些例子。就在这时，坐在我们后面两排的一个白人妇女举起手来说，我父亲做了口述记录，回忆他目击的"摩尔滩事件"。你提到的这些细节，里面都有。

州议员问："你父亲叫什么名字？"

她回答说，“克林顿·亚当斯。”

“那个小孩！”我忍不住轻轻叫出声来。就是那个小孩，那个甜甜的、目光单纯的白人孩子。

那妇女自我介绍说，自己是亚当斯的大女儿，叫辛迪。她住在佛罗里达，晚上开了一夜的车，就是为了赶来支持这个集会，也为了看看“摩尔滩”。她指着身边的一个老年妇女说，这是我父亲的姐姐。

在游行中，我们一直和辛迪走在一起，好奇地问东问西。

“现在我要求你，忘记自己看到了什么，永远也不要讲出来”

我们被亚当斯的故事深深打动，他的门罗故事，把我们带往美国南方更深的底层。

克林顿·亚当斯生长在一个穷苦的白人家庭。1946年，他整整10岁。

亚当斯家这样的南方白人民众，和黑人一起干活，和黑人做邻居。他们之间有着很深的感情和友谊。1946年，是二战刚刚结束的时候。黑人乔治参军服役了5年，刚刚荣誉退役。亚当斯一向喜欢乔治，把他当做自己最好的朋友。在乔治退役回家的路上，是亚当斯伴他一起回家的。乔治在路上好欢喜，告诉亚当斯，他能为国家效忠，感到很骄傲。

亚当斯的父亲一年到头辛勤劳作，永远也挣不够养家的钱。在亚当斯周围，穷人比比皆是。亚当斯的好朋友艾默生，也是家徒四壁。艾默生的父亲脾气暴躁，一发脾气就把他打个半死。他们这样10岁的孩子，都得干活，只能抽空上学。结果，断断续续，连认字都没有学会。

1946年2月的一个晚上，亚当斯的父亲对生活完全厌倦和绝望，上吊自杀。第二天早上，听到绝望的尖叫声，第一个跑来帮忙的，就是黑人邻居乔治·多尔西。在这段日子里，乔治给了他们很多帮助，一家人才渐渐渡过难关。此后，亚当斯和姐姐，都必须挑起生活的重担，“像骡子一样地干活”。

1946年7月25日，亚当斯和艾默生，准备一起去摩尔滩放牛。

前几天，附近出了件事。黑人罗杰听说一个白人农夫和他的妻子有染，两人大吵起来，罗杰在盛怒中用口袋里的小刀刺伤了对方，被警察抓走，在监狱里候审。就在亚当斯、艾默生向河边走去的时候，他们不知道，在城里，庄园主哈里逊，借口地里要人干活，付了600美元，为罗杰办了取保候审。罗杰是乔治的妹夫。哈里逊去监狱前，特地叫上了乔治夫妇俩和乔治的妹妹，要他们一起去。

两个孩子亚当斯和艾默生牵着牛，终于来到摩尔滩。这是阿巴拉契河的河滩，今天还是个不见人烟的地方。可以想见，60年前这里是多么荒僻。

将近黄昏，孩子们要回家了。就在这时，他们听见有车子开来，车上发出几乎不像是人声的惨叫。两个孩子吓得本能地趴在草丛中，让高高的草丛盖住自己。亚当斯看到的情景，令他伤心欲绝。一群三K党，大约有十几个人，绑架了他的黑人好朋友乔治·多尔西。旁边，还有他的妻子梅、妹妹朵洛希和妹夫罗杰。这些三K党大多是门罗人，亚当斯都认识。他眼睁睁看着4个黑人被捆绑着殴打，最后，一个三K党拔出手枪，开枪击倒了他们。然后，这些人一哄而上，用手枪和长枪，向4个受害者射出了几百发子弹，凶手中间也有哈里逊。后来验尸，仅其中一个受害者身上，就有68个弹孔。令亚当斯百思不得其解的是，在凶手们的车子旁边，还停着一辆警察的巡道车。

在凶手终于离开之后，他们爬出草丛，战战兢兢地走到现场。亚当斯已经认不出他的好朋友了。鲜血还在汩汩地流淌，他们的脸都已经被打碎。两个孩子又惊又吓，跌跌撞撞地回家。

半道上，亚当斯取了自己的马。在他独自回家的路上，他遇到其中一个凶手。那人把自己的拖拉机拦在通往摩尔滩的小路上，阻挡万一过来的车辆。此刻，他是去取回自己的拖拉机。亚当斯和他打了照面。10岁的孩子根本无法掩饰自己一脸的惊恐，而是像见了魔鬼一样，疯了似的，骑马回家找妈妈。

4个死难的黑人，乔治·多尔西28岁，妻子梅24岁，妹妹朵洛希20岁，妹夫罗杰·麦尔肯24岁，朵洛希是孕妇，正怀着7个月的孩子。

这个佐治亚小镇的案件立即震动了全国。杜鲁门总统震怒，他立即下令联邦调查局彻查。

杜鲁门从当上参议员开始，就表现出对黑人民权的极大关注。他坚决主张和支持“反私刑立法”，反对种族主义。就在1946年，二战刚刚结束后，杜鲁门总统建立了民权委员会，调查全国民权状况、尤其是黑人状况。这个委员会后来提交了著名的“1947年民权报告”。也就在“摩尔滩事件”发生的23天前，国会刚刚通过了反种族歧视的“1946年民权法”。

可以说，这是后来上世纪60年代风起云涌的黑人民权运动的最初起点。可是，正因为是起点，在几个极端南方州，捍卫黑人民权的环境还远没有成熟。美国的州是自治的，联邦管不着。

三K党的兴起，是因为南北战争后，南方民众对北方入侵不满。可是，在三K党走向恐怖暴力之后，南方的白人民众也开始反感，他们大多有种族偏见，却并不赞成恐怖活动。越来越多的人远离了三K党。可是，恐怖活动的特点就是：人数很少的恐怖组织，也足以威慑一个地区。

经过大规模调查，案子进入了起诉前的大陪审团。有个黑人孩子在大陪审团作证说，事发那天，他听见一些人在准备私刑用的绳子，还又说又笑。虽然他只是间接证人。事后，他还是被三K党绑架，打得只剩一口气。稍微恢复过来，他立即逃往亚特兰大，从此隐姓埋名。

当时参与调查的，还有佐治亚州的州调查局。当时的南方地方官员，和联邦官员很不一样。亚当斯家就在案发地附近，事后不久，一个州调查局的人就和当地警察霍华德，一起来到亚当斯家，问他妈妈有没有听到什么。亚当斯按捺不住，从一边冲过来说，“我知道是谁干的！”接着，他一五一十叙述了经过。

警察霍华德是亚当斯一家的熟人。年初，亚当斯的父亲自尽以后，乔治奔跑去镇上给警察局打电话，就是霍华德来处理的，小男孩感觉他很亲近。这时，霍华德默不作声。待亚当斯讲完，他在一边招招手，“孩子，你过来。”

霍华德说的话，亚当斯一辈子也不会忘记。他把手放在亚当斯的肩上，对他说，“让我告诉你一个小秘密，你不要告诉任何人。我能够做的，只是把你看见的那几个人抓起来，可是我不可能把所有这伙人都关进监狱。我不能抓的那些人，可能回过来杀了你、杀你妈妈和你的兄弟姐妹。你的一家处在危险中，现在我要求你，忘记自己看到了什么，永远也不要讲出来。”

恐怖最终阻挡了所有的证人，很可能，也阻挡了大陪审团。他们也许和亚当斯一样，并非缺少良知和勇气，可是，他们要保护自己和家人的生命。刑事案件的起诉权，归在州一级。联邦只能参与调查，没有起诉的权力。寻求公正的努力，最终还是失败了。

案子到了大陪审团前，却没有被起诉。整个邻近地区，黑人社区从此留在一片深重的恐怖中。在4个受难者的葬礼上，一些亲友不敢出席，来的人都一言不发，不敢对谋杀事件有任何表示。受难者们被匆匆安葬，渐渐地，没有人再记得，他们的墓地在哪里。

“你在附近这么晃着，总是叫一些人感到紧张。你最好还是离开吧”

1946年7月25日，在暮色中，那个惊恐万状的马背上的10岁孩子，一点没有想到，“摩尔滩事件”，将永远改变他的一生。

如此恐怖的童年经验和强烈刺激，使亚当斯开始经常作噩梦，几十年都无法停止。

不仅如此。不久，一个三K党的庄园主来要他们一家成为他的佃户。“只要你们在我这里，我就保证，你们不会因为这小孩子‘看到的事情’出麻烦”。这是他们家得到的第一个威胁。

一家人从此在那里辛苦地干，拿很少的钱。妈妈劝他一定要忍，为了那个潜在的危险。那些凶手们，他经常都能够在附近碰到。四目相对的时候，真是“此时无声胜有声。”

一个喜欢亚当斯的黑人拖拉机手，教会了他开拖拉机。几年后，亚当斯想，他们应该忘掉他了。他试着离开那家农庄，用他的技术挣更多的钱。可是很快，两个当地警察就来找他，转告说，假如他不回去，那个庄园主说了，“不能保证他们一家的安全。”他只好回去。

整整8年过去了，就在亚当斯刚满18岁的时候，警察霍华德找他，对他意味深长地说，我看你还是参军去吧。就这样，亚当斯参军走了。

在外面两年，亚当斯有了完全不同的生活经验，1956年退役回家，年轻的亚当斯想，10年来，他一直保持了沉默，不管怎么说，那些可怕的事情已经过去了。大家都把它忘掉算了。那些三K党也不应该为10年前他看到些什么，再找他的麻烦。可是，他又错了。

刚刚到家，两个警察就又来找他，对他说，你在附近这么晃着，总是叫一些人感到紧张。你最好还是离开吧。

于是，20岁的亚当斯离开了门罗。可是，“摩尔滩事件”却没有离开亚当斯。

从此，亚当斯开始了他逃亡的一生。不论他到哪里，总是不久，就会有三K党身份的警告跟来，威胁着要他离开。

离开门罗的那一年，亚当斯遇见了他后来的妻子玛约丽。玛约丽刚刚离婚，还带着刚满一岁的女孩。这个女孩，就是辛迪。辛迪对我们说，对她来说，父亲就是亚当斯，“他是多么好的爸爸！”辛迪回忆说，小时候，只知道他们永远在搬家。她还记得自己很小的时候，有一次，半夜了，妈妈把她推醒。父母匆匆地把能够装上车的东西塞满一车，家里还扔下好多东西，就这么逃一样地离开了。

亚当斯从小是个有责任感的孩子。他对自己发誓，守着秘密。他觉得有责任保护母亲和兄弟姐妹的安全，现在，他更要保护自己的妻子和孩子。

辛迪说，妈妈后来告诉她，从一开始她就凭直觉知道，亚当斯有什么“大事”瞒着她。他经常夜半从噩梦中惊醒，惊呼出声。问起来，他总是不肯说。当然，还有他们莫名其妙的频繁搬家。有一次，玛约丽忍不住问，我们难道就不能定居下来吗？亚当斯脱口而出说：“只要他们还是那个样子，我们就定不下来。”玛约丽没有再问。最后，在又一次星夜逃亡之后，亚当斯终于把自己的童年故事告诉了妻子。

连辛迪一起，他们有了6个孩子。可是因为不停地流动，哪怕有了一个好工作，也保不住。他们一直贫穷，穷得有时候只能住在车子里。可是他们有一个和睦的家，孩子们都是好孩子。

也许，别人会想，南方在上世纪60年代以后已经有了本质的改变，三K党已经被民众所唾弃，即使在门罗，三K党也从一个“显文化”，逐渐退出舞台。亚当斯为什么还要逃亡？可是，作为一个当事人，亚当斯看得很清楚。对于三K党来说，大形势越是明朗，他们被起诉、定罪的可能性就越大。他们对亚当斯的存在就越不放心。亚当斯一家也就越危险。

就这样，几十年来，亚当斯的一家先是在本州的各个城市奔走，希望离门罗、离妈妈的家不要太远，后来，他们不得不离开佐治亚州，开始在各个不同的州，不断搬家，不断逃离。

辛迪说：“我们一家也是摩尔滩事件的受害者。只是，我们受害的方式不同罢了。”

“你们为什么要杀死乔治？他是我看到过的最善良的人！”

在如此艰难的人生中，亚当斯从一个孩子变成年轻人、中年人、接近老年。他不仅在做着噩梦，不仅在三K党的逼迫下逃亡，他也在思考一年年远去，却跟随了他一生的“摩尔滩事件”。

有了自己的妻子、孩子以后，他开始更深体会到乔治的妈妈突然失去两个孩子、家庭被毁灭的悲惨。亚当斯开始有了成年人的思考。他对正义不能伸张、暴徒没有被绳之以法感到愤怒。他还对妻子说，他始终内疚，觉得自己眼睁睁看着乔治被杀，自己只是躲在一边，什么也没有做。他恨自己怎么如此懦弱，没有站出来阻挡暴行，救下他的大朋友。这种悔恨的心情，越来越强烈。

那是一个人的内心惊心动魄的战争。亚当斯既感到恐惧，要承担保护家人的责任，又被自己的良知和正义感所深深折磨。“摩尔滩事件”已经过去几十年，除了暴徒们，惨案真正的目击者，只有亚当斯和艾默生。

艾默生还很年轻的时候就死了。艾默生的死讯传来，亚当斯明白，自己是“摩尔滩事件”唯一的历史见证人了。

亚当斯有一次回门罗看妈妈，路过凶手之一哈里逊的家。哈里逊正坐在门口的椅子上。亚当斯突然忍不住，决定走过去。

亚当斯站在哈里逊面前，直直地问道，你们三K党干吗老盯着我？哈里逊冷笑着说，这些年，难道有谁动了你吗？亚当斯回答说，没有，可是，无论我走到哪里，你们总是在盯着威胁我。哈里逊接着说，只要继续闭紧你的嘴，就没人会来动你。

就在这一瞬间，亚当斯决定向凶手质问那个始终令他不解的问题，他知道罗杰是在吵架时刺伤了一个白人。“可是，你们为什么要杀死乔治？他是我看到过的最善良的人！我父亲死后，他给了我们家那么多帮助。他是个好人！”

“他在参军前倒是个还不错的黑鬼。可是，当兵回来以后，他以为自己可以和我们一样了。”哈里逊傲慢地回答。

亚当斯扭头就走。他终于证实，乔治死得那么惨，他没有做错任何事情，没有伤害任何人。他被残杀，仅仅因为他的皮肤是黑色的。他觉得，他长久的秘密要冲出胸膛。可是，想到可能给家人带来的危险，他又压下了自己的冲动。

就这样，直到1989年，亚当斯一家搬到佛罗里达。多年的逃亡，使他身心疲惫。他们带大了6个孩子，日子还是过得紧巴巴。亚当斯没有文化，还是干最吃力的体力活儿。可他总是尽养家的责任。

不幸的是，那年11月9日，亚当斯在一场意外的工伤中，失去了一条腿，也失去了劳动能力。失去一条腿，对任何一个人来说，都是一个重大的打击，也是生命的一个转折。

亚当斯躺在病床上，伤口慢慢愈合。回想死神擦身而过，他相信，假如当时不是上帝用一双手扶住他的肩膀，他早已经随死神而去了。躺在床上，亚当斯痛定思痛。回顾自己的一生。他终于意识到，虽然自己还不算很老，可是，也许不知什么时候，就会突然离开这个世界。他问自己，他还有什么事情必须去做？他还亏欠着什么，令自己这一生深感遗憾？

在养病期间，律师为了争取最大的保险补偿，谈话中问及他的个人历史，追问着一个个问题。他避开“摩尔滩事件”，可是逃亡的一生，就像重新又经历了一遍。那种痛苦、不甘、愤怒、悔恨，对正义的渴望，都强烈地纠合在一起，堵在胸口。突然，他明白了，他几十年来埋藏在心底的见证，不可阻挡地，要站出来，站到阳光下。

亚当斯最终获得了一笔赔偿。这笔钱足够他不工作也能生活得非常好了。这时，他已经暗暗下了一个决心。他告诉吃惊的妻子，说他要买房子。有生以来，亚当斯夫妇第一次拥有了一栋自己的房子。在这自己的小屋里，他把妻子和所有的孩子，召集到一起。亚当斯说，他有重要的事情要告诉他们。

在大风中，辛迪金色的长发被吹得飞舞起来。在走向摩尔滩的游行队伍里，她给我们讲父亲的故事。讲到这里，她笑了，说：“我们全家不停搬家的那些岁月，突然来到我面前。尽管爸爸妈妈一直对我们编造各种搬家的理由，这个时候，我看着父亲严肃的脸，仿佛恍然大悟，我对自己说，上帝！爸爸别是个杀了人的逃犯吧！”

接着，辛迪看着远处，站下来，点了一支烟。她的目光变得凝重起来。她说，这是我第一次听到父亲的故事。我为这些黑人难过，我愿意支付任何代价，让正义得到伸张。我为那个10岁的小男孩难过，也为他的一生感到难过。他是一个多么好的人！回想我们家的多年经历，我更感到愤怒，这是什么事！杀人犯安安顿顿，我们家却一直在逃亡。

亚当斯告诉全家，他决定公开他的证词。他要走向公众，他原意接受媒体的采访，他将向联邦调查局和司法机构作证。他不再逃亡，他将站住，回转身来，面对对手。这会给全家人带来什么样的危险，他不知道。他必须事先把自己的决定告诉他们。他爱他们，可是，他必须站出来，别无选择。

辛迪，和他所有的孩子们，都认真地说，“爸爸，我们支持你。”玛约丽深知亚当斯几十年来对乔治的内疚，此刻，她只说了一句：“我相信，乔治一定会为你今天的选择感到骄傲！”

“假如罪恶不予追究，它带来的恐惧永远不会真正消除”

亚当斯走进了联邦调查局。

媒体神通广大，很快就透露了联邦调查局可能重新开始此案调查的消息，并且找亚当斯采访。亚当斯在电视台，公开了他所看到的全部“摩尔滩事件”真相。

死去的哈里逊有一个儿子，正关在监狱里。他马上从监牢里送出话来：只要出狱，就会来找他算账。亚当斯没有退却。

这一天特别冷。我们在冷风中默默行进，来到摩尔滩。河滩上的老桥已经消失，在边上架了一座新桥。站在桥上，辛迪紧紧地拉着她的姑姑。看上去，辛迪有些紧张，她还是第一次来到这里。后来，她下到河滩去。看着她的身影渐渐消失在河滩金黄色的茅草中，我们没有跟着下去，这是她一个人去体验父亲当年感受的时候。

在桥头，亚当斯的姐姐指着辛迪下去的方向，对我们说，惨案发生的第二天，她和妈妈一起来过这里，遇难者已经被抬走，地上都是血。她捡起一颗被打下来的牙。妈妈吓得让她赶紧扔了。旁边的树上，全是弹孔。

亚当斯面对全美国，他不仅为惨案本身作证，他还细细地回忆他记忆中的朋友。亚当斯说，这4个受难者不是4个名字，他们是活生生的人。他讲述童年的好朋友乔治。他讲到自己的父亲去世后，乔治怎么天天来帮助他妈妈干重活。有一天，乔治帮他们家劈了一大堆柴火，妈妈一定留他吃饭。乔治端了自己的盘子，就跑到外面，坐在柴火堆上吃。怎么也劝不进来。10岁的亚当斯和妈妈都深感抱歉。

亚当斯说，1946年门罗的黑人们，理所当然就认为，他不应该和白人邻居平起平坐，哪怕他们是那么要好的朋友。可是，出国当兵5年回来的乔治，见过了世界，眼界开阔了。他不自觉地已经和当地的黑人，有那么一点不一样。他已经一眼看透那些三K党的愚蠢和傲慢，他的眼神里一定有了那么一点过去没有的自尊。可是，就是为了那么一点不同的感觉，他就被三K党杀死了。他死后，证人受威胁，正义迟迟得不到伸张。亚当斯告诉大家，这就是那个时代的门罗和南方。

亚当斯千方百计，找到并且公布了4个死难者中3个人的照片。乔治的照片大概是从军队的登记中找到的。虽然陈旧的照片已经模模糊糊，还是可以清楚地看到，年轻的乔治穿着神气的美军军装，开心地笑着。

亚当斯为自己的黑人朋友寻求正义所做出的努力，感动和激励了门罗附近的人们，他们成立了这个“摩尔滩纪念协会”。在摩尔滩附近的路口，他们建立了历史纪念地的说明标志牌。还为4名受难者建立了一个永久的纪念碑。那是刻着受难者姓名的石碑和一个安魂的十字架。他们找到了其中3名受难者的墓地，其中包括乔治·多尔西的墓地。

1999年的老兵节，美军为乔治举行了隆重的军人安葬仪式，以纪念这位二战老兵。他从战场上回来只有9个月，就被暴徒杀害了。

在上世纪60年代民权运动高潮中，发生了一些著名的谋杀案，都是所谓的“仇恨犯罪”。一些黑人和民权工作者在南方遇害。当年，由于类似的原因，一些刑事罪没有能成功起诉。这几年，这些案子在各个州重新开始调查，甚至一些案子成功地起诉、定罪。虽然，40年过去，这些当年的年轻罪犯，现在都是老人了。可是，在这里，谋杀就是谋杀。杀人是个人行为。任何政治气候的原因，不能成为个人凌虐、谋杀他人的借口。对谋杀罪的起诉，没有时效的限制。

“摩尔滩事件”比这些案子都要早20年，当年，凶手们没有受到法律制裁。证人证据在流失。现在事隔60年，重新起诉就更为困难。仅仅一个人的目击证词是不够的。但是，在民权组织和佐治亚州一些政治家的推动下，在2001年，佐治亚州议会全体通过决议，由州长签署，州调查局对“摩尔滩事件”重新开始调查。

现在，这个案子的状态是开放调查、尚未解决。起诉正在推动之中。当年的暴徒们虽然大多已经死去，但有两名涉嫌者仍然活着。今天的集会和游行，就是推动此案起诉的一个表达：寻求司法公正不是复仇，是为死难者伸张正义。假如罪恶不予追究，它带来的恐惧永远不会真正消除。

辛迪从摩尔滩上来，脸色苍白。我们回到桥上，所有的人，手拉着手，一起站在风中祈祷，为死难者安魂。我们闭上眼睛，微微低下头。

大风拂过，我的眼前，出现了穿着军装的黑人士兵乔治，他一只手搭着军用包，高兴地笑着，往家走去。另一只手里，牵着一个10岁的白人小男孩。一段完全被湮没的历史，那4个受害者，就因为这个孩子生长起来的勇气，从黑暗中，这样走出来了。

他们将留在阳光里，再也不会回到黑暗中。门罗和南方一代代的孩子们，将继承他们以苦难留下的精神遗产，会有一个全新的生活。

从瑞士幼儿园制度看民族胸怀[1]

◇ 熊飞骏

熊飞骏，人文历史学者、作家。

“一个民族的胸怀决定了这个民族在文明水准上能够达到的高度。民族胸怀突出表现在对“外族”的包容和不歧视。”对比中国许多城市对待“外地人”的态度，你从中得到了什么启示呢？

你知道世界上最“和谐”的国家是哪里吗？

世界上最“和谐”的国家是位于阿尔卑斯山地的“瑞士共和国”。

瑞士是当今世界人均收入最高的国家，也是地球上最适合人类居住的国家。

瑞士经济发达，风光秀丽，政治清明，文化繁荣……

瑞士的社会秩序空前安定，是真个夜不闭户，道不拾遗；尤其令人敬仰的是这个国家没有黑社会，也没有色情业。

古代中国有一句民谚：“为人不做亏心事，半夜敲门心不惊”，但那只是人们心中的一个美好愿望，今天的中国没做亏心事的人恐怕担惊受怕的日子更多，做了亏心事的人反到颐指气使。真正让这句民谚落到实处的国家则是瑞士。

瑞士的“和谐”之处在于这个国家无论是上层还是下层；无论是达官显贵还是平民百姓；无论是健康人还是

① 源自：http://blog.sina.com.cn/xiongfeijun

残疾人；无论是本土人还是外地人，都生活得幸福充实，对前途充满希望……

在文明程度上，瑞士是一个相当人性化的国家，也是一个真正以人为本的国家。这个国家的城市街道充分体现了对弱势群体的关爱，每条街道都有专为盲人设置的“盲道”；人行道与主街道的衔接处均设计成斜坡状，以方便婴儿车和轮椅顺利穿越街道，使残疾人和哺乳期母亲能感受到一片温馨。

如果这个世界真个有“世外桃园”的话，那么瑞士就是一个。

瑞士无疑是当今世界最最“美好”的国家。

瑞士因何会成为最美好的国家呢?

原因是多方面的，上世纪20年代被“国联”划定为永久中立国，使之远离国际战争的干扰是众所周知的原因之一，但我认为这不是根本原因。

中国的大思想家庄周说过：一个国家外无强邻，内无政敌，这个国家注定要灭亡。

如果同样的好运落到中国头上，中国会成为另一个瑞士吗？我看未必，好内斗的中国人一旦没有外患，说不准内部会打得不可开交，最终使庄周先生的预言成为现实。

更何况瑞士的地理条件严重制约了现代化经济的发展。一个远离海洋的内陆国，发展国民经济所需的能源和资源全靠进口，与之接壤的邻国又没有多余的煤、铁、石油，只能从远离瑞士的中东和北欧进口工业资源，把资源运回瑞士必须“经过”一个或几个国家，得交纳一笔又一笔昂贵的“过境费”……

瑞士美好的根本原因在于这个国家拥有相当高的文明水准。

上周无意间看到一则描述瑞士幼儿教育的文章，对这个国家的高度文明有了更生动的认识。

瑞士公立幼儿园是一个纯福利性的机构，是专为社会弱势群体开设的。不是所有的家庭都可把小孩送进公立幼儿园，只有那些单亲家庭才可把小孩送进去，达官显贵家庭的学龄前儿童要想进公立幼儿园连门都没有。

更让人不可思议的是：外国难民家庭的小孩可以在公立幼儿园里接受免费教育！

瑞士公立幼儿园是瑞士纳税人的钱建立起来并维持运转的，外国难民没有纳一分钱的税，可只有很少纳税人的小孩可进入公立幼儿园，对这个国家没任何贡献的外国难民的小孩倒可自由进入了。

天底下居然有这样的怪事？会有这样“傻”的国家？让人费解的是这个怪而且傻的国家居然是世界上最富庶和谐的瑞士共和国？

瑞士真的“傻”吗？

人类文明的经验显示如此逻辑：有些看似“傻”的行为隐藏着深远的智慧：而那些貌似“精明”的勾当则埋下了灾难的伏笔。

瑞士的公立幼儿园制度不是“傻”的表现，而是这个民族拥有异常宽阔的胸怀。

一个人的文明要素是胸怀、能力、品格和责任心，其中胸怀是第一位的；由人组成的民族也是这样。

一个人如果没有胸怀，那么无论他拥有多大的能力，就和《水浒》里的白衣秀士王伦一个德性。

海纳百川，有容乃大，一个民族的胸怀决定了这个民族在文明水准上能够达到的高度。

民族胸怀突出表现在对“外族”的包容和不歧视。

一个文明国家听任外来民族自由出入是不可能的；可一旦允许别人进入国门就不得歧视他们。

瑞士因为是“世外桃园”的缘故，很多国家的公民都希望来这个国家定居，如果能加入瑞士国籍那就更好。但瑞士是一个面积只有40000平方公里的山地小国，对外来人口的容纳极为有限，因此也不可能对外族敞开国门。因为国土狭小，瑞士的移民准入制度相当严格，要想进入这个国家长期定居真的比登天还难，除非那些对文明做出特殊贡献或被证明确然受到本国政府不公正迫害的“政治难民”才有资格成为这个花园国度的长住居民。

瑞士的国门虽然对外只张开一条狭小的缝，但对“政治难民”却敞开胸怀。

瑞士接纳“政治难民”没有一丝一毫与别国政府为难或建立“第五纵队”的阴暗动机，纯粹是一种发自内心深处对弱者的同情和对公平正义的偏爱。

在上世纪七八十年代越南陷入集体疯狂的那些岁月里，瑞士接纳了成千上万的越南难民，其中华裔难民占有相当大的比重。

因为越南是一个贫穷落后的国家，国民素质相当低下，就算难民队伍是这个国家的骄骄者，但群体素质仍和瑞士公民相差一大截。因此当大批难民拥入瑞士后，文明国家所不存在的“社会问题”也随着难民潮进入了国门，给瑞士带来了相当大的负面影响，突出表现在治安状况恶化，黄、赌、毒死灰复燃，“不按规矩出牌”扰乱了正常的就业秩序……尽管黄、赌、毒主要局限于难民区，但影响仍波及到相当多的瑞士人，使瑞士社会面临外来的“反文明冲击”。

鉴于越来越多的难民涌入，加上难民带来的社会问题日益严重，瑞士政府决定制订一条限制难民进入的条例，尤其是限制和越南类似的第三世界国家的难民。瑞士政府的政务活动是阳光透明的，事无巨细都对全社会公开，从不搞“暗箱作业”，计划中的限制难民条例也很快为全社会所共知。按常识瑞士人应该对政府的这项决定欢欣鼓舞，因为每个瑞士人都或多或少受到外来难民的“负性干扰”。把那些不讲卫生且热衷于“无序竞争”的低素质群体赶走后，他们的生活就会恢复宁静详和了，就没有人用牺牲自尊和损害文明的方式来抢他们的饭碗了。

于是这个国家的公民起来游行了，但不是流行于第三世界国家的“庆祝式游行”，而是抗议性的反政府游行。不是抗议政府当初允许难民进入影响了瑞士人的文明生活秩序；而是抗议政府正在议订的限制难民条例，要求政府继续接纳难民，为外国难民留下必要的避难空间……

这就是瑞士人！这个民族虽然群山环抱空间狭小，地理环境封闭，但胸怀宽阔得可以容得下地球上的任何一座大洋，也难怪这个国家会成为“世界银行”！

看完这则消息后，我的思绪回到了十年前，那时我正在新华社深圳支社干记者，这座城市给予我的最深印象就是幼儿园和学校。

深圳是一座移民城市，凡是移民城市都拥有很强的包容性；可深圳的公立幼儿园和公立学校却暴露出这座城市胸怀的偏狭。

深圳的公立幼儿园通常不招收打工族家庭的子弟，公立学校也是一样，除非额外交纳一笔打工族根本无力负担的“借读费”，否则你就没门接受像样的教育。那时深圳的打工族比“正版深圳人”在数量上多得多，可这座城市却剥夺了绝大多数公民子弟接受公平教育的机会！尽管打工族对这座城市的整体贡献一点也不比“正版深圳人”少。

于是打工族家庭的子弟只好就读于五花八门的“私立学校”了。

我的一位朋友曾在南山区一家“私立学校”当了几个月的教师，月薪500元，包吃包住。我周末去看她时，那所“学校”的现状令我震惊，不是亲眼所见就无法相信和平时期现代化都市的“学校”会糟糕成那幅模样。那根本不能称之为“学校”，而是一位潮洲人为住在附近的几家没户口老乡子弟办的一个识字班，一共有四十多名儿童就读。一间四十多个平方的厅屋白天算作教室，晚上是她的卧室，用临时搭起的木板代替课桌，晚上把两张木板拼在一起就是她睡觉的床，语文、数学就她一个教师……

这就是打工族家庭子女就读的“私立学校”现状，这样的“学校”在深圳还远不止这一家。不少“私立学校”连房子也没有，只是临时用雨布和木头撑起的一个遮挡风雨烈日的棚子……

别忘了这些打工族子弟都是中国人，深圳也是一个中国城市！

那时长期困扰我脑际的问题是：打工族子弟是一个庞大的群体，这个群体被剥夺了受公平教育的机会。因为得不到充分的教育，这个群体的素质就没机会提升，就会与深圳这个现代化都市不合拍，并最终危害这座城市。低素质群体极易走向非理性暴力，是黑社会取之不尽的“兵源”，那些受过充分教育的文明人则是最容易被黑势力伤害的对象。现在是打工族家庭的子女付出代价；若干年后则是有机会接受充分教育的深圳子弟付出代价！

深圳的治安状况在十年来一直没有大的起色，在大街上公开抢劫的案件时有发生，是公认的治安糟糕城市。但这能怪谁呢？十年前这座城市就自个儿埋下了打、砸、抢的种子。

一个没有胸怀的城市常常会制造出“双输”的结局！

在我们国家，教育制度的“户口歧视”难道仅是深圳这一家吗？还有多少城市存在着类似的问题？教育是国家民族的千秋大计，教育问题是决不能掉以轻心或视而不见的！

深圳在中国还算得上是一个文明程度较高的城市，这个城市的胸怀尚且如此，我无法想象内地那些贫困城市会是怎样一幅景观。

我的家乡就是一个一直坚定向贫困落后迈进的城市，与周边城市的差距越拉越大。长期落后的原因是多方面的，但绝无自然地理方面的原因，这个城市的“排外情绪”也许是最重要的原因之一。

我的家乡“外来人”是无法在那里创业发展的，外来人稍微干出一点名堂就会受到名为执法实为“创收”的职能部门轮番“围攻”，流氓地痞也会无孔不入地找茬，所以外来人要不了多久就会卷起铺盖走人。所以我们家乡几乎没有长期扎根的外来企业，只有受政府特别保护的个别企业是个例外，出租汽车公司就是其中之一，政府为之出动了多次警力。我回到这座城市时，经常听到市民对着出租车抱怨："都是外地人在赚我们的钱！"

难怪这座山青水秀物产丰富的城市会陷于长期落后了！

难怪我们的"国家主义"从来没有真正战胜过"地方主义"；"中华大国民"依旧停留在理想和期望上。

比较一下瑞士人对待"外族"的"博爱"和我们对待"外地人"的歧视，两国在文明水准上的差距一目了然。

瑞士人给了我们什么启示呢？

迎接千年曙光，守望世界和平[①]

◇ 曼德拉

纳尔逊·罗利赫拉赫拉·曼德拉（1918—），南非首位黑人总统，被誉为南非国父。

尊敬的国王陛下：

尊敬的皇室成员：

尊敬的挪威诺贝尔委员会各位委员们：

尊贵的格罗，哈莱姆·布伦特兰首相夫人：

各位部长，议员和大使：

共同获奖者德克勒克先生：

尊敬的来宾：

朋友们、女士们、先生们：

我由衷地感谢挪威诺贝尔委员会把和平奖授予我们。

我借此机会向和我一起获得和平奖的我的同胞德克勒克总统表示祝贺。

在此我们一起追忆两位伟大的南非人，已故的领袖阿尔伯特·卢图利[②]和德斯蒙德·图图[③]大主教。他们因为反对罪恶的种族隔离制度的和平斗争而被授予和平奖。

也许我们还应该再提到另外一个名字，他是我们的

---

① 选自《诺贝尔和平奖获奖演说：伟大的声音》，杨一兰选译，武汉出版社2009年版。

② 阿尔伯特·卢图利酋长，非洲人国民大会主席。作为基督徒和圣雄甘地的信徒，他很信仰非暴力。一生都致力于反对种族隔离的斗争。1961年，他获得诺贝尔和平奖，他也是第一个获得诺贝尔和平奖的非洲人。

③ 德斯蒙德·图图，南非著名黑人主教，他一贯反对南非种族歧视和种族隔离政策，为黑人的解放进行勇敢的斗争。1984年，他被授予诺贝尔和平奖。

曼德拉是享誉全球的诺贝尔和平奖得主，他为了推翻南非白人种族主义统治，进行了长达50年（1944—1994）艰苦卓绝的斗争，其中铁窗面壁28年（1962—1990）。最终，他从阶下囚一跃成为南非第一任黑人总统，为新南非开创了一个民主统一的局面。

先驱中另一位诺贝尔和平奖得主，已故的马丁·路德·金牧师。正如南非人民一样，他也曾面临着同样的严峻问题，他努力寻求正义的解决方式，并为此献出了生命。

今天我们在这里，谈论人类面临的挑战：战争与和平，暴力与非暴力，种族主义与人的尊严，压迫，镇压与自由，人权，贫穷与安康。

今天我们站在这儿，是代表千百万敢于站起来反抗一种社会制度的人民，这种社会制度的本质就是战争，暴力，种族主义、压迫及全体人民的贫困。

今天我还代表全世界千千万万的人们及一些政府和组织，他们加入我们反对种族隔离制度的运动，他们不是反对作为国家的南非或南非人民，而是控诉一种非人道的制度，要求这种反人类的种族隔离罪行尽快灭亡。

这些人，不论是国内的还是国外的，都有着反对暴政与不公，而非出于一己私利的高贵精神。他们认识到，对一个人的伤害即是对所有人的伤害，他们因此组织起来、共同行动，去捍卫正义与人的基本尊严。

正是由于多少年来这些人英勇不懈的努力，我们今天才可能去畅想，有朝一日，全人类将在一起庆祝本世纪人类最伟大的一个胜利。当那一时刻到来的时候，我们将欢聚一堂，共同庆祝战胜种族主义、种族隔离和少数白人统治的胜利。

这个胜利终将结束这段始自葡萄牙帝国、长达500年的非洲殖民史。

因此，它将是历史向前跨出一大步的标志，同时成为全世界人民反对种族主义斗争的共同誓言，不论种族主义出现在何处，或以何种形式出现。

在非洲大陆的南端，那些以全人类的名义遭受苦难的人们，在他们为了自由、和平，人类尊严和自我实现而牺牲一切的时候，他们将得到丰厚的报偿和无尚的礼遇。这种酬劳无法用金钱来衡量。也无法用脚下印着我们先辈足迹的这块非洲土地下蕴藏的所有宝藏来衡量。

它只能通过孩子们露出的幸福与欢乐来衡量。在任何一个社会，儿童都是最易受到伤害的公民，同时也是社会最宝贵的财富。

儿童终于能在开阔的草原上玩耍，不再经受种种折磨：饥饿的痛苦，疾病的摧残，无知、骚扰和虐待的威胁，并且不再被迫去从事那些超过了其幼小年龄所能担负的工作。

在诸位高贵的听众面前，我们保证，新南非将坚定不移地追求“世界儿童生存，保护和发展宣言”中所制定的那些目标。

我前面提到的酬劳，也将必须通过那些儿童的父母所感受到的幸福和安定来衡量，他们必须不用担心走在路上会遭到抢掠，因政治或物质利益被杀戮，或者因为自己是乞丐而被人唾弃。

他们也必须从绝望的重负中解脱出来，这种重负压在他们心头，与饥饿、无家可归和失业相伴相生。

这种酬劳的价值也必须由我们国家所有人民的幸福与福利来评价，我国人民必将推翻那些分隔他们的野蛮壁垒。

广大民众将抵抗这种对人类尊严的极大侮辱。它使一些人被奉为主子，把其他人唤作奴隶，将每个人都扭曲为靠毁灭他人为生的嗜血者。

我们一同分享这种酬劳的价值，必将由胜利带来的欢乐和平来衡量。因为共同的人性将黑人和白人融为一个人类的大家庭，它会对我们每一个人说：我们所有人都将生活得像天堂里的孩子一般。

我们将这样生活，因为我们将创造一个承认人人生来平等的新社会，所以我们会过上这样的生活：每人都被赋予了平等生活的权力，能平等地享有自由、繁荣、人权及优秀的管理。

这样的社会永远不允许任何人的人权遭到侵犯。这样的事情将永远不会发生：从人民那里夺走权力的篡夺者，堵死通向和平的道路，以达到追求他们一己私利的目的。

在这里，我们呼吁那些缅甸的执政者释放我们的同伴——诺贝尔和平奖获得者昂山素季。并敦促他们为了所有缅甸人民的利益，与她及她所代表的阶层进行严肃认真的对话。

我们恳请那些掌权人不要再迟疑，赶快让她运用自己的才干与精力为她的国家及整个人类做出更大的贡献。

远离我们自己国家那种粗暴和颠倒的政治局面。我愿意借这个机会和挪威的诺贝尔委员会一起，向与我一起获奖的德克勒克①先生致敬。

他有勇气承认，强加于我们的种族隔离制度，已经给我们的国家和人民造成了可怕的错误。

他深谋远虑，了解所有南非人民必须通过谈判，且作为这一过程的平等参与者以共同决定他们的未来。

但是，在我们国内还有一些人错误地相信，他们可以依靠一些过时的信条来为正义与和平做出贡献，而事实已经证明，这些只能带来灾难。

对此，我们仍抱有希望，希望他们能够理智的认识到我们不能否认历史，不管我们如何对过去进行改造和包装，我们不可能通过重新复制苦难的过去来创造新社会。

借此机会，我还要表达对我们国家众多民主运动组织的敬意，包括"爱国阵线"的成员们。他们在把南非引到与现实接近的民主制度改革中，扮演了核心的角色，发挥了重要的作用。

我们很高兴这些组织的代表，那些曾服务或正服务于"家园"组织的人们，今天同我们一起来到奥斯陆。他们也一定能分享到获得诺贝尔奖所赋予的荣誉。

我们满怀希望地看到：为重塑自身而奋战的南非，是正在发展的全世界的缩影。

这必将是一个民主的尊重人权的世界，一个摆脱了由贫困、饥饿、掠夺和无知所带来的恐惧的世界，——个从内战和外来侵略的威胁与灾祸中解放出采的世界，一个能把千百万人从沦为难民的巨大惨剧中解救出来的世界。

---

① 德克勒克，1989年9月至1994年5月任南非总统。1990年2月11日，他顺应历史，释放了曼德拉。1994年5月任曼德拉政权为副总统。1993年10月与曼德拉一起被授予当年诺贝尔和平奖。

这是一个将南非和南部非洲作为一个整体并肩作战的过程，它呼唤并督促我们每一个人在必要时融入这一洪流，并在这一地区制造一个生动的范例，那是所有有良知的人所期待出现的世界。

我认为，这个诺贝尔和平奖不是为了表彰过去曾发生过和已经成为过去的事情。

我们听到了全世界寻求终止种族隔离制度的所有人的呼唤。

我们理解他们的呼唤，我们将不遗余力地奉献自己，用我们国家独一无二的、痛苦的经历及实践来证明：人类生存的正常条件是民主、正义、和平、非种族主义、无性别歧视、人人富足，以及健康的环境、平等权利和团结一致。

为这些呼唤所感动，被你们给予的崇高信任所激励，我们将竭尽所能担负起更新这个世界的工作，将来，再不会有任何人被描述成是“世界上受苦的人”。让我们的后代永远不要这样说：是冷漠无情、玩世不恭、自私自利使得我们没能快乐地生活在像诺贝尔和平奖所概括的理想的人道主义中。

让我们所有人的努力奋斗，去证明马丁·路德·金所说的人类再也不能悲哀地被困于种族主义和战争所带来的无尽长夜。

让我们所有人来证明，当他谈到真诚的手足情谊的美妙以及和平的成长要比金银宝石更珍贵时，他不是一个纯粹的梦想家。

让一个新时代诞生吧！

谢谢。

用灵魂的力量抵御暴力[①]

◇ 林达

卢兄：你好！

上次给你的信，聊到了南方彻底变革的突破口。我有时候也想，为什么在这个时候开始突破呢？这里显然有一个历史时机的成熟问题。这个成熟，包括时代的进步，包括我上次提到的黑人力量的积聚。如果像在此之前的所有的推动那样，只是北方的白人在那里推，而南方的黑人自己没有力量的话，很难产生本质的变化。但是现在，南方的黑人在表面的无声无息中，渐渐地成熟了。他们成熟的标志，就是他们开始自觉地逐渐熟练地运用这个制度的操作程序，来争取这个国家所寻求的理想中，属于他们的一个部分，属于他们的一份权利。

在"分离并且平等"的南方种族隔离原则下，黑人的起点很低，但是，毕竟有了一个发展的空间。他们是隔离在南方的白人社会之外的，但是，一个表面的"平等"也提供了一定的机会，就像我上封信提到的有限度的受教育的机会。由于起点低，得到的条件差，黑人的发展是缓慢的。但是总体来说，这毕竟是一个自由社会，自由贸易，自由信息，自由流动，等等。因此，对于南方黑人也依然存在发展的机会，如果不是这样，我们就很难理解，南方也存在一个日益成长的黑人的中产阶级。著名的黑人民权运

① 选自《我也有一个梦想：近距离看美国之三》，林达著，生活·读书·新知三联书店2006年版。

动领袖马丁·路德·金，就是诞生在这样一个南方黑人中产阶级的家庭。如果保守的美国南方，不认可美国的基本自由民主机制，那么这样一个具有自身解放能力的中产阶级的黑人阶层，是不会在南方出现的。

马丁·路德·金在1929年出生的时候，他的父母就已经是一个黑人中产阶级的家庭。他是在南方的黑人学校读完中学，又是在南方进入黑人的摩尔豪斯学院，然后他来到宾夕法尼亚的克罗泽神学院，继而在波士顿大学得到博士学位。马丁·路德·金只是出生于黑人中产阶级家庭的一个典型，在南方，这样的黑人阶层正在逐渐强壮起来。他们在当时还不能享受到全部的美国的自由，比如说进入白人的饭店和学校。可是，在南方白人和政府都认同的美国制度中，他们已经可以享受到美国的许多基本自由，比如说信息自由，结社自由。

没有人限制他们得到所有的信息，没有人限制黑人的牧师向他的教徒们进行什么样的宣传。没有人能够限制一些觉悟得早的黑人，已经拥有像“有色人种进步协会”这样的黑人团体。他们所处的氛围是自由的，这种氛围在无形中推动他们去争取一个与其他人完全一样的自由生活和平等权利。这也就是我前面提到的，在南方回到这个制度中，接受了一个“表面平等”的同时，黑人的“实质平等”地位，就不可阻挡地早晚会到来，这就是制度在那里悄悄地起作用。

例如马丁·路德·金，当他在南方的黑人大学里时，就已经读到梭罗的著名文章“论公民的不服从”。当他来到波士顿读博士之前，已经在宾夕法尼亚的学校里，读到了甘地的的著作，并且熟悉了甘地对于“非暴力抵抗”的观点。无数南方的黑人孩子，他们只能进入设备简陋的黑人学校，可是，在美国的基本制度下，没有人限制这些孩子的思想，没有人企图或者能够做到用虚假的信息去毒害他们的心灵。他们坐在简陋的教室里，照样和白人的孩子一样，读到“独立宣言”，读到“人人生而平等，都有生命权，自由权和追求幸福的权利”这样的文字。如果说，这个国家的基本原则是符合人性的，社会的思想主流是在推动这个原则的实现的，思想是不受到禁锢的。那么，即使这个社会还存在一个没有受到公平待遇的群落，那么，他们自身对于自由的追求和主流社会对于公平的呼吁，迟早会汇聚在一起，汇成一股冲毁整个旧堤坝的力量。这个历史过程并不容易，但是，反观这段历史，你会发现，在美国的制度下，这一切逻辑地会必然发生。

这一天终于来到了。自从“分离并且平等”的原则被接受以来，这是第一次出现对这个原则频频进行司法挑战的浪潮。第一个引发点和突破口正是从教育问题开始的。尤其是当时的南方黑人中产阶级，越来越意识到，接受高质量的教育是他们的孩子今后生活中唯一的希望和光明。因此，南方各州都纷纷出现黑人家长为孩子申请白人学校的事件。在被拒绝的时候，他们就坚决地走到当地法庭，开始为自己的孩子争取平等教育的权利。于是，在1954年，美国的联邦最高法院，一下子接受了4个来自不同的南方州的类似案子，一并审理。这样一天的到来，实在是必然的。撇去别的原因不说，美国南方之外的州就一直是一个活生生的榜样。在美国的大部分地区，是从没有什么种族隔离的。就在最高法院对这些案件宣判的一年以后，马丁·路德·金就要在北方的种族融合的波士顿大学，拿到他的博士学位了。

虽然是4个案子一并处理，但是在历史上，它是以4个案子中来自堪萨斯的“布朗案”为名的。琳达·布朗是一个小女孩。在她居住的托培卡镇，按照堪萨斯州的法律，学校的种族隔离是允许的，但不是必须的。就是说学校可以自己决定，隔离不隔离都合法。可是她所申请的学校，校管会就是不让她上。琳达·布朗的父母就告到联邦地区法院，告校管会的半数成员。希望该法院干涉校管会的决定。联邦地区法院根据已经确认的“分离并且平等”原则，判布朗败诉。他们一家不服，于是，这个案子一路走进了联邦最高法院。

在这个著名的“布朗案”的审理过程中，由于“分离并且平等”的原则已经在最高法院被确认过，所以很难一下子挑战整个原则。黑人原告一方的律师，就重点争辩教育领域的“分离”，是否可能做到“平等”。因为，平等是写入宪法修正案的最基本的原则。所以，假如今天能够证明，在教育领域，“分离”就不可能“平等”，那么，在这个领域，就可能产生一个突破了。

为了证明这一点，黑人的律师提供了各种证据，说明教育的种族隔离产生的不平等后果。为了说明种族隔离的教育，对黑人儿童导致严重的自卑心理。他们为法庭提供了公认的专家对黑人儿童的心理测试，其中有一项，就是在黑人儿童面前放一些不同种族造型的玩具娃娃，结果，黑人儿童毫不犹豫地就要“白人娃娃”，而不要和自己一样肤色的“黑人娃娃”。

1954年5月17日，沃伦首席大法官代表联邦最高法院宣布，大法官们以9∶0一致通过，黑人布朗胜诉。在判决陈述中，沃伦大法官谈到，在“布莱西案”中，被确定的“分离并且平等”原则不违宪时，案子是发生在1896年。当时对于教育领域并没有特殊的关注，是当时美国的教育状况所决定的。在那个时候，美国还没有什么强有力的公共教育系统，也没有义务教育制的立法。当时，即使是白人，也有大量的孩子不上学，在家里由父母教育。在许多州里，学校一年只开3个月。所以在建立宪法第十四修正案的时候，没有注重公共教育的领域，也就不奇怪了。

然而在今天，沃伦大法官说，教育由于各项立法大大提高了它的地位。教育程度已经成为承担各项最基本公共责任的起码要求，甚至参加军队也有此要求。教育是成为一个良好公民的基础。今天，教育已经是一个指导原则，它使孩子领悟到文化价值，使他为进一步的专业训练做好准备，也帮助他正常地调整他与周围环境的关系。在现在的时代，如果否定一个孩子接受教育的机会，他原来理所当然应该成功的人生，就会存在疑问。这样一种由州提供的机会，应该是所有的人都平等得到的一种权利。

在这里，我必须向你解释的，就是在美国，联邦政府是无权干涉老百姓要如何教育自己的孩子的。因此在美国也没有全国统一教材。这样一种状况，来自于美国在建国时期对于教育的基本理念。

那么，这是怎样的一种理念呢？它也是源于自然法的。它的基本观点就是，当一个孩子在成年之前，最有权利决定如何教育这个孩子的，是他的父母，而不是政府。所以，从一开始，学校的管理，教材的选用，课外必读书籍的选择，考试的范围，等等，都是由每个学校的校管会决定的，那么，校管会又是从哪里来的呢？是学校所在的地区的居民们选举产生的。要成为一个校管会的成员，也是要向选民们解释自己的教育主张，要竞选的。在美国许多选择从政的人，他走的第一步就是竞选一个学区的校管会的成员。

正如沃伦大法官所说的，美国的教育从建国以来，两百多年中发生了巨大的变化。例如强大的公共教育系统的建立。由州一级，和地方各级政府，从地方税收中，为公立学校提供教育经费。但是它的教育的基本理念是和这个国家的基本理念相一致的。这些最基本的东西在美国恰恰是非常稳定的。美国学校的校管会，从一开始多由家长组成，逐渐适应现代教育日益专业化的特点，更多地由当地具有教育经验和教育专业学位的人担任。很多州立大学由州政府的教育委员会管理。中小学和大专由校管会管理，但是，这些人还是由当地的居民选出来的。至今为止，各种专家提供了越来越多的可供选择的教材，但是，选哪一本教材，还是这些由居民们选出的当地的教委会和校管会决定的。

最极端的例子，大概就是最近发生在路易斯安那州的一个黑人居民区的学校，他们的校管会决定，由于美国最著名的建国者之一，第一位总统乔治·华盛顿曾经蓄奴，所以，他们决定，把介绍华盛顿总统的有关章节，从他们学校的历史教科书中剔出去。这个决定当然很不寻常，成为报纸上的一条新闻。它引来一些保守团体的强烈反应，大多数人则是一笑置之，觉得这不是一个聪明的历史教育观，如此而已。但是从来没有听说政府打算出面干涉。即使政府想干涉，美国的法律也不会允许它干涉。

正如沃伦大法官所说的，现在的教育已经越来越重要。从沃伦大法官的判决至今，又有近半个世纪过去了。如今一个国家的教育水平，已经到了会影响国家实力的地步。因此，最近克林顿总统把提高美国的教育水平，作为他的总统任期的一件重要战役来对待。他提出立法建立全国范围的数学和语文统考。因为在美国，是没有什么具有法律强制效力的全国统一考试的。但是，他的这一提案却被国会断然否决，联邦众议院甚至通过决议，禁止联邦行政分支搞什么全国统考。假如你不清楚来龙去脉，这也是"美国故事"总是令人费解的地方。

在美国的历史深处，这个文化深藏着的是对政府的不信任，尤其是对联邦政府的不信任，其实质是对集权的恐惧，以及对思想控制的恐惧。因此，克林顿总统对于全国统考的提议是从数学语文，这样的基本技能教育作为他预定的突破点的。但是，美国人至今不能接受。其根子在于，美国人不愿意他们最初源于自然法的教育理念被突破。统考显然能够提高教育水平，使国家强大。可是，统考必然导致统一教材，就防不住哪一天政府会向孩子灌输"统一思想"。美国人是自由为先的，他们宁可不那么强大，但是必须有自由。

我再用一点笔墨回到教育上，因为小田田今年上学了，你已经几次来信谈到小田田上的那个学校的教育问题，为孩子忧心忡忡。所以，你一定会问，怎么保证教学质量呢？应该说，美国的教育制度肯定是有它的弊端的，学校的质量参差不齐。但是，它也是有它特殊的自然结果的。例如，论考试，就普遍状况来说，美国的学生绝对不是什么好手。但是，由于学校提供的气氛活跃，鼓励全方位的想象力，选择性多，实用性强。因此，论学生的创造力，美国的孩子是相当出色的。

因此，美国的教育纵有万千有目共睹的尚待改进的弊端，可是，在改进的过程中，它的一些基本理念是很难动摇的。就是人民有权决定如何教育自己的孩子，联邦政府无权干涉教育和向孩子灌输政府认为是正确的思想，孩子的想象力是最大限度地受到保护的。美国教育的最大的优点，就是它对于孩子是人道的，是充分诱导孩子产生最奇异的思想的。美国教育的目的，正如沃伦法官所提到的，教育是帮助一个孩子在未来的生活中更成功地寻求自己的幸福。教育不是为社会机器塑造一个合适的螺丝钉。他们认为，重要的是一个孩子未来的幸福，一旦成了螺丝钉，有谁会关心螺丝钉的幸福呢？我再回到我们原来的话题，回到半个世纪前的最高法院的法庭。

今天，在教育已经如此重要的时候，沃伦大法官进一步指出，纵观在所谓的"分离并且平等"原则下，在种族隔离的公共教育系统的学校，许多白人学校能够得到的条件，黑人学校却得不到。然而，即使能够使教学楼及课程设置，教师的薪金等等表面因素平等化，是不是就意味着平等了呢？最高法院关注的是，即使这些表面的物质化的因素可能做到平等，一个以肤色为依据隔离的公共教育制度，是否还是使得少数族裔的孩子丧失了受到平等教育的机会？最高法院的结论是肯定的。

最高法院对此判定的依据，不是表面化的平等，而是机会的平等。沃伦大法官认为，这种建立在肤色基础上的，把一个孩子和同年龄同智力的孩子隔离开来的做法，会使孩子对自己在社区中的地位产生自卑感。这样可能会导致孩子的心灵和思想不正常，甚至因此被毁掉。他还指出，这种把白人孩子和黑人孩子分开的公共学校，受到影响的肯定是黑人孩子，如果法律支持这种状况，这样的影响就会更为严重。黑人群体通常这样解读隔离政策，认为这是意味着他们的地位低下。这种自卑的感觉会影响到孩子的学习动力，这样的隔离法案影响了黑人孩子在教育和精神上的发展，使他们失去了在种族融合的学校所能够得到的东西。

沃伦大法官宣布，"我们决定，在公共教育的领域里，没有'分离并且平等'这一原则的位置。隔离的教育设施天生就是不平等的。"因此，最高法院宣布所有有关教育隔离的立法是违宪的，它侵犯了黑人在宪法第十四修正案中，被规定应该拥有的权利。由于这一判决在南方牵涉的面太广，1955年最高法院就"布朗案"发布命令，命令联邦公立学校以"审慎的速度"结束种族分离。在这个案子中，我们可以开始更清楚地看到，为什么林肯在南北战争后期最关注的，不是以强权统治南方，而是以宽恕"叛乱"一方的南方首领，来换取他们带领整体南方回到美国制度中来。林肯整个思路的意义，正在逐渐显露出来。在作为一个整体的南方，认同这个国家的理念和制度之后，不论南方有怎样的类似3K的民众，在南北双方对话的时候，在不同的观念讨论的时候，就有了共同的依据和游戏规则。

例如，在这个前提下，南方就不能否认“平等”的宪法原则。如果说南方在种族问题上，远没有进步到平等的认识程度，但是，他们如果想实行种族隔离的时候，能够做的就是钻条文理解的空子，钻法律解释的漏洞，例如“分离并且平等”这样的说法。但是，如果这不是真正的平等，那么，它最终会有一天被事实击败。在被击败的时候，它也必须认账。

如果情况不是这样。南方根本不认美国的基本原则，那么，对话就要困难得多，甚至无法对话。那个时候，讨论就不是在教育领域“分离”是否可能“平等”的问题，南方可以干脆否定黑人有平等权利。讨论可能会陷入胡搅蛮缠之中，或者干脆拒绝讨论。

在最高法院宣判时，南方存在庞大的公共教育体系，在当时大多数都处于种族隔离状态。判决下来之后，在一些极端南方，曾经发生了骚乱，比如著名的阿肯色州小石城高中，8个黑人第一次进入这所白人的学校，居然要有美国总统派出国民兵一路护送。由于这些骚乱引起很大的震动，给人留下强烈的印象。可是，我们也注意到，大多数的南方公立学校，在接到最高法院的命令之后，尽管是以“审慎的速度”推行，毕竟还是平稳地向种族融合过渡了。如果没有南北战争之后整体南方对于这个制度的认同，那么可以想象，一个牵涉面如此广泛的公立学校改制，又没有坚实的民众认识的基础，不定要出多大的乱子呢。

从最高法院的判词中，尽管判的是教育领域，但是，最高法院寻求真正的种族平等的意图是十分清楚的。人们几乎可以预见到，彻底在南方打破种族隔离的时刻已经就在眼前。这样的判词，对于南方的黑人，更是一个莫大的鼓舞。因为，在沃伦大法官的判词中，对于“分离”不可能“平等”的突破重点，并不是放在黑人的校舍比白人学校的破旧，黑人学校的课程设置比白人学校更少，这样一些可见因素上面。尽管在这些方面，确实可以找到大量证据，证明不平等。

但是，正如大法官指出的，这些因素是可以使之“平等化”的。沃伦大法官把突破的重点放在对人的心理和精神影响方面。指出它“天生不平等”的原因是，它毁坏人的尊严，伤害人的心灵，使一个社会群体产生整体自卑感。他等于是在向黑人指出，在精神和心灵上，你们应该是和任何人一样平等的，你们应该拥有精神平等的权利。这个判例，等于是在南方的上空炸响了一个惊雷。

果然，在最高法院下命令取消公共教育种族隔离的那一年，在命令的执行还没有真正大规模开始的时候，在极端南方的深腹地阿拉巴马州的蒙哥马利市，就出现了又一个挑战种族隔离的事件。这一事件，你可以说是偶然的，但是，你也可以说，这是历史的必然。

那是1955年的12月1日，一个名叫罗莎·帕克的黑人妇女，下班后疲惫不堪地准备回家。她从来就不是一个打算做“英雄”的人，也丝毫没有准备做出一个什么历史性的挑战，她只是一个最普通的黑人妇女，那年四十二岁。她干了一天的活儿，累极了，此刻已是傍晚，她当时脑子里绝对没有政治，想的只是回家，休息。她和大多数的黑人一样，是坐市区的公共交通上下班的。

蒙哥马利市的市内交通是由政府支持的商业公司经营的，按照当地的法律，也实行所谓的“分离并且平等”的原则，公共汽车是种族隔离的。汽车的前半部是白人的座位，后半部是黑人的。但是，由于当时白人更普遍的是自己开车上班，而相对贫穷的黑人则更多地利用公共交通。因此，属于白人的区域常常有空位，而黑人的区域却非常容易被坐满。结果，就有了一个折衷的规定，就是在汽车白人区的后部，划出了一个“灰色地带”。原则上它是属于白人的，但是假如没有白人坐的时候，黑人也可以坐在那里。可一旦只要有一个白人需要坐在这个区域，所有“灰色地带”的黑人就必须全部让出来，退回到自己的区域内。以维护“分离”。

这一天，罗莎·帕克实在累了。她几乎等不到回家，就想坐下来休息一下。所以，她希望能在公共汽车上有一个坐的机会。为此，她放过了第一辆满载的车，没有上去。她等到第二辆车来，透过车窗，看到这辆车没有人站着，就上了车。黑人区虽然已经满座，但是在“灰色地带”还有一个空位，而且空位的旁边已经有一个黑人在那里就座。她就过去坐下了。

驶到半路的时候，上来了一些白人。他们坐满了白人区之后，还有一个白人没有座位。这时，司机就要求在“灰色地带”就座的黑人把座位让出来。那里正坐着4名黑人。多年来罗莎·帕克几乎天天都坐这条线路，所以，对这个司机已经相当“面熟”了。当时的蒙哥马利市的公共汽车没有黑人驾驶员，司机都是白人。当然也有对黑人依然礼貌的，但是，相当一部分司机对黑人很有偏见，她知道这个司机就是其中之一。可是，在当时的情况下，他的行为是“正常”的。蒙哥马利市的人们，不论是白人还是黑人，都已经对此习惯了。

所以，尽管在司机叫第一遍的时候大家都没动，但是，他再一次叫他们让出去的时候，原来坐在窗口，也就是坐在罗莎·帕克边上的那个黑人男子，就站起来离开了这个区域，同时，另外两名黑人妇女也离开了。可是，罗莎只是在那名黑人出来的时候，把腿移开给他让路，然后，就移坐到窗口的座位去了。对于罗莎·帕克来说，这只是一个一念之差的决定，并没有什么具有挑战意味的“预谋”。也许，这一念之差的最大的原因还是她当时感觉太疲劳了，实在不想站起来。

司机这时注意到她，问她是否打算站起来，罗莎·帕克说，“不”。这个时候，她有点较劲了。司机警告说，你要是不站起来，我就叫警察逮捕你了。罗莎·帕克说，你叫去吧。就这么简单，他们没有争吵，连话都没有多说什么。司机回头就下车去找警察了。在此期间，有人因为车子不开而离去，另外找车。也有人继续留在车上，可是，并没有人参与进去，也没有黑人为她打抱不平。一切都很平静。

警察来了之后，简单核对了事实，然后问她，你干吗不站起来呢？她只是说，我认为没有这个必要。她问警察，你们干吗把我们支来支去的？警察说，我也不知道，可是法律就是法律。然后，警察还是再次向那名那个司机确认，他到底是要求警察把罗莎·帕克带离汽车，还是要求逮捕。如果司机不要求逮捕的话，警察就打算在车下把她给放了。在美国，民众发现违法事件报案时，是有权要求警察执行逮捕的。如果报案者提出逮捕要求，警察不执行的话，警察是违法的。可是逮捕拘留并不说明有罪，是否有罪是需要经过审判的。在这个事件中，那名司机明确要求警察执行逮捕。

不管怎么说，罗莎·帕克是违反了当时当地的法律，就这样被逮捕了。当她坐在拘留室里的时候，并没有觉得有什么可怕的，因为说到底也不是犯了什么大事儿。只是她觉得很没劲。她想，原来已经可以坐在家里吃晚饭，干些晚上要做的事情了，可是，如今却坐在拘留室里。这算个什么事儿啊。

看上去这是在南方种族隔离地区发生的一件小事。而且，发生得十分偶然。如果罗莎·帕克那天不是那么疲劳，也许她就不给自己找这份麻烦了。在她过去的生活中，一定也不是第一次遇到这样的情况。她也没有都这样坚持。同时，如果那个司机不是一个种族偏见种族情绪那么强烈的人，她至多被警察带离这辆车，另上一辆车回家。也不见得就会有此后的麻烦。

可是，事情的发生又应该说是必然的。当时，距离最高法院对于“布朗案”的判决，刚刚过去不久，对于撤销公共教育系统种族隔离的命令也已经下达。蒙哥马利尽管是一个宁静的城市，但是，这样一条新闻在黑人社区依然是具有震撼性的。黑人心中的尊严正在觉醒。罗莎·帕克的行为不是预设的，但是，也有深刻的思想背景。她除了是一名普通劳动者，她还是一名黑人社团的秘书，她有着足够的对这些问题的思考和理解。在回忆她当时的感觉时，除了疲劳的麻木，她对于这种“愚蠢的规定”只觉得厌烦透了。从整个事件的过程去看，逮捕她的警察也可能觉得这是一件蠢事儿，只是作为执法者，他们不得已而为之。里面真正起作用的，使得这一事件发生，并且走到这一步的，偏偏是那个现在看来确实是“愚蠢”的司机。

在一条法律支持一个“愚蠢”的偏见，而被这个偏见所侵犯的人，对它的轻蔑厌烦已经到了甚于愤怒的地步，那么，这条法律被蔑视和抗拒的时候也就到了。在精神上，黑人已经远远超越了这种偏见所停留的时代和水平。当黑人们成熟到对这样法律的评价是“愚蠢”的时候，这条法律自然也就面临寿终正寝了。

现在我们回头来看当时蒙哥马利发生的这件“小事”，就连罗莎·帕克本人，都觉得后面肯定就是一个小小的民事法庭，判一些罚款了事。她一定没有想到，她当时身心疲惫中做出的一个坚持，会成为黑人民权运动的起点，成为一个最强有力的号召。这里有一个奇迹般的历史巧合，就是黑人历史上一个最重要的人物，马丁·路德·金，恰好在半年之前，从波士顿大学取得他的博士学位，来到蒙哥马利市的一个小小的教堂担任牧师。

马丁·路德·金当时非常年轻。他尽管读了几个大学，直到取得博士学位。可是，他当年是高中还没有读完就考上大学的。他来到蒙哥马利的这一年，他还只有26岁。就在罗莎·帕克事件发生前一个月，他的第一个孩子在蒙哥马利市出生。马丁·路德·金研读宗教和进入宗教界是非常自然的。因为他的父亲就是佐治亚州亚特兰大市一个黑人教堂的牧师。当时南方的黑人几乎都是非常虔诚的基督教徒。有影响的黑人社团也都是宗教团体。在那个年代，南方黑人的灵魂是浸泡在在宗教精神之中的，这和当时北方大城市黑人的状况有很大不同。在洛杉矶、纽约、芝加哥这些地方，黑人是城市海洋里的鱼，他们的大多数还是贫穷的，但是他们的自由度和接触的生活面，比南方黑人大得多。眼前五花六花的各种玩意儿彩色纷呈。他们是属于眼花缭乱的都市世界的一部分。

南方则不然。尤其是在南方的深腹地，就连白人的生活都是日出而作，日落而息，星期日全家肯定上教堂。南方的生活和价值观与北方是有很大差别的。早在奴隶时代，南方黑人的唯一精神安慰就是上教堂。当时黑人教堂的风格就是和白人教堂不一样的。南方黑人的风格，就是黑人灵歌的风格。黑人灵歌的深沉是真正的深沉，因为它是质朴的深沉。它从深渊一般的苦难中一点一点升起，没有一丝一毫的虚假和做作。就像马丁·路德·金所说的，他们拥有的只是“疲惫的双腿，疲惫的灵魂”。这也是整个南方黑人民权运动的风格。直到今天，在各种艺术节的音乐会上，最使我们感动的还是南方黑人的教堂歌曲。尽管在音乐上，它已经和当年的黑人灵歌有了很大差别。可是，你依然可以听到浸透了宗教精神的充满热情的质朴的灵魂之歌。

马丁·路德·金确实是南方最杰出黑人。因为他从小在南方黑人的宗教气氛中长大，又在北方汲取了西方白人文化中理性思维的精华。当他和其他一些黑人宗教团体听到罗莎·帕克的故事，马上意识到南方黑人争取自己的自尊和自由的一天，已经历史性地来到了。在只有26岁的年轻牧师马丁·路德·金的带领下，蒙哥马利市的55 000名黑人，开始了为期381天的公共汽车罢乘。这不仅是南方黑人的历史上，而且是整个美国黑人历史上的第一次，黑人的第一次自发的团结的争取自由的抗议行动。要做到这一点是非常不容易的。

黑人在历史上一直给人们的感觉是很难抱成团完成一件大事业的。更何况，罢乘的行动在实行中有很多困难。当时的黑人大多数是依赖公共交通上下班的。一旦离开公共交通，上下班顿成问题。

再说，黑人大量从事体力劳动，失去交通工具之后，他们中的许多人，每天就必须再耗费很多时间和体力用在步行的路程之中。可是，这个主要通过教堂传达出去的号召，得到了黑人们沉默而坚定的支持。罢乘的第一天，整个蒙哥马利市就只有8个黑人坐公共汽车。在此后漫长的381天里，蒙哥马利市的黑人用了各种方式解决上班和生活必须的公共交通问题。例如，所有的黑人教堂都组织起来，把可能有的私人汽车都集中起来，然后从一个教堂到另一个教堂，一站一站地接送。但是，显然这还是只能解决很小的一部分问题。这种坚持是困难的，这是一个集体行动，可是，这个松散的集体是由一个一个的个人组成的。

他们不知道需要坚持多久，他们不知道自己能坚持多久。然而，这个城市角角落落的一个一个分散的黑人，那些一个个贫穷的黑人家庭的艰难支撑者，他们既不懂政治，没有任何将要得到补偿的承诺，却默默地以他们仅有的东西，疲惫的双腿，疲惫的灵魂，支撑下来了。唯一的信念是，一个人最基本的自尊的觉醒。

到了这样一个地步，就可以称作是“时机成熟”了。南方的黑人是必定要胜利了。是历史自然地走到了产生变革的这一天。为了更准确地去理解这样一个年代，我曾经从图书馆借回来一本历史照片集。

那里面有着大量当时的南方黑人的照片，以及那些企图阻止黑人解除种族隔离要求的南方白人的照片。在这些照片中，当时的南方黑人们的目光常常显得忧郁甚至痛苦，似乎积淤着几百年来的重负；而站在对立一面人多势众吼叫着的南方白人民众，却明显有着一种从根子上血统里就压倒一切的自负和优越感。

在翻看这本照相册的时候，我们经常忍不住哑然失笑。因为在那些表情虚妄，目空一切，谩骂吼叫的南方白人照片旁边，常常有一个圆珠笔写的英语批语“白痴”。这是图书馆的书，出现这样的加注是很少见的，也许是哪个黑人学生的即兴之作？可是，之所以我们会忍不住要笑，是因为这个批注虽然有失宽厚，可是对于这些面孔所表达的建立在无知之上的狂妄和自视高贵，实在是一个十分贴切的评语。看着这些照片，你就会知道，南方的黑人胜利的一天已经不远了。因为在南方，从整个精神世界上，黑人已经远远超越了那些自视比他们血统更高贵的，在这个问题上愚昧得近似“白痴”的那部分南方白人。

人类从远古洪荒走来，一路餐风露宿，终于走进了地球村，现代文明创造的繁荣给人类带来巨大福祉，然而浮华背后掩不住百孔千疮满目苍夷，难民、污染、贫困、饥饿如影随形，战争、恐怖、核毁灭阴云密布，瓦尔登湖的寂寞安详，大自然的纯净和恩惠现今已变成古老神话……人类啊，面对明天，请你慢慢来。

第三章

面对明天让我们从容些

我出生在一千年以前[①]

◇ 丹·乔治

丹·乔治，加拿大土著印第安人。

这是加拿大不列颠哥伦比亚省一位卡皮拉诺印第安人的公开信。“我”从洪荒而来，踏入现代文明社会。“文明社会是在一个‘恶性循环’中运动”，文明给人类带来了福祉，但并没有从根本上改变人类的境遇。文明帮助人类作别野蛮，却又直接导演了无数新的野蛮：贫富差距加大，生态破坏严重，战争暴乱频仍，种族歧视依旧，民族冲突不断，精神家园失落……现代文明遗留给我们许多值得深思的问题。

亲爱的朋友们：

我出生于1000年以前，生长在弓与箭的文化环境之中。但在半年的时间里，我却跨过几个世纪，被抛入原子弹文化时代。

我出生时人们热爱大自然，与大自然交谈，仿佛它也有灵魂。我记得，幼时曾随父亲沿印第安河而上，对着那座大山唱起感恩之歌，他用印第安人的语言轻轻地唱着“感谢”。

后来外面的人来了，而且越来越多，他们像潮水般地涌来，时间也快速流逝。突然间，我发现自己已是20世纪的青年。

① 选自联合国教科文组织《信使》（中文版）1986年7—8期。

我感到，我自己和我的人民在这个新时代里生活飘忽不定，并不能成为其中的一部分；虽然已被时代的巨浪所吞没，但仅仅是一个被困住的漩涡，一圈一圈不停地旋转。我们生活在小小的保留地和小块的土地上，仿佛漂浮在某种令人忧郁的虚幻之中，为我们的文化遭到你们的奚落而感到羞愧。我们搞不清自己是什么人，要到哪里去，也不知我们是否能抓住眼前，对前途也失去了希望。

我们没有时间去适应在我们周围发生的这场令人目瞪口呆的大变动，我们好像失去了一切，而又无以替代。

你们知道无所依托是什么滋味吗？你们知道生活在丑恶的环境中是什么滋味吗？它使人感到压抑，因为人必须生活在美的事物中，灵魂才能成长。

你们知道自己的民族遭人轻视、并且还要明白自己实际上已成为国家的负担是什么滋味吗？也许，我们没有技术，无法做出较大的贡献，但又有谁等待我们赶上去呢。我们被撇在一边，因为我们太笨，永远也学不会。

对自己的民族失去自豪感会怎样呢？对自己的家庭失去自豪感，对自己失去自豪感和自信心又会怎样呢？

现在你们伸出了手，示意我走过去。你们说："来吧，加入到我们的行列中来。"但是，我怎么能来呢？我衣不遮体，羞愧万分；我怎能保持尊严而来呢？我既无赠品，又无礼物。我们的文化中有哪些东西你们瞧得起？我们那可怜的珍宝你们只会嗤之以鼻。难道让我像一个乞丐，从你们万能的手中乞求一切吗？

无论如何我必须等。我必须找到自我。我必须等到你需要我的某些东西的那一天。

我不需要怜悯，我的大丈夫气概也不能丢。我们能否等到实现了社会的融合再谈人的融合呢？除非有心灵的交融，否则只不过是表面的形式，中间隔的那堵墙像山一样高。

随我到黑人和白人合校的操场上去看一看吧。正赶上课间休息，同学们涌出教室。很快你就会看到，那边是一群白人学生，而在靠近篱笆的地方则是一群当地的学生。

我们需要什么？我们首先需要得到尊重，使我们感到是有价值的民族；我们需要得到在生活道路上获得成功的同等机会。

让我们谁也不要忘记，我们是享有特别权利的民族，这是由承诺和条约加以保证了的。但我们并不乞求这些权利，我们也不感谢你们给予了我们这些权利，愿上帝帮助我们，我们已为此付出了巨大的代价。我们为此付出了我们的文化，我们的尊严，我们的自尊。

我知道，你们心里也想能够帮助我们。我不知道你们究竟能做些什么，不过你们还是能做不少的事。当你们遇到我的孩子们时，不论他是幼童，还是你的兄弟辈，请尊重他们每一个人。

地球村画像[①]

◇ 唐纳拉·麦道斯

唐纳拉·麦道斯，美国作家。

如果世界是一个村庄，那将是什么样子？当世界准备庆祝或者不理会联合国日（10月24日）时，作者通过严格的统计分析，提出了他的奇特构想——地球村。如果世界真的是一个村庄——一个拥有1000人口的社会——这个社会将是什么样子呢？

地球村的1000人中，584名是亚洲人，124名是非洲人，95名是东、西欧人，84名是拉丁美洲人，55名是苏联人，52名是北美人，6名是澳大利亚和新西兰人。

地球村村民进行相互交流是非常困难的，因为有165人讲汉语，86人讲英语，83人讲印地语或者乌尔都语（印度回教徒的语言），64人讲西班牙语，58人讲俄语，37人讲阿拉伯语，而以上人数只占地球村总人数的一半，另外一半人讲孟加拉语、葡萄牙语、印度尼西亚语、日语、德语、法语以及200种其他语言。

在地球村1000人中，有329人信奉基督教，178人信奉伊斯兰教，167人不信教，132人信奉印度教，60人信奉佛教，45人是无神论者，3人信奉犹太教，另外还有86人信奉其他宗教。

地球村1000村民的约1/3即315人是儿童，65岁以上的只有65人。儿童中有半数能免患可预防的传染性疾病诸如脊髓灰质炎等。

---

① 选自《中学生阅读（初中版）》2011年第5期。

地球村已婚妇女使用现代避孕措施的不到半数。

再过12个月，地球村中将有28个婴儿诞生，他们中仅有3个一出生就成为200个最富有人家中的成员。婴儿能活到65岁，而上面提到的具有得天独厚条件的3名婴儿将能多活10年，如果他们是女婴，能多活13年。同一年，地球村将有10人死亡，其中3人死于饥饿，1人死于癌症，2人是本年度出生的婴儿。地球村1000人中有1人将被感染上HIV病毒，但也许不会发展成艾滋病。这样到了第二年，地球村的人口将达1018人。

在这1000人的社会里，200人拿地球村总收入的75%，还有200人拿地球村总收入的2%。

大约有1/3的地球村村民能得到干净、安全的饮用水。

地球村1000名村民中仅有70人拥有小汽车（尽管他们中有些拥有的不止一辆）。

这1000名村民中，有5个是士兵，7个是教师，1个是医生，还有3个是因战乱或干旱无家可归的难民。

地球村将把83%的肥料用于40%的农田中，这些土地属于最富有的270人。农田溢出的过剩肥料将造成湖泊和井水污染。剩下的60%农田，被施以17%的肥料，生产出28%的谷物，养活着73%的人口，这种农田的平均产量只占富有人家产量的1/3。

地球村村民人均拥有6英亩土地，共计6000英亩。其中700英亩是农田，1400英亩是牧场，1900英亩是森林，还有2000亩是沙漠、苔原、道路和荒地。森林面积在大幅度减少，荒地面积在不断扩大。

地球村的670位成年人中，有50%是文盲，其中大部分是女性，她们大部分生活在较贫困地区。

地球村每年的公共、私人预算总计300多万美元，如果平均分配，每人是3000美元（当然，这样平均分配是不可能的）。

以上300多万美元的总预算中，18.1万美元消耗在武器及战争上，15.9万美元用于教育，13.2万美元用于医疗保健。

地球村拥有的核武器能将自身毁灭很多次。这些武器被控制在100人手中，地球村的其余900人深感不安地关注着他们，想知道他们能否和平相处；即使他们能这样做，他们也会因为精力不集中或手脚不灵便而造成核武器爆炸。

面对明天让我们从容些[①]

◇ 佚名

不能把养尊处优的少数人的生活方式推广给在地球上占多数的穷人，人类的贪婪、享乐主义者无节制的消费给我们的地球带来了什么呢？提倡简单生活，面对明天，让我们从容些。

一个预期寿命为80岁的普通美国人，在目前的生活水平下，一生要消费约2亿升水、2000万升汽油、10 000吨钢材和1000棵树的木材。

早在几十年前甘地就对印度在独立后是否会达到前殖民大国的生活水平的问题做出了明智的回答："英国为达到它那种富裕程度曾消耗掉地球上一半的资源。像印度这样一个国家需要多少个地球？"

现在比以往任何时候都迫切需要认识到，不能把养尊处优的少数人的生活方式推广给在地球上占多数的穷人。同甘地在世时相比，现在南部有更多的人口，北部则更无节制地沉湎于消费。未来学家欧文·拉斯洛警告说，如果55亿人全都毫无顾忌地消耗自然财富，那么地球"在一代人的时间里就会流尽最后一滴血"。

任何一种看来是无害的劳务活动都会有损于生物圈，即使这是以保护环境的名义进行的。举例说，为生产一个处理废气的催化净化器需要二至三克铂。而为了得

① 选自《北京青年报》1995年12月12日。

到这么一点点金属，必须开采加工约一吨矿石。

即使是最普通的产品，如果所有的人都像富裕居民消费得那么多，许多人也会没有地方生存了。例如，德国人喜欢喝桔子汁，为此，在海外所需的桔子种植面积相当于德国本身水果种植面积的三倍。

尽情消费和无节制地消耗原料也反映在富国每天产生的大量垃圾上。要是所有的人都像美国人或德国人那样向大气中释放那么多的二氧化碳，那么气候的恶化早就成了残酷的事实。坐飞机休假一次所产生的二氧化碳就多于一个居民在地球上生活一年所释放的数量。

温哥华大学教授比尔·里斯得出的结论是："如果所有的人都这样生活和生产，那么我们为了得到原料和排放有害物质还需要20个地球。"占世界人口约1/4的享乐主义者成了全人类的负担。这就是他们的贪婪不能推广给每年增加近1亿的人类多数的原因，而且他们花天酒地的生活也会损害后代人。

饥饿的面孔[①]

◇ 威廉·查尔斯·马伦　澳维·卡特

在非洲的图阿雷格部落由于大干旱使得他们赖以生存的游牧生活方式受到严重的破坏，草场消失，家畜开始死亡，他们变得一无所有，被迫从沙漠走向城市谋生，接受救济，接受新的生活方式。

威廉·查尔斯·马伦（1944—），美国记者，在1974年夏秋的将近3个月中间，他和摄影记者**澳维·卡特**（1946—）一道，在非洲和印度跋涉1.6万公里，采访并报道了一场危及近5亿人生命的大饥荒，发表了总题为《饥饿的面孔》的图文并茂的系列文章。这篇发表在1974年10月16日和18日的《芝加哥论坛报》的文章获得了1975年普利策国际报道奖。

消散在干旱中的图阿雷格部落

并非偶然，西方人谈起廷巴克图时，说它是地球的尽头。除了简易机场和几辆四轮车外，几乎没有什么能表明这里是处在20世纪。廷巴克图仍旧是一座中世纪的沙漠之城，泥质建筑环绕四周。这些建筑物里藏着图阿雷格部落的贵族、圣人、农奴与奴隶的千年秘密。图阿雷格人总是将他们同世界的其他地方隔离开。他们拥有一种狂热的、不可屈服的文化，足以抵挡12个沙漠王国和法国70年的殖民统治。现在这一切开始有所变化。萨赫勒地区的旱灾破坏了廷巴克图周围巨大的草场。图阿雷格游牧民曾在这草场上与他们的牛群一起自由自在地漫游了10个世纪。

随着草场的消失，家畜开始死亡。家畜消失殆尽后，

① 选自《普利策新闻奖名篇快读》，李天道主编，四川文艺出版社2005年版。

他们所剩无几，没有用于交易的东西。他们那曾驮着盐、丝和香料的沙漠骆驼队渐渐走上湮没和被忘却的道路。对于图阿雷格人来说沙漠里所剩无几，因此他们正在到廷巴克图和其他沙漠十字路口的城市去谋生。他们一度控制所有曾勘定测量过的土地。但是现在，由于旱灾和不善绸缪，他们不再拥有自己的领土。第一次失误是在法国殖民统治时期。当时法国人想给图阿雷格贵族子弟们提供受教育的机会。但那些贵族对西方人的主意大加嘲讽，反而将他们的奴隶送到那些学校去了。

在法国人让萨赫勒地区（撒哈拉南部的半热带地区）独立后，他们将政府移交给一小部分受过教育、不再是奴隶的中产阶级，现在这些人掌握着图阿雷格人的生存。第二次严重的失误是10年前，当西方救济工作者带着牛痘和良好的接生设备来到萨赫勒地区。图阿雷格人看到这个可以极大地增加他们畜群规模的机会，忽视了轮流放牧的古老传统，使激增的畜群过度啃食脆弱的草场。旱灾使草场干旱枯死，于是图阿雷格人砍倒所有的树和灌木丛以使饥饿的牲畜能吃到树叶。随着干旱的持续，他们不仅失去了牲畜，也失去了树木。因为他们太粗率了，没有东西保护表层土壤，沙漠大风使水土流失，沙丘变平。

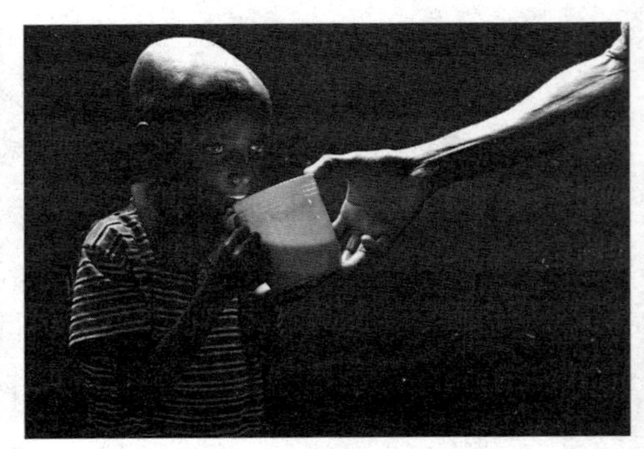

从20世纪70年代以来，非洲就被贴上了饥荒土地的标签。专家撰文称：非洲的饥荒“气候干旱是自然原因，国家治理是人为原因，粮价上涨是国际原因”。实际上，非洲的粮食危机是“天灾”，更是“人祸”，而很多祸根深埋于西方殖民非洲时期。

现在，图阿雷格人一贫如洗。萨利玛是去年一年住在廷巴克图难民营里的一个年老的妇女。她的丈夫去世了，她同女儿们和最小的孩子们住在一起。她说5年前她家十分富有，那时有大量的家畜。但在旱灾中他们失去了一切。“起初我们试着住在灌木丛里，”她说，“没有任何东西可吃。我们在沙漠腹地，所以加入了一个商队到廷巴克图来。”她不喜欢难民营，之所以留下来是因为有吃的。她12个儿子里有几个不堪忍受这儿的生活，出走了。

“那些高大健壮的人回到灌木丛里去了，”她说，“他们打算做他们唯一值得做的事，照看牲畜。他们在沙漠上艰苦跋涉寻找牲畜以便培养新的畜群。”救济官员们认为，即使那些人能找到新的牲畜，萨赫勒地区国家政府也不可能允许他们再回到传统的放牧方式上去。为了保护所剩余的土地，他们需要管理、控制畜群。

那将意味着图阿雷格人以传统方式利用的土地会被围起来，也不再会有上百英里长的畜群商队，游牧民也不会再像现今这样自由漫游。“就我们所谈论的牧场范围，”“援助非洲”的代表佩恩·卢卡斯说（“援助非洲”是在萨赫勒地区做长期救济研究工作的一个美国团体），“游牧民仍将会有一定意义上的漫游生活。”

牧民们可以跟他们的牲畜一起漂泊各地，他说，但是那是在相当小的距离范围之内，并在围栏里。由于土地的条件，他说他认为牧民为这些变化已做了准备。“对所有变化可以接受，”他说，“我的上帝，并不是第一次发生这种事。看看我们自己在西部草原的经历，当把草场围起来以后，放牛的牧民、牧羊人和农民发生争斗。”这也意味着并不是所有这100万从毛里塔尼亚到乍得的人都能养家畜。没有足够的地方让他们放牧。

萨赫勒地区国家政府鼓励游牧民从事农业或商业以结束他们的游牧生活方式。有时能鼓动固执的图阿雷格人的唯一方法是不发给他们食物，直到他们拿起锄头或铲子去耕地。图阿雷格人在这场灾变中并没有进行自救。他们始终对出身于他们的奴隶阶层的政府公务员傲慢无礼，十分轻蔑。“他们很难让国际救济人员同情他们，他们不愿举起一根该死的指头来帮我们一下。”一位今年曾花3个月时间把紧急食品运到图阿雷格难民营的比利时伞兵抱怨说。“我们陷在一条河里，他们会哈哈大笑，我们到难民营里要自己卸下沾有血汗的10吨东西。因为他们只是坐在那儿笑我们所做的一切。”

一群瘦弱的骆驼围坐在附近一口干涸的水井前；一只只皮包骨头的野牛横尸在尘土飞扬的平原上；数以万计的人们拖着疲惫的步伐步行数天寻找食物，眼神中充满着无助，其中有些人觉得等待他们的可能只有死亡。

在马里，1967年图阿雷格人曾短暂地武装反叛过政府。有迹象显示，马里政府正试图使图阿雷格人离开这个国家。马里政府否认此事。但是马里的图阿雷格人，大部分是男子，一直充斥着距离他们通常居住地几百英里以外的上沃尔特和尼日尔难民营。他们抱怨马里拒绝给他们提供给养。在马里的廷巴克图难民营有5216名图阿雷格妇女和儿童，只有511人是男子，他们中大多数人年迈或多病。

一位政府官员解释说，男人在难民营较受欢迎，但他们宁愿呆在沙漠里。他否认拒绝帮助他们。“我不知道他们是否是到南边去寻找牲畜或什么，”他说，“我不知道他们在哪儿。”上个月在尼日尔首都尼亚美，一个年轻的图阿雷格人迈进国家博物馆，他看到一个玻璃橱窗，里面的假人模特儿穿着一件与他身上一模一样的图阿雷格人服装。他满怀困惑地注视着这个模特儿，过了好一会儿，他脸上闪过一丝微笑。因为他被眼前的这个景象逗乐了。他发现他的样子在一个博物馆橱窗里得到了复制。

肥沃河谷的灾难

从某种意义上讲，西非的沃尔特河谷盆地就像古希腊传说中极度富有而神秘的禁地一样。对于非洲萨赫勒地区饥饿的农民来说，6年的旱灾侵蚀，毁坏了他们的土地和生活。在此过程中，10万人丧失了生命。河谷盆地潜在的财富是惊人的。巨大的中部平原土地肥沃，3条水量很大的河流使供水水源充足。它同英伦三岛面积的1/5一样大，但是很少有人敢冒险进入谷地定居。在此生存的代价是失明、麻风、疟疾、昏睡病、发疯和自杀。

韦思是一个30年前出现在沃尔特河边的小村子，有250个农民。这个村子就是一个典型的例证。村子里1/3的成年人失明，其余的大部分成年人可能面临同样的命运。希格亚是一个种小米的45岁农民。他再也看不见自己的田地了。每天必须由他的一个孩子领着才能到庄稼地去。虽然失明，但他不能让这个事实阻止他到田里劳动。每天他拿着一把短把儿的锄头，蹲着在田里摸索。他的左手摸过土地，直到摸到一根小麦秆，然后他用拿着锄头的右手在麦秆周围铲除杂草。这可不是什么好过的日子。但这是唯一可使希格亚能继续供养他的两个妻子和5个孩子的办法。在这一点上，他比同样45岁的邻居特干达要强得多。特干达也失明了，但他不能再做任何工作。因为在麻风病中他也失掉了手指和脚趾。大部分时间他在小泥棚里因患病而簌簌发抖。他的妻子也帮不上什么忙，因为她也失明了，而且在去年发了疯。她无所事事地整日躺在棚屋里，对周围一无所见。这个家赖以生存的食物是3个幼小的儿子在炎热的地里努力耕作种出来的东西。每天孩子们在田里劳动，冒着失明的危险。这种失明起因于一种盘尾丝虫病，用外行人的话叫“河水失明症”。

这种病是由一种小黑苍蝇所携带。它们利用了从盆地飞速奔涌而出的3条黑、白、红色河流。黑苍蝇携带一种寄生虫，它们叮咬盆地的农民时便将这种寄生虫转移到人体组织里。寄生虫在人体内产生上万个卵。这些卵孵化的幼虫寄生在人体内，通过血液循环最终导致人失明。11月份，世界卫生组织计划掀起一场历时20年、花费1.2亿美元的运动来根治盆地里的这种疾病。如果计划成功，世界卫生组织的官员希望这块肥沃之地将对农民定居者有更大吸引力，并生产成百上千吨谷物运往饥饿的地区。

世界卫生组织的科学家已经花了十几年来设计此项目企图根治这种疾病。如果不是灾难性的大干旱，他们可能还吸收不到足够的钱来开展这项昂贵的计划。雌蝇叮咬人后，一群小成虫进入人体，疾病开始发展。寄生虫在人体皮肤里可生活近16年，产生上百万的幼虫进入血液循环。幼虫只存活两年，当幼虫死亡时在人体组织内产生毒素。“皮肤产生小疙瘩，并失去弹性。”世界卫生组织的一位英国昆虫学家弗兰克·沃尔什说他花了14年时间研究这种疾病。“这种病发作时奇痒。人们难以入睡，不断抓挠。这种疾病本身并不致命，许多受害者最终自杀是为了逃避这种痒的感觉。一些参与到血液循环中的幼虫最终到达人体眼球，引起失明。幼虫死时，”沃尔什说，“中毒反应引起组织损害。当死亡幼虫足够多时，眼睛就坏掉了。为了根治这种病，世界卫生组织的科学家们决定清除携带这种寄生虫的黑蝇。世界卫生组织现在正准备轻型飞机和直升机机群，要在11月1日开始轰炸哺育了尼日尔、上沃尔特、马里、象牙海岸、加纳、多哥和达荷美等地但被黑蝇所利用的河流。”

沃尔什相信，5年内人们将可以开始移居盆地从事农耕。由于萨赫勒地区大干旱所引起的破坏，官员们期望着有一块河谷土地。如果计划成功，仍将有其他的一些危险威胁新的定居者。他们将遭受疟疾、霍乱、昏睡病和麻风病的困扰。所有这些疾病在河谷盆地都滋长蔓延。“但是治疗‘河流失明症’计划至少有一个开端，并更让我们渴望了。”一位韦恩村的长者解释道，“我们中的许多人不能再工作，只能依靠孩子们，我们也担心他们会失明，那样就再没有任何人可以留下来照顾我们了。”

我的呼吁[1]

◇ 阿尔贝特·史怀哲

阿尔贝特·史怀哲（1875—1965），法国神学家，哲学家、医生，一生致力于非洲国家的医疗事业。爱因斯坦称之为20世纪西方世界唯一能与甘地相比的具有国际性道德影响的人物。

这是史怀哲1954年接受诺贝尔和平奖时的发言。他呼吁“全人类，重视尊重生命的伦理”，这种伦理包涵了生命的自然性和社会性，并且是“对生命的全然肯定”，即尊重一切具有生存意志的生命。因为尊重生命，所以才能怀善去恶，防治疫病，帮助所有需要帮助的人，才能远离暴行，消弭战争，谋求和平……

我要呼吁全人类，重视尊重生命的伦理。这种伦理，反对将所有的生物分为有价值的与没有价值的、高等的与低等的。这种伦理否定这些分别，因为评断生物当中何者较有普遍妥当性所根据的标准，是人类对于生物亲疏远近的观感为出发点的。这标准是纯主观的，我们谁能确知这种生物本身有什么意义？对全世界又有何意义？

这种分别必然产生一种见解，以为世上真有无价值的生物存在，我们可以随意破坏或者伤害它们。由于环境的关系，昆虫或原生动物往往被认为没有价值。但事实上，我们的直觉意识到自己是有生存意志的生命，环绕我们周围的，也是有生存意志的生命。这种对生命的全然肯定是一种精神工作，有了这种认识，我们才能一改以往的

---

① 选自《20世纪巨人随笔：生命之舞·人文科学家卷》，贺学君、汤学智编，光明日报出版社1995年版。

生活态度，而开始尊重自己的生命，使其得到真正的价值。同时，获得这种想法的人会觉得需要对一切具有生存意志的生命采取尊重的态度，就像对自己一样。这时候，我们便进入另一种迥然不同的人生境界。

这时候，善就是：爱护并促进生命，把具有发展能力的生命提升到最有价值的地位。恶就是：伤害并破坏生命，阻碍生命的发展。这是道德上绝对需要考虑的原则。由于尊重生命的伦理，我们将和全世界产生精神上的关联。平时我都尽力保持清新的思考和感觉，而怀着善的信念，时时依据事实和我的经验去从事真理的研究。

今日，隐藏在欺瞒之后的暴行，正威胁着全世界，造成空前烦闷的气氛。虽然如此，我仍然确信真理、友好、仁爱、和气与善良是超越一切暴行的力量。只要有人始终充分地思考，并实践仁爱和真理，世界将属于他。现世的一切暴力都有其自然的限制，早晚会产生和它同等或者超越它的对抗性暴力。可是良善所发挥的作用却是单纯而继续不断的。它不会产生使它自己停顿的危机，却能解除现有的危机。它能消除猜疑和误解。因此良善将建立无可动摇的基础，而追求良善是最有效的努力。一个人在世是不肯认真去冒险为善，我们常常不使用能帮助我们千百倍力量的杠杆，却想移动重物。耶稣曾经说过一句发人深思的至理名言：温和的人有福了，因为他们必承受土地。

尊重生命的信念要求我们去帮助所有需要帮助的人，防治大众疫病的奋斗是永远比不上这种帮助的。我们对旧日殖民地的民众所给予的善良帮助，并不是什么慈善事业而是赎罪，因为从我们最初发现航线，到达他们的海岸以来，我们已经在他们身上犯下了许多罪恶。所以白人和有色人种必须以伦理的精神相处，才能达到真正的和解。为了实践这种精神，我们应该推行富有将来性的政策：凡受人帮助，从艰难或重病中得救的人，必须互助，并帮助正在受难的人们。这是受难的人们之间的同胞爱。我们对所有的民族都有义务以人道行为及医疗服务来帮助他们。从事这些工作时应带着感谢和奉献的心情。我相信必定有不少人挺身出来，怀着牺牲的精神替这些受难的人服务。

可是，今天我们还深陷在战争的危机里。我们正面临着两种冒险之间的选择。一种是继续毫无意义的原子弹武器竞赛，以及继之而来的原子战争；另一种是放弃原子武器，并寄望美国和苏联以及其他盟邦，能在互相信任的基础上，和平共存。前者不可能为将来带来繁荣，但是后者可以给人类带来繁荣与幸福。我们必须选择后者。也许有人会以为他们可以利用原子装备来吓退对方，可是在战争危机如此高升的时刻，这种假设毫不值得重视。

今后，我们的目标是使国家与国家之间的问题，不再以战争的方法来解决。我们必须寻求和平的方法来解决问题。我敢表白我的信心，当我们能从伦理的观点来拒绝战争的时候，我们必定能以谈判的方法来解决问题。战争到底是非人道的。我确信，现代人必能创造出伦理的观点，因此今天我将这个真理向世人宣布，希望它不会只被当做虚假的文字看待，以致被置于一旁。

希望掌握国家命运的领袖们，能致力避免一切会使现况恶化、危险化的事情。希望他们铭记使徒保罗的名言：若是能够，总要尽力与众人和睦。这不但是对个人之间的关系而言，也是对民族之间的关系而言。希望他们能互相勉励，尽一切可能维持和平，使人道主义和尊重生命的理想，有充分的时间发展，并且发挥作用。

拒绝恐怖[①]

◇ 严秀

雅各宾派领导人罗伯斯庇尔说："没有恐怖的美德是软弱的，没有美德的恐怖是邪恶的。"也许这就成了恐怖以"美德"名义向"邪恶"宣战，以平民血泊论证自己"道义"高尚的理由。但是恐怖就是恐怖，不管哪一类的恐怖，都是野蛮、邪恶对文明的挑战，对良知的挑战，对和平的挑战，甚至是对人类生存的挑战！全人类都应该有一个共同的信念：拒绝恐怖！

严秀（1919—），中国当代学者。

上

今天看到一条令人不愉快的消息：（1997年11月3日塔斯社-俄通社莫斯科电），报道俄罗斯第一副总理涅姆佐夫当天正式宣布，1991年在叶卡捷琳娜堡郊外18公里处掘出的一批尸骨中，其中有5具已经证实是属于沙皇尼古拉二世一家的，其可靠性为99.9%云云。这条消息又详细报道了这个判断是1993年经俄罗斯特设的一个政府委员领导的俄国及外国专家们经过几年时间用各种最新科学和生物技术方法判定的。消息说，在已找到的一大批遗骸中，"有5具是属于沙皇一家的，他们是沙皇尼古拉二世，

① 选自《随笔》1998年第3期。

皇后，和他们的3个女儿”。至于皇储及其他一些家属的骸骨则尚未发现。之前，1993年8月，俄罗斯最高检察院已经“对杀害沙皇及其家属一案提出刑事起诉”。消息说，对这批遗骨的重新安葬地点及日期已做出了建议（建议改葬在圣彼得堡），但该建议未被总统批准，此事现正一切交由总统裁处中。

沙皇的死因，已查明是枪决的，时间是在1918年7月16日夜晚。原消息很长，主要内容也就是上述这些了。被处决时的沙皇已是在二月革命时就被推翻了的前沙皇了。因为同年10月25日（公历11月7日）发生由布尔什维克领导的、推翻临时政府——克伦斯基任总理的政府的十月社会主义革命，并不是以推翻沙皇为目标的。沙皇一家在十月革命后不过是红色政权的俘虏罢了。而二月革命，布尔什维克看来未曾参与领导（详见《莫洛托夫访谈录》，说是沙皇下台了，身在彼得格勒的布尔什维克俄国国内中央局三人团负责人莫洛托夫还不知道是怎么回事，立即赶到高尔基家去询问，可是高尔基也是什么都不知道）。沙皇是在群情激愤之下宣布逊位的。对这样重要的被俘人物，一个小小的游击队或小基层政权能够决定秘密处死他和他的全家吗？恐怕是不能设想的吧！

因此，世界各地（包括俄罗斯）便自然而然地议论起来，这命令是谁下的呢？一时得不到回答。

可是，莫洛托夫在对人谈话时却轻轻地就把这件事揽过去了。有一本叫《莫洛托夫访谈录》的书是俄罗斯教授丘耶夫在15年时间内对莫洛托夫多次访谈（号称140次访谈，实为139次）后整理的记录摘要。丘耶夫问：“人们都说，列宁与枪毙沙皇一家无关……”莫洛托夫回答说：“这事情根本没有什么好考虑的，这是再清楚不过的：不可能有别的方式。……我认为，除了列宁，谁都不会勇于对这样的决定承担责任。”（见该书220~221页）。莫洛托夫事实上把这个问题做了完全肯定的回答，这是谁都可以明白的。

这时的沙皇尼古拉二世已被人民推翻了一年半之久，历史上并没有记载过他拼死抵抗二月革命的事，也更没有记载这位沙皇组织过自卫军来推翻布尔什维克政权，而高尔察克、邓尼金等白匪的斗争似也并未打出为沙皇复辟的旗帜。那么，沙皇的全家就仅仅是俘虏。这样杀戮全家的做法（包括儿童），有点近乎无条件的为恐怖而恐怖了。莫洛托夫说，没有第二条路可供选择的话难道对吗？这样的恐怖是否真是不可避免呢？历史证明，这种恐怖的后果是十分麻烦的。俄政府委员会的改葬规格建议看来是相当高的，改葬的地点建议在今天的圣彼得堡——如是这样，今后的麻烦就更多了！没有必要的恐怖政策，已经被无数次地证明是一个解不开的历史麻烦。例如，1918年俄国政府又无必要地处决了俄国著名诗人古米廖夫。古米廖夫是被处决了，可是他的声望却处决不了，反而更高了，今天俄罗斯文学评论界一般都认为，古米廖夫是继普希金之后俄国历史上第二个伟大的诗人。这评价是否很恰当，我不得而知，但总是有相当多的根据吧。这种政治上的损失，实在太大了，太孤立自己了（有多次去过俄国的朋友告诉我，俄国大学生们老是背诵古米廖夫的诗，并非出于政治原因，正像中国人都喜欢背诵李白、杜甫的诗一样）！

我以为，恐怖一定要把它定为一种政策，非大干一气不可，即使是红色恐怖吧，照例是得不到老百姓的理解和拥护的，照样只能成为一面历史上引以为戒的镜子。可是中国不但学习了这个东西，而且有过之而无不及，尤其是把它用来对付自己人方面，这就是悲剧之上加倍又加倍的悲剧了。

下

我以为，恐怖，不管是什么性质的，白色的、褐色的（法西斯德国的）或红色的，只要是不合情理的，没有必要的大规模的恐怖政策，都是应该予以坚决拒绝的。尤其不能因为这种恐怖是出自什么什么人的命令，就无条件地盲目加以支持和歌颂。全国解放后，我们对于伪满高官和国民党高级战犯，均未予以处决和终身监禁，不少人还给以相当的优待，这在世界革命史上怕是独一无二的了。对于这一政策，我们至今是只见其利而不见其害，它对于团结世界华人更是极其有利的。这是毛泽东、周恩来、刘少奇、朱德等老一辈革命家们的伟大创造。这件事情成了我们民族可以向全世界引以为骄傲的事了。对其中个人如周作人、钱稻荪这些很有学问的专家，我们虽然一直没有把他们作为刑事犯来处理，但给他们工作上的方便也很不够，这就使得他们未能做出可能做出的更大的贡献，这不能不说是国家的损失。

60年代中来了个“文化大革命”，把什么好东西都180度翻了个天，全国就剩下江青和林彪两个宝贝。“文革”前后延续了十多年之久。我听见好多人都说，这可真是世界史上旷古绝今的一次民族自我毁灭的最大惨剧了。而“恐怖”，在“文革”中是最光彩的、最被鼓励的、最伟大的东西，任何一次大小恐怖行动要实施时，都必须先念“革命不是请客吃饭……不是绘画绣花……”的圣经。于是大大小小的恐怖行为，都成了革命圣经的指示了。一场“文革”，实际上是一场全面的、彻底的、近乎要毁灭一切的特大恐怖。这是全国性的大海啸，全国性8级以上的地震，全国性12级以上的台风。它并不是“顺之者昌，逆之者亡”，而是逆之固要亡，即使顺之者也往往难免于毁灭的命运。“文革”初，我在上海一家银行的墙上（地点在南京西路南半、陕西北路西边不远处）看见过一份系列大字报（用红色纸书写的），题名“十论红色恐怖”，确实是10篇，我都溜了一下，比世传张献忠的“七杀碑”还要叫人害怕。我后来打听了一下，其他大城市也出现过这篇东西，因此我怀疑这是江青及其走狗康生、陈伯达等命人制造的东西。因为其中有“理论”、有引文，还有外国的历史引证。其实，这件事要算一件要案了，不过从未听说清查过此案，这些人显然隐藏下来了。这篇（实为10篇）《十论红色恐怖》，满纸血腥，令人欲呕，希特勒的党卫队看到，恐怕也只能甘拜下风。这篇东西只集中宣传一个主题：“文化大革命”就是要搞特大的、空前未有的大恐怖！后来的事实证明，恐怖的规模和深入、广泛与酷烈的程度，又远比这篇《十论》还要厉害得多了。

把红色恐怖奉为至高无上的真理的，恐怕要数亚洲某国的某派了。在70年代至80年代他们的所作所为，是无法用任何理由做解释的。集体屠杀的成山白骨现已发掘出了一些。虐杀的总数，最多的说有300万，较多的说有200万以上，少的说在100万以上。某派的领导人之一，在1997年冬说，那个时代，该国被杀人民只有30万，不过这是敌对的一方即侵入的外国和他们的代理人那一方杀的。不管是谁杀的，无缘无故就虐杀几十万上百万本国的和平居民，这算什么革命呢？按照二次大战后的先例，这叫犯了“消灭人类罪”。它的真正首要责任者应该如何处理，是大家都知道的。像上述这个国家，全国只有几百万人口，怎么经得起这么长期的一来就是以百万计算的大屠杀呢？

至于非洲，那就更严重了，在东北非、中部非洲的若干国家，那里的部族斗争，多年来一杀就是几十万上百万人，有的屠杀数目还要远大于此。当然，非洲发生的恐怖现象，盲目仇杀的成分很大，但是，如果没有反动首领在其间操纵，事情会严重到这个地步吗？

我以为，一切爱人类的知识分子，不管他们持的是左、中、右的哪一种政治倾向，但在反对恐怖、拒绝恐怖，尤其是大规模恐怖这一点上，应该具有共同语言，应该有一个可以联合起来的契合点。人类的科技和社会文明已经发展到今天这样的地步，他们至少应该在一个问题上叫出一个共同的声音来，这就是：拒绝恐怖！

巴鲁克关于控制原子能的方案[①]

◇ 伯纳德·巴鲁克

1946年6月14日，美国代表伯纳德·巴鲁克，在联合国原子能委员会第一次会议上提出一项建议：要求先对各国原子能的发展和利用建立有效的国际管制，然后再处置现存核武器。该方案遭到前苏联的反对，主张先禁止和销毁原子武器，然后再对和平利用原子能活动进行国际管制。该方案当时未获通过，此后美苏之间核军备竞争愈演愈烈。半个多世纪过去了，越来越多、越来越精的核武器，给最早拥有它而且是最大有核国家的美国带来的并非是巨大的安全感，虽然出台了很多限制实验、使用核武器的条约，但是，只要有这种能够毁灭世界的核武器存在，就摆脱不了核危机、核报复和核战争的阴影。

伯纳德·巴鲁克（1870—1965），美国金融家、政治家。曾任威尔逊总统和罗斯福总统的经济顾问。

我们在这里就生与死做出抉择。这是我们的职责。

在新的原子时代，黑暗的不祥之兆背后存在着希望：如果人们抱着信念抓住这希望，那么它就能拯救我们；假如我们失败了，那么我们就会使每个人沦为恐怖的奴隶。我们切莫欺骗自己了：我们必须在世界和平与世界毁灭之间做出抉择。

① 选自《美国读本》，（美）戴安娜·拉维奇编，陈凯等译，国际文化出版公司2005年版。

科学从自然揭示出一个奥秘，其潜力如此巨大，以致于我们的心灵在它制造的恐怖中颤抖。但恐怖不足以制止原子弹的使用。由武器所造成的恐怖从未阻止人类使用武器。每一种新式武器一出现，很快便产生一种抵御它的方法。然而现在我们面临有效的防御手段不复存在的状况。

给我们造出这种可怕力量的科学证明，这种力量能够被用来极大地造福人类，但科学没有告诉我们怎样阻止用它来从事破坏。因而我们奉命来寻求我们各国人民观念和心愿的共同点。唯有在全人类的意志中才能找到解决问题的答案。

正是为着表达这种意愿使它能得以实现，我们才会聚集一堂。我们必须规定一种有效途径以确保原子能只用于和平目的，阻止人们在战争中使用它。为此，我们必须规定对违反各国达成的协议者给予直接、迅速和确实的惩罚。倘若和平不应当仅仅是两次战争之间狂热的插曲，那么处罚措施是必不可少的。而且，联合国也可以就苏联、英国、法国和美国在约伦堡应用的原则规定个人的责任和惩罚条例——这样做肯定有益于世界的未来。

在此关键时刻，我们不仅代表本国政府，而且从更大范围来说，我们代表世界各国人民。我们应牢记，各国人民不属于各国政府，而各国政府属于各国人民。我们必须答复他们的要求；我们必须对全世界对和平与安全的渴望做出回答。

核武器爆炸不仅释放的能量巨大，而且核反应过程非常迅速，微秒级的时间内即可完成。核反应的光热辐射、冲击波和感生放射性物质会造成极大的杀伤和破坏，以及造成大面积放射性污染。

美国热切地、满怀希望地抱同样的愿望。在美国，对那种绝对武器的科学研究已获成果。但是美国随时准备禁止和销毁这一战争工具——将它的用途从死亡转向生命——倘若全世界为此目的订立一个条约……

现在是到了为了共同利益而采取行动的时候了，舆论支持维护安全的世界性运动。如果我的观察准确，那么我发现世界各国人民所要求的方案不仅包含善良的意向，而且包括可以实施的制裁手段——一项具有强制力的国际法。

我们美国人民极愿为维护世界和

平尽力，而且由于我们拥有生产原子弹的手段，由于原子弹已成为我们的一部分，我们意识到自己肩上的重大责任。鉴于此，我们准备为有效地控制原子能做出我们的最大贡献。

但是在一个国家准备放弃任何克敌制胜的武器之前，它需要比言语更可靠的东西使它消除疑虑。它必须得到安全保证，制止用原子能作为进攻武器，而且制止其他武器——细菌武器、生物武器、毒气的非法使用，或许——为什么不？——制止战争本身。

我们解决问题的方法在于消灭战争，因为只有消灭了战争，国与国之间才会停止在生产和使用令人畏惧的“秘密”武器方面攀比竞争，而这类武器完全是根据其杀伤力如何来评定其价值的。这一该诅咒的方案不但把我们带回到中世纪黑暗时代，而且使我们从和谐有序回到混乱状态。倘若我们能找到一种控制原子武器的恰当方法，那么就有理由希望：我们也可能阻止使用其他适于大规模杀伤的武器。一旦一个人学会了说“A”，那么只要他乐意，他便能学会说其他字母。

让我们永远铭记：和平绝对不可能由金属的力量或军备竞赛所长期维持。和平唯有通过以制裁手段做后盾的谅解和协议才能得到稳定和保障。我们要么接受国际合作，要么接受国际分裂，二者必居其一。

切尔诺贝利心痛二十年[①]

◇ 佚名

探访切尔诺贝利

4月26日，世界将迎来切尔诺贝利核泄漏事故20周年纪念，那是人类和平使用核能历史上的一次最大的惨剧，以至于20年过去了，人们仍然不能忘记心头这一久久挥之不去的阴影。

当今世界，能源问题困扰各国，如何开发新能源是各国政府优先考虑的问题，核能因其高效成为各国的首选，但如何安全地利用，永远是一个需要努力解决的问题。

1986年4月26日凌晨，位于今乌克兰的前苏联第一座核电站——切尔诺贝利核电站的4号机组发生爆炸，8吨多强辐射物质混合着炙热的石墨残片和核燃料碎片喷涌而出，释放出的辐射量相当于日本广岛原子弹爆炸量的两百多倍。当天，一些较重的放射性物质就随风向西扩散到了波兰，第三天，放射性尘埃扩散到前苏联西部的大片地区，并开始威胁西欧，第四天，斯堪的纳维亚半岛和德国受到影响，10天内，放射性尘埃落到了欧洲大部分地区。据统计，爆炸最终导致二十多万平方公里的土地受到污染，今天的乌克兰、俄罗斯和白俄罗斯受到的核污染最严重。

---

① 源自：http://news.sina.com.cn/w/2006-04-17/04218712866s.shtml

联合国“切尔诺贝利论坛”2005年9月发表的一份报告说，截至2005年，“直接”与核泄漏事故中核放射有关的死亡人数将近50人。报告还预计，大约4000名曾在事故现场执行清理任务的工人“可能”死于与放射有关的癌症、白血病等。不过，俄罗斯科学院“独立生态专家中心”主任库多雷对联合国的数据表示质疑。他说，仅在俄境内遭受核泄漏影响的地区，死亡率就上升了将近4%，这一数据相当于6.7万人。而乌克兰更是表示，有约700万人直接或间接地成为事故受害者。据统计，在乌克兰全国26个州中有12个州的土地受到污染。

“许多情况我们到现在仍然不知道。”红十字国际委员会说，“我们所能做的，就是告诉那些受害者，他们不会被遗忘。”也许还是曾在事故现场执行过清理任务的基塔耶夫道出了人们的心声，“我们必须保证，不会再有第二个切尔诺贝利事件发生。”

在切尔诺贝利核电站泄漏20周年前夕，新华社记者在俄罗斯外国记者协会的组织下于14日冒着初春的濛濛细雨探访了切尔诺贝利。

序幕：隔离区

从乌克兰首府基辅乘大巴北行130多公里，就到了进入切尔诺贝利核电站事故隔离区的必经之地——检查站。这里离核电站尚有30公里，自切尔诺贝利核事故发生后，离核电站30公里以内的地区被辟为隔离区，很多人称这一区域为“死亡区”，成年人被严格限制进入，进入者必须具备合法手续和有效证件，18岁以下的未成年人则绝对禁止进入。所有从隔离区出来的人，还必须在专门仪器上接受检查，如果身体遭受辐射超标，必须采取相关措施。

第一站：“石棺”

我们参观的第一站是发生爆炸的4号发电机组。事故发生后，4号机组被钢筋混凝土封闭，下面至今仍封存着约200吨核原料，由此得名“石棺”。

出于健康和安全等因素考虑，记者只能站在离“石棺”约100米远的瞭望台上观看。远远望去，“石棺”上焊花四溅，十多名头戴黄色安全帽、身着迷彩服的工

曾发生爆炸的4号发电机组外砌上了厚厚的混凝土外壳，这就是举世闻名的“石棺”。

人正在紧张忙碌。据乌克兰陪同人员介绍，由于混凝土结构出现裂缝，为防止反应堆内的核原料和放射性废料今后再次发生泄漏，工人们从年初开始对“石棺”进行加固。出于健康考虑，工人们必须每两个小时就换一次班。在“石棺”外进行的辐射测量显示，当地的辐射强度达到每小时744毫伦琴，远远高出安全值20毫伦琴的水平。陪同人员说，在如此剂量的辐射环境下，此地不宜停留过久。我们一行人只被允许在“石棺”附近停留了30多分钟。

第二站：“死亡之城”

随后，我们来到离核电站仅3公里的普里皮亚季镇。这里原有约5万居民，主要是切尔诺贝利核电站的工作人员及其家属。事故发生后，小镇居民全部被疏散。如今这里已是一座无人居住的“死亡之城”。经历20年的风风雨雨，大部分楼房已经破败不堪，许多院落杂草丛生。随行记者拿出测量仪一量，连车内的辐射强度都达到了每小时154毫伦琴。

第三站：“希望之乡”

最后一站是离核电站约15公里远的伊利因齐村。该村现居住着约30名自愿回迁的村民，多数是老年人。现年55岁的穆济琴科看上去身体硬朗，说话嗓门很大。据他介绍，他同妻子和年迈的父母是在事故发生后第二年回到这里的，全家已经习惯了故土的生活。他们现在吃的是自己种的土豆、洋葱和西红柿，自家养的鸡和鹅产的蛋足够享用。据他说，医疗人员定期来给村民检查身体，还对农户家种的农产品进行辐射测量，结果显示，当地产的水果和蔬菜辐射指数处于正常范围内。为此，伊利因齐村也被看做是“希望之乡”。在我们的大巴驶离时，几位蹲在自家门前悠闲抽烟聊天的老人友好地向我们挥手致意。我们从内心默默祝福他们健康长寿，同时祝愿人类在利用新能源的过程中不再发生惨剧。

切尔诺贝利事故二十周年临近欧洲反核情绪蔓延

发展核能还是远离核能，成了欧洲民众的热门话题。俄罗斯对乌克兰的“断气”举动让欧洲人感到寒意，而切尔诺贝利核电站事故却让他们对利用核能心有余悸。

法国：万人抗议

法国警方15日说，上万名抗议者当天聚集在法国瑟堡附近，抗议政府在附近新建核反应堆的计划。据悉，法国现已有58个核反应堆，为该国提供了大约80%的电力，但近年来持续攀升的石油和天然气价格让法国政府开始考虑建设新一代核反应堆。法国电力公司计划在瑟堡附近新建一座1600兆瓦的第三代核反应堆——欧洲压水反应堆（EPR），新的核反应堆将于2007年正式动工建设，预计5年后竣工。

英国：议会反对

在英国，布莱尔政府也在考虑建设新一代核电站，以满足国内增长的能源需求，同时确保英国遵守抑制全球气候升温方面的义务。不过，英国议会下设的环境审核委员会15日正式公布的一份报告打击了布莱尔政府的核能计划。这份报告说，新建核电站周期很长，因此，新的核电站建设计划难以满足英国短期电力需求，同时也难以对英国履行抑制全球气候升温义务起太大作用。报告还说，核电站还将带来“一系列需要耐心解决的问题”，如安全、防范恐怖袭击、核扩散风险及公众接受程度等。

寂寞[1]

◇ 亨利·戴维·梭罗

亨利·戴维·梭罗（1817—1862），美国作家、哲学家。著有散文集《瓦尔登湖》和论文《论公民不服从的权利》等。

这是一个愉快的傍晚，全身只有一个感觉，每一个毛孔中都浸润着喜悦。我在大自然里以奇异的自由姿态来去，成了她自己的一部分。我只穿衬衫，沿着硬石的湖岸走，天气虽然寒冷，多云又多风，也没有特别分心的事，那时天气对我异常地合适。牛蛙鸣叫，邀来黑夜，夜鹰的乐音乘着吹起涟漪的风从湖上传来。摇曳的赤杨和白杨，激起我的情感，使我几乎不能呼吸了；然而像湖水一样，我的宁静只有涟漪而没有激荡。和如镜的湖面一样，晚风吹起来的微波是谈不上什么风暴的。虽然天色黑了，风还在森林中吹着，咆哮着，波浪还在拍岸，某一些动物还在用它们的乐音催眠着另外的那些，宁静不可能是绝对的。最凶狠的野兽并没有宁静，现在正找寻它们的牺牲品；狐狸，臭鼬，兔子，也正漫游在原野上，在森林中，它们却没有恐惧，它们是大自然的看守者，——是连接一个个生机勃勃的白昼的链环。等我回到家里，发现已有访客来过，他们还留下了名片呢，不是一束花，便是一个常春树的花环，或用铅笔写在黄色的胡桃叶或者木片上的一个名字。不常进入森林的人常把森林中的小玩意儿一路上拿在手里玩，有时故意，有时偶然，把它们留下了。有一位剥下了柳树皮，做成一个戒指，丢在我桌上。在我出门时有没有

① 选自《瓦尔登湖》，（美）亨利·戴维·梭罗著，徐迟译，上海译文出版社2006年版。

客人来过，我总能知道，不是树枝或青草弯倒，便是有了鞋印，一般说，从他们留下的微小痕迹里我还可以猜出他们的年龄、性别和性格；有的掉下了花朵，有的抓来一把草，又扔掉，甚至还有一直带到半英里外的铁路边才扔下的呢；有时，雪茄烟或烟斗味道还残留不散。常常我还能从烟斗的香味注意到60杆之外公路上行经的一个旅行者。

我们周围的空间该说是很大的了。我们不能一探手就触及地平线。蓊郁的森林或湖沼并不就在我的门口，中间总还有着一块我们熟悉而且由我们使用的空地，多少整理过了，还围了点篱笆，它仿佛是从大自然的手里被夺取得来的。为了什么理由，我要有这么大的范围和规模，好多平方英里的没有人迹的森林，遭人类遗弃而为我所私有了呢？最接近我的邻居在一英里外，看不到什么房子，除非登上那半里之外的小山山顶去瞭望，才能望见一点儿房屋。我的地平线全给森林包围起来，专供我自个享受，极目远望只能望见那在湖的一端经过的铁路和在湖的另一端沿着山林的公路边上的篱笆。大体说来，我居住的地方，寂寞得跟生活在大草原上一样。在这里离新英格兰也像离亚洲和非洲一样遥远。可以说，我有我自己的太阳、月亮和星星，我有一个完全属于我自己的小世界。从没有一个人在晚上经过我的屋子，或叩我的门，我仿佛是人类中的第一个人或最后一个人，除非在春天里，隔了很长久的时候，有人从村里来钓鳘鱼，——在瓦尔登湖中，很显然他们能钓到的只是他们自己的多种多样的性格，而钩子只能钩到黑夜而已——他们立刻都撤走了，常常是鱼篓很轻地撤退的，又把“世界留给黑夜和我”，而黑夜的核心是从没有被任何人类的邻舍污染过的。我相信，人们通常还都有点儿害怕黑暗，虽然妖巫都给吊死了，基督教和蜡烛火也都已经介绍过来。

然而我有时经历到，在任何大自然的事物中，都能找出最甜蜜温柔，最天真和鼓舞人的伴侣，即使是对于愤世嫉俗的可怜人和最最忧慢的人也一样。只要生活在大自然之间而还有五官的话，便不可能有很阴郁的忧虑。对于健全而无邪的耳朵，暴风雨还真是伊奥勒斯[①]的音乐呢。什么也不能正当地迫使单纯而勇敢的人产生庸俗的伤感。当我享受着四季的友爱时，我相信，任什么也不能使生活成为我沉重的负担。今天佳雨洒在我的豆子上，使我在屋里待了整天，这雨既不使我沮丧，也不使我抑郁，对于我可是好得很呢。虽然它使我不能够锄地，但比我锄地更有价值。如果雨下得太久，使地里的种子，低地的土豆烂掉，它对高地的草还是有好

① 伊奥勒斯：希腊神话中的风神。

处的，既然它对高地的草很好，它对我也是很好的了。有时，我把自己和别人做比较，好像我比别人更得诸神的宠爱，比我应得的似乎还多呢；好像我有一张证书和保单在他们手上，别人却没有，因此我受到了特别的引导和保护。我并没有自称自赞，可是如果可能的话，倒是他们称赞了我。我从不觉得寂寞，也一点不受寂寞之感的压迫，只有一次，在我进了森林数星期后，我怀疑了一个小时，不知宁静而健康的生活是否应当有些近邻，独处似乎不很愉快。同时，我却觉得我的情绪有些失常了，但我似乎也预知我会恢复到正常的。当这些思想占据我的时候，温和的雨丝飘洒下来，我突然感觉到能跟大自然做伴是如此甜蜜如此受惠，就在这滴答滴答的雨声中，我屋子周围的每一个声音和景象都有着无穷尽无边际的友爱，一下子这个支持我的气氛把我想象中的有邻居方便一点的思潮压下去了，从此之后，我就没有再想到过邻居这回事。每一支小小松针都富于同情心地胀大起来，成了我的朋友。我明显地感到这里存在着我的同类，虽然我是在一般所谓凄惨荒凉的处境中，然则那最接近于我的血统，并最富于人性的却并不是一个人或一个村民，从今后再也不会有什么地方会使我觉得陌生的了。

“不合宜的哀恸消蚀悲哀；
在生者的大地上，他们的日子很短，
托斯卡尔的美丽的女儿啊。”

我的最愉快的若干时光在于春秋两季的长时间暴风雨当中，这弄得我上午下午都被禁闭在室内，只有不停止的大雨和咆哮安慰着我；我从微明的早起就进入了漫长的黄昏，其间有许多思想扎下了根，并发展了它们自己。在那种来自东北的倾盆大雨中，村中那些房屋都受到了考验，女佣人都已经拎了水桶和拖把，在大门口阻止洪水侵入，我坐在我小屋子的门后，只有这一道门，却很欣赏它给予我的保护。在一次雷阵雨中，曾有一道闪电击中湖对岸的一株苍松，从上到下，划出一个一英寸，或者不止一英寸深，四五英寸宽，很明显的螺旋形的深槽，就好像你在一根手杖上刻的槽一样。那天我又经过了它，一抬头看到这一个痕迹，真是惊叹不已，那是8年以前，一个可怕的、不可抗拒的雷霆留下的痕迹，现在却比以前更为清晰。人们常常对我说，“我想你在那儿住着，一定很寂寞，总是想要跟人们接近一下的吧，特别在下雨下雪的日子和夜晚。”我喉咙痒痒的直想这样回答，——我们居住的整个地球，在宇宙之中不过是一个小点。那边一颗星星，我们的天文仪器还无法测量出它有多么大呢，你想想它上面的两个相距最远的居民又能有多远的距离呢？我怎会觉得寂寞？我们的地球难道不在银河之中？在我看来，你提出的似乎是最不重要的问题。怎样一种空间才能把人和人群隔开而使人感到寂寞呢？我已经发现了，无论两条腿怎样努力也不能使两颗心灵更加接近。我们最愿意和谁紧邻而居呢？人并不是都喜欢车站哪、邮局哪、酒吧间哪、会场哪、学校哪、杂货店哪、烽火山哪、五点区哪，虽然在那里人们常常相聚，人们倒是更愿意接近那生命的不竭之源泉的大自然，在我们的经验中，我们时常感到有这么个需要，好像水边的杨柳，一定向了有水的方向伸展它的根。人的性格不同，所以需要也很不相同，可是一个聪明人必需在不竭之源泉的大自然那里挖掘他的地窖……有一个晚上在走向瓦尔登湖的路上，我赶上了一个市民同胞，他已经积蓄了所谓的“一笔很可观的产业”，虽然我从没有好好地看到过它，那晚上他赶着一对牛上市场去，他问我，我是怎么想出来的，宁肯抛弃这么多人生的乐趣？我口答说，我确信我很喜欢我这样的生活；我不是开玩笑。便这样，我回家，上床睡了，让他在黑夜泥泞之中走路走到布赖顿去——或者说，走到光亮城里去——大概要到天亮的时候才能走到那里。

对一个死者说来，任何觉醒的，或者复活的景象，都使一切时间与地点变得无足轻重。可能发生这种情形的地方都是一样的，对我们的感官是有不可言喻的欢乐的。可是我们大部分人只让外表上的、很短暂的事情成为我们所从事的工作。事实上，这些是使我们分心的原因。最接近万物的乃是创造一切的一股力量。其次靠近我们的宇宙法则在不停地发生作用。再其次靠近我们的，不是我们雇用的匠人，虽然我们欢喜和他们谈谈说说，而是那个大匠，我们自己就是他创造的作品。

“神鬼之为德，其盛矣乎。”

“视之而弗见，听之而弗闻，体物而不可遗。”

“使天下之人，斋明盛服，以承祭祀，洋洋乎，如在其上，如在其左右。”

我们是一个实验的材料，但我对这个实验很感兴趣。在这样的情况下，难道我们不能够有一会儿离开我们的充满了是非的社会，——只让我们自己的思想来鼓舞我们？孔子说得好，“德不孤，必有邻。”

有了思想，我们可以在清醒的状态下，欢喜若狂。只要我们的心灵有意识地努力，我们就可以高高地超乎任何行为及其后果之上；一切好事坏事，就像奔流一样，从我们身边经过。我们并不是完全都给纠缠在大自然之内的。我可以是急流中一片浮木，也可以是从空中望着尘寰的因陀罗。看戏很可能感动了我；而另一方面，和我生命更加攸关的事件却可能不感动我。我只知道我自己是作为一个人而存在的；可以说我是反映我思想感情的一个舞台面，我多少有着双重人格，因此我能够远远地看自己犹如看别人一样。不论我有如何强烈的经验，我总能意识到我的一部分在从旁批评我，好像它不是我的一部分，只是一个旁观者，并不分担我的经验，而是注意到它：正如他并不是你，他也不能是我。等到人生的戏演完，很可能是出悲剧，观众就自己走了。关于这第二重人格，这自然是虚构的，只是想象力的创造。但有时这双重人格很容易使别人难于和我们做邻居，交朋友了。

大部分时间内，我觉得寂寞是有益于健康的。有了伴儿，即使是最好的伴儿，不久也要厌倦，弄得很糟糕。我爱孤独。我没有碰到比寂寞更好的同伴了。到国外去厕身于人群之中，大概比独处室内，格外寂寞。一个在思想着在工作着的人总是单独的，让他爱在哪儿就在哪儿吧，寂寞不能以一个人离开他的同伴的里数来计算。真正勤学的学生，在剑桥学院最拥挤的蜂房内，寂寞得像沙漠上的一个托钵僧一样。农夫可以一整天，独个儿地在田地上，在森林中工作，耕地或砍伐，却不觉得寂寞，因为他有工作；可是到晚上，他回到家里，却不能独自在室内沉思，而必须到“看得见他那里的人”的地方去消遣一下，用他的想法，是用以补偿他一天的寂寞；因此他很奇怪，为什么学生们能整日整夜坐在室内不觉得无聊与“忧郁”；可是他不明白虽然学生在室内，却在他的田地上工作，在他的森林中采伐，像农夫在田地或森林中一样，过后学生也要找消遣，也要社交，尽管那形式可能更加凝炼些。

社交往往廉价。相聚的时间之短促，来不及使彼此获得任何新的有价值的东西。我们在每日三餐的时间里相见，大家重新尝尝我们这种陈腐乳酪的味道。我们都必须同意若干条规则，那就是所谓的礼节和礼貌，使得这种经常的聚首能相安无事，避免公开争吵，以至面红耳赤。我们相会于邮局，于社交场所，每晚在炉火边；我们生活得太拥挤，互相干扰，彼此牵绊，因此我想，彼此已缺乏敬意了。当然，所有重要而热忱的聚会，次数少一点也够了。试想工厂中的女工，——永远不能独自生活，甚至做梦也难于孤独。如果一英里只住一个人，像我这儿，那要好得多。人的价值并不在他的皮肤上，所以我们不必要去碰皮肤。

我曾听说过，有人迷路在森林里，倒在一棵树下，饿得慌，又累得要命，由于体力不济，病态的想象力让他看到了周围有许多奇怪的幻象，他以为它们都是真的。同样，在身体和灵魂都很健康有力的时候，我们可以不断地从类似的，但更正常、更自然的社会得到鼓舞，从而发现我们是不寂寞的。

我在我的房屋中有许多伴侣；特别在早上还没有人来访问我的时候。让我来举几个比喻，或能传达出我的某些状况。我并不比湖中高声大笑的潜水鸟更孤独，我并不比瓦尔登湖更寂寞。我倒要问问这孤独的湖有谁作伴？然而在它的蔚蓝的水波上，却有着不是蓝色的魔鬼，而是蓝色的天使呢。太阳是寂寞的，除非乌云满天，有时候就好像有两个太阳，但那一个是假的。上帝是孤独的，——可是魔鬼就决不孤独；他看到许多伙伴；他是要结成帮的。我并不比一朵毛蕊花或牧场上的一朵蒲公英寂寞，我不比一张豆叶，一枝酢酱草，或一只马蝇，或一只大黄蜂更孤独。我不比密尔溪，或一只风信鸡，或北极星，或南风更寂寞，我不比四月的雨或正月的溶雪，或新屋中的第一只蜘蛛更孤独。

在冬天的长夜里，雪狂飘，风在森林中号叫的时候，一个老年的移民，原先的主人，不时来拜访我，据说瓦尔登湖还是他挖了出来，铺了石子，沿湖种了松树的；他告诉我旧时的和新近的永恒的故事；我们俩这样过了一个愉快的夜晚，充满了交际的喜悦，交换了对事物的惬意的意见，虽然没有苹果或苹果酒，——这个最聪明而幽默的朋友啊，我真喜欢他，他比谷菲或华莱知道更多的秘密；虽然人家说他已经死了，却没有人指出过他的坟墓在哪里。还有一个老太太，也住在我的附近，大部分人根本看不见她，我却有时候很高兴到她的芳香的百草园中去散步，采集药草，又倾听她的寓言；因为她有无比丰富的创造力，她的记忆一直追溯到神话以前的时代，她可以把每一个寓言的起源告诉我，哪一个寓言是根据了哪一个事实而来的，因为这些事都发生在她年轻的时候。一个红润的、精壮的老太太，不论什么天气什么季节她都兴致勃勃，看样子要比她的孩子活得还长久。

太阳，风雨，夏天，冬天，——大自然的不可描写的纯洁和恩惠，他们永远提供这么多的康健，这么多的欢乐！对我们人类这样地同情，如果有人为了正当的原因悲痛，那大自然也会受到感动，太阳黯淡了，风像活人一样悲叹，云端里落下泪雨，树木到仲夏脱下叶子，披上丧服。难道我不该与土地息息相通吗？我自己不也是一部分绿叶与青菜的泥上吗？

是什么药使我们健全、宁静、满足的呢？不是你我的曾祖父的，而是我们的大自然曾祖母的，全宇宙的蔬菜和植物的补品，她自己也靠它而永远年轻，活得比汤麦斯·派尔还更长久，用他们的衰败的脂肪更增添了她的康健。不是那种江湖医生配方的用冥河水和死海海水混合的药水，装在有时我们看到过装瓶子用的那种浅长形黑色船状车子上的药瓶子里，那不是我的万灵妙药：还是让我来喝一口纯净的黎明空气。黎明的空气啊！如果人们不愿意在每日之源喝这泉水，那么，啊，我们必须把它们装在瓶子内；放在店里，卖给世上那些失去黎明预订券的人们。可是记着，它能冷藏在地窖下，一直保持到正午，但要在那以前很久就打开瓶塞，跟随曙光的脚步西行。我并不崇拜那司健康之女神，她是爱斯库拉彼斯这古老的草药医师的女儿，在纪念碑上，她一手拿了一条蛇，另一只手拿了一个杯子，而蛇时常喝杯中的水；我宁可崇拜朱庇特[①]的执杯者希勃，这青春的女神，为诸神司酒行觞，她是朱诺和野生莴苣的女儿，能使神仙和人返老还童。她也许是地球上出现过的最健康、最强壮、身体最好的少女，无论她到哪里，那里便成了春天。

---

① 朱庇特：罗马神话中的神，罗马统治希腊之后，将宙斯改为朱庇特，掌管天界。

走向全球伦理宣言①

——世界宗教议会

◇ 佚名

1993年，来自几乎每一种宗教的6500人在美国芝加哥召开了世界宗教议会大会，大会通过并签署了《走向全球伦理宣言》，宣言指出人类正面临着各种人为的不必要的苦难，要解除苦难，就必须遵循一种全球伦理，《宣言》提出了全人类都应遵守的一项基本要求“每一个人都应该得到人道的对待”，以及四项不可取消的规则，并呼吁所有的人，不论男女，一起努力“献身于一种共同的全球伦理，更好的相互理解，以及有益于社会的、有助于和平的、对地球友好的生活方式。”

导言

世界正处于苦难之中。这苦难是如此普遍、如此紧迫，因此我们不得不历数其表现形式，以便明白这种痛苦的深度。

和平正远离我们而去……这个星球正在遭受毁灭……邻人们正生活在恐惧之中……女人同男人正在彼此隔膜……孩子们正在死去！

① 选自《全球伦理——世界宗教议会宣言》，何光沪译，四川人民出版社1997年版。

这是极其可憎的!

我们谴责对地球生态系统的滥用。

我们谴责贫穷，它使生命的潜能遭到窒息；我们谴责饥饿，它使人类的身体受到削弱；我们谴责贫富悬殊，它正用毁灭威胁着千万个家庭。

我们不需要它。因为一种伦理的基础已经存在。这种伦理为一种更好的个人和全球秩序提供了可能，并将引导社会摆脱混乱。

我们都是尊奉世界诸宗教之训导和实践的男女信徒。

我们肯定，在各种宗教的教导之中有一套共同的核心价值，这些价值构成了一种全球伦理的基础。

我们肯定，这真理已经众所周知，但是还要在内心里、在行动中加以实行。

我们肯定，对于一切生活领域，对于家庭、社会、种族、国家和各种宗教，存在着一种不可少的、无条件的标准。对于人的行为，已经有一些古老的准则，它们可见于世界诸宗教的教导之中，它们是一种可以延续的世界秩序的条件。

我们宣布：

我们是相互依存的。我们每一个人都依赖于整体的福利，所以，我们珍视生物共同体，珍视人、动物和植物，珍视对地球、空气、水和土壤的保护。

我们对于自己所做的一切，都负有个人的责任。我们所有的抉择、行动和无所行动，都会产生种种结果。

我们希望别人怎样对待我们，我们就必须怎样对待别人。我们承诺敬重生命与尊严，敬重独特性与多样性，以使每一个人都得到符合人性的对待，毫无例外。我们必须耐心和宽容。我们必须能够宽恕，从过去吸取教益，但决不让自己受制于仇恨的记忆。我们必须彼此敞开心怀，为着世界共同体的事业而埋葬我们的种种狭隘分歧，实行一种团结一致和相互关联的文化。

我们把人类看做自己的家庭。我们必须努力做到既仁慈而又慷慨。我们不应该只为自己而活，而应该也为别人服务，永远不忘记儿童、老人、穷人、受难者、残疾人、难民和孤独者。不应该把任何一个人作为二等公民来看待或对待，不应该以任何方式去利用任何一个人以谋私利。男人与女人之间应该有平等的伙伴关系。我们应该避免任何一种性方面的不道德行为。我们应该抛弃一切形式的控制或虐待。

我们决心致力于一种非暴力、主敬、正义与和平的文化。我们要放弃以暴力作为解决分歧的手段，决不压迫、伤害、折磨或杀害其他人。

我们必须努力争取一种公正的社会和经济秩序，在其中，每一个人都有同等的机会去充分实现其作为人的潜能。我们应该公平对待一切人，避免偏见与仇恨，在说话和行动中充满真诚和同情。我们不应偷窃。我们应该摆脱对权力、特权、金钱和消费的欲求之控制，去创造一个正义与和平的世界。除非个人的意识首先得到改变，否则，世界就不可能变得更好。我们发誓，要通过修炼自己的心灵、冥想、祈祷或积极的思维，来增进我们的意识。如果不冒风险、不做牺牲的准备，我们就不会有根本的改变。因此，我们决心遵守这种全球伦理，致力于相互理解，委身于有益社会、培养和平、友待自然的生活方式。

我们呼吁所有一切人，不论是信教的还是不信教的，都来同我们一起行动！

简单的生活[①]

◇ 何怀宏

何怀宏（1954—），当代学者、哲学博士，著有《生命的沉思》等。

世界上有一些生活得很复杂、很精致、很豪华的人，他们的生活常常让人羡慕；世界上也还有一些生活得很简单、很朴素、很清贫的人，他们自有他们自己的快乐。

坐在一间陈设优雅、侍者恭候的餐厅里，细细地品味一盘烹调精美的大虾，然后心满意足地用香喷喷的餐巾纸擦擦嘴，再来一杯清茶，对许多人来说是很快活的；但是，坐在田野的一道土坎上，粗犷地剥吃一瓦罐刚刚烧熟的毛豆，然后跑到旁边的湖里掬一大口冷水“咕咚咕咚”地喝下去，对有些人来说，也是很快活的。

美国19世纪的作家梭罗就是后一种人中的一个，他从哈佛大学毕业以后，不想为任何狭窄的技艺或职业而放弃他在学问与生活上的志趣。他并不懒惰或是任性，但他需要钱的时候，情愿做些与他性情相近的体力劳动来赚钱——譬如造一只小船或是一道篱笆，种植、接枝、测量，或是别的短期工作，却不愿意长期地受雇。

他有吃苦耐劳的习惯，生活上的需要又很少，当他在餐桌前有人问他爱吃哪一样菜时，他回答说：“离我最近的一碗。”他精通森林里的知识，算术也非常好，在世界上任何地方都可以谋生。由于他可以比别人费少得多的工夫来供给他的需要，所以能保证自己有充足的闲暇和自

① 选自《画说哲学·珍重生命》，何怀宏著，广东教育出版社1996年版。

由，做自己想做的事情，或者有时什么也不做。

他没有致富的才能和欲望，但他知道怎样贫穷地生活而绝对不污秽或粗鄙。

在他看来，他自己的生活越简单，宇宙的规律也就越显得简单，寂寞将不成其为寂寞，贫困将不成其为贫困，软弱将不成其为软弱。

他说要认真考虑一下大多数人的忧虑和烦恼是些什么，其中有多少是必须忧虑的，有多少其实是根本不必担心的；说人们常常用比问题本身更复杂的方式来解决简单的生活问题，就像一个人用弹簧来布置一个陷阱，想由此捕捉到安逸，结果当他正要拔脚走开时，自己的一只脚却落到陷阱里去了。

我们是得好好想一想，有哪些东西，本来是我们买来伺候我们，让我们生活得方便的，结果后来却变成要由我们来伺候它们，让我们经常感到忧心忡忡了。我们变得越来越离不开它们了，没有它们的时候渴望得到它们，得到它们的时候又怕损坏或失去它们。我们有时仅仅为拥有它们费了多少精力和心血啊。

世界上很多复杂的东西究其原意本来都是非常简单的：饮食就是吃能维持我们生命的东西，衣着就是穿能给我们温暖的东西，居室就是住能给我们遮蔽风雨的地方，旅行就是迈动双脚从这里走到那里，美术就是得意时在岩壁上刻刻画画，音乐就是高兴了在旷野里拖长嗓子吼叫……今天这一切都变得非常非常的复杂和精致起来，这就是文明的发展。

我们今天享受着高度发展的文明给予我们的许多快乐，但是，让我们不要忘记那许多复杂事物的本意，并且，当有些复杂和精致的东西有时对我们变得过于昂贵的时候，我们也不妨试一试比较简单的生活。也许，在比较简单的生活里，我们还更能发现生命的原味。另外，我们也能增长一些即便在最简陋的条件下也能生存下去的本领，在这方面，我们已经比原始人退步多了。

人类的文明[①]

◇ 乔德

乔德，英国学者、科学家。

在历史著作中，被人们提到最多的、形象最为光彩的往往是那些伟大的征服者、将军和士兵，而真正推动文明发展的人却绝少被提及。我们不知道是谁第一个接好了断腿或造出了海船，是谁第一个计算出了一年的长度或为一块田地施肥，但我们对那些杀人者和破坏狂的一切却了如指掌。人们是如此赞赏他们，以至于在世界各大城市最高的纪念碑柱顶端都可以发现这些征服者、将军和士兵矗立着的塑像。我想，多数人都会这样认为：最伟大的国家就是那些在战争中击败了其他的国家。这样的国家或许伟大，但决不是最文明的。野兽争斗，野蛮人也同样争斗，从某种意义上讲，善于争斗的野兽和野蛮人就是好的野兽和好的野蛮人，但这并不是文明。即使善于让别人去为你而争斗，并告诉他们怎样争斗才最有成效——这是征服者和将军们经常干的——也同样算不上文明。人们用战争来平息他们的争端，战争就意味着杀戮。文明人应当能找到其他途径来解决他们的争端，而不是仅仅看哪一边杀的人更多些，就判定哪一边是胜利者，而且不光是胜利，还因为他们胜利了而承认他们有理。像这样动不动就诉诸战争，那就等于说强权即公理。

可我们整个人类的故事就是这样，甚至在当今的时候，人们又经历了两场历史上规模最大的战争。在这两场

① 选自《最后一幅素描》，朱虹主编，百花文艺出版社1999年版。

战争中，数以百万计的人被杀戮遭伤残。的确，人们已不在街头互相残杀了，这似乎可以说我们在日常生活中已能保持秩序和调节相互间的行为，民族和国家却还没能学会这一点，它们的行为仍然与野蛮人完全一样。

但是，我们千万不能期望过高，说到底，人类的历程才刚刚开始。从进化的观点来看，人类只不过是一个幼小的孩子，事实上，只是几个月大的婴儿。据科学家们估算，地球上出现某种生命形式，比如水母或水母一类的生物，距今已有12亿年，而人类的历史不过100万年。至于文明人的历史，那至多只有8000年。这些数字或许大得有些不好把握，让我们把它们缩小了来比较。假设地球全部生物史为100年，那么，整个人类历史大约是一个月，而在这一个月中，文明人的历史只相当于七八个小时。你看，人类文明发展的历史竟如此短暂，但他们还将有大量的时间去求得长进。如果说人类过去的文明史只相当于七八个小时，我们据此可以估计人类未来的时日，这就是说，从现在起一直到太阳变冷以至于使地球上的生命无法再维持时止，大约还将有10万年的光景。人类仅仅处于文明发展史的黎明时期，所以，我说千万不能期望过高。过去人们干过的一切野蛮的事儿，像争斗、欺压、饕餮、掠夺、残杀，不要指望文明人从此就不再干了。我们所能指望的只是，他们有时会干点儿其他的事情。

节制[①]

◇ 安德烈·孔特-斯彭维尔

安德烈·孔特-斯彭维尔，法国当代哲学家。

问题不在于不要享乐，也不是尽量少享乐。这样做不是美德而是忧伤，不是节制而是禁欲，不是适度而是无能。斯宾诺莎[②]的这段生动的评注驳斥了这种看法，人们怎样引用都不会过分，这也许是他写过的最享乐主义的文字，充分说明了问题的要点："肯定只有一种野蛮而悲哀的迷信才禁止享乐。其实在这方面，平息饥渴不是比消除悲哀更好一些吗？这就是我的规则，这就是我的信念。没有一个神，除了嫉妒者之外没有一个人，会对我的无能和痛苦感到快乐，没有人把我们的眼泪、呜咽、担心以及内心无能的其他标志当成美德。相反，我们感受的喜悦越是强烈，我们体验的完美越是理想，我们就更加必然地具有神性。因此一个明智的人应该尽可能使用一切物品并从中获得快乐（不要到厌倦的程度，那样就不是享乐了）。"在这段引语里，节制几乎发挥了全部的作用。它与厌倦、或者导致厌倦的一切相反：不是要少享乐，而是要更好地享乐。节制在肉欲中是适度，它是确保一种更纯洁或更充分的享乐。这是一种经验丰富的、技巧熟练的、有教养的情趣。在同一段评注里，斯宾诺莎接着写道："我认为一个明智的人为了恢复健康和体力，会吃数量适中的美味食物

---

① 选自《人类的18种美德》，（法）安德烈·孔特-斯彭维尔著，吴岳添译，中央编译出版社2006年版。

② 斯宾诺莎（1632—1677），荷兰哲学家。

和鱼类，其他如香料、绿色植物、装饰、首饰、音乐、体育活动、演出等等都同样如此，每个人都能消费而不会给别人造成任何损害。”节制就是这种适度，通过它我们才成为各种娱乐的主人而不是它们的奴隶。这是自由的享乐，只会享受得更好，因为它也享受着它自身的自由。当人能够不抽烟的时候，抽烟是多么快乐！当人不是酒精的奴隶时，喝酒是多么快乐！当人不是肉欲的奴隶时，做爱是多么快乐！这些娱乐因为更自由而更显纯洁，因为控制得当而更愉快，因为少受支配而更从容。这是否容易做到？当然不是。是否可能做到？并非永远如此，这方面我知道一些情况，不是随便什么人都能做到的。正因为如此节制才是一种美德，也就是一种优点。亚里士多德说它是两座对立的深渊之间的一条山脊，位于纵欲与麻木、位于放荡者的阴郁与性无能者的忧伤之间、位于贪吃者的反胃与食欲不振者的恶心之间。忍受自己的肉体是多么不幸啊！享受和使用自己的肉体是多么幸福啊！

不节制的人是一个奴隶，由于到处都随身带着他的主人，他所受的奴役就更为深重。他是他的肉体的俘虏，是他的欲望或习惯的俘虏，是它们的力量或他的软弱的俘虏。伊壁鸠鲁[①]有道理，他不像亚里士多德或柏拉图那样主张节制或适度，而是更喜欢谈论自主。不过两者缺一不可：“我们认为自主大有好处，不是因为我们靠很少的东西就能维持生活，而是由于我们（如果拥有的不多，就能够知足常乐）深信那些快活透顶地充分享受的人最不需要它，深信合乎情理的东西都容易获得，而虚幻的一切都难以得到。”在一个不太贫困的社会里，水和面包几乎从不缺乏，在最富裕的社会里，金子或奢侈品却总是不够。我们既然不满足，又怎么会幸福呢？我们的欲望既然没有止境，我们又怎么会满足呢？伊壁鸠鲁总是用少许干酪或干鱼，举行与通常宴会相反的宴会。饿的时候有东西吃是多么幸福啊！吃过之后不饿了是多么幸福啊！只要顺从自然，该是多么自由啊！节制是获得自主的一种手段，正如自主是获得幸福的一种手段一样。能节制的人能知足常乐，这个足是多少无关紧要，它是能力，是满足。

因此，节制——像明智、也许像所有的美德一样——属于享乐技巧的范围，这是欲望对它自身、活着的人对他自己的一种加工。节制不打算超越我们的限度，而是尊重它们。它是福柯[②]所说的自我关心的种种情况之一，它与其说是精神的、不如说是伦理的美德，它不属于责任，而是属于情理。这是享乐方面的明智，即要尽

---

① 伊壁鸠鲁（前341—前270），古希腊哲学家，无神论者。

② 米歇尔·福柯（1926—），法国哲学家。

量享乐，尽可能享受得更好，但是这要通过感觉或意识的强化，而不是通过无限增加客体来达到目的。可怜的唐璜，他需要那么多的女人！可怜的酒鬼，他需要喝那么多的酒！可怜的贪吃者，他需要吃那么多东西！伊壁鸠鲁教人宁可自然而然地享乐，当享乐是合乎情理的时候，就容易满足，肉体也容易平静下来。还有什么比解渴更简单的呢？除了极端贫困之外，还有什么比一个肚子或一个生殖器更容易满足的呢？还有什么比我们正常和必需的欲望更为有限呢？难以满足的不是肉体。使我们注定陷于缺乏、不满足或不幸的无止境的欲望只是病态的想象。我们有比肚子更大的梦想，却荒谬地责备我们的肚子太小！智者则相反地"对欲望和恐惧都确定了限度"：这是肉体的限度，也是节制的限度。但是不节制的人无视这些限度，或者想越过去。他们不再饿了？他们就让自己呕吐。不渴了？吃点咸花生——或者再来点酒——就又想喝了。不想再做爱了？几本诲淫杂志就会使他们重振精神……这是能做到的，可是何必呢？而且要付出什么代价呢？这些人没有（通过快乐本身）从快乐中解放出来，就这样成了快乐的俘虏！缺乏的俘虏，以至于他在过度的满足之后还是缺乏这些快乐！于是他们说，没有任何饥渴是多么可悲啊……这是因为他们想要更多，永远要更多，不知满足，甚至对太多都不满足！所以放荡者都是阴郁的；所以酒鬼们都是不幸的；还有什么比一个吃饱的馋鬼更可悲的呢？"我吃得太多了"，他说着倒了下去，模样笨重、虚胖、疲乏不堪……蒙田说："不节制是享乐的瘟疫，节制不是它的负担，而是调味品"，它能使人品味快乐的"最优雅的甜蜜"[①]。美食家已经这样做了，他与贪吃者相反，要的是质量而不是数量。这是第一个进步。然而智者看得更高，更接近于自身或事情的本质，快乐的质量对于他比菜肴的质量更为重要。他可以说是个美食家，不过是二流的，然而会成为第一流的；一个自我的、或者不如说是生活的美食家（因为自我和另一个人一样只是生活里的一道菜肴），是吃、喝、感觉、爱恋……的无名和无人称的快乐的品味者。他不是一个审美家，而是一个行家。他知道只有兴趣里才有快乐，而只有欲望里才有兴趣。"一旦消除了由需要引起的一切痛苦，粗茶淡饭和美酒佳肴就会使人同样快乐；在需要时送进嘴里的大麦面包和水，会使人快乐无比。因而习惯于花钱不多的粗茶淡饭有利于增进健康，使人在生活所必需的事务中富有活力，使我们在不时接近昂贵的食物时能够保持良好的情绪，并且面对恶运毫不畏惧。"在一个发达的社会，例如伊壁鸠鲁所在的社会和我们的社会里，生活必需品容易获得，而必

① 蒙田《随笔集》，法国大学出版社，第三卷，第1110页。

需品之外的东西却难以太平无事地得到和保存。可是谁会满足于必需品呢？谁会只爱白天而降的多余物品呢？也许只有智者。节制在有快乐时增加他的快乐，在没有快乐时代替快乐。所以他永远是或者几乎永远是快乐的，活着是多么快乐啊！什么都不缺是多么快乐啊！能够主宰自己的肉体享乐是多么快乐啊！信奉伊壁鸠鲁学说的智者，对自己的肉体享乐实行集约经营而不是粗放经营。吸引并使他幸福的是最好的东西不是最多的东西。正如卢克莱修①所说，他“怀着知足的心”生活，他懂得“只要知足就永远不会感到缺乏”，或者说即使缺这少那，这种缺乏也会迅速地自动消除，因此他对自己的安逸更加自信。对生活知足的人，他会缺乏什么呢？方济各②或许从一种幸运的贫困中发现了这一秘密。但是这个教训对我们的富裕社会最有价值，因为现在由于不节制在死去和受苦的人，比饿死或因禁欲而受苦的人更多。节制在任何时代都是一种美德，但是在更顺利的时代里更有必要。它不像（相反地艰难的时代里更有必要的）勇气那样是一种例外的美德，而是一种普通的和微不足道的美德，不是例外的而是惯常的美德，不是英雄主义的而是谨慎小心的美德。它与兰波③所珍爱的一切感官的放纵相反。所以我们这个重诗人胜于哲学家、重孩子胜于智者的时代，似乎正在忘记节制是一种美德，以致只把它看成一门保健学——他们说：“我会注意的”。可怜的时代，它只知道把医生置于诗人之上！

圣·托马斯正确地认识到，这种基本的美德尽管不如另外三种枢德崇高（智更必需，勇和义更令人钦佩），却往往因难于实行而胜过它们。因为节制针对个人（喝、吃）和同类（做爱）生活的最必需的欲望，它们最为强烈，也最难以控制。这充分说明问题不在于取消这些欲望——冷漠是一种缺陷——而是尽可能地控制它们（即英语中self-control④），调节它们（像安排一场芭蕾舞或调配一台发动机一样），使它们保持平衡、和谐和安宁。斯宾诺莎指出：节制是对生命冲动的一种自愿的调节，是对我们的生存能力尤其是我们的内心对情感或欲望的非理性冲动的控制能力的合理肯定。节制不是一种感情，这是一种能力，也就是一种美德。阿兰说过，它是“克服各种狂热的美德”，因而它也应该克服——在这一点上它与谦虚有关——美德的狂热，以及它自身的狂热。。

---

① 卢克莱修（前98—前55），古罗马哲学家。

② 方济各（1181—1226），天主教方济各会创始人。

③ 阿尔蒂尔·兰波（1854—1891），法国诗人。

④ 英语：克己、自制。

《我们的星球》　　麦绥莱勒（1948）

一个音符无法表达出优美的旋律，一种颜色难以描绘出多彩的画卷。世界是一座丰富多彩的艺术殿堂，各国人民创造的独特文化都是这座殿堂里的瑰宝。人类历史发展的过程，就是各种文明不断交流、融合、创新的过程。文明多样性是人类社会的客观现实，是当今世界的基本特征，也是人类进步的重要动力。历史经验表明，在人类文明交流的过程中，不仅需要克服自然的屏障和隔阂，而且需要超越思想的障碍和束缚，更需要克服形形色色的偏见和误解。意识形态、社会制度、发展模式的差异不应成为人类文明交流的障碍，更不能成为相互对抗的理由。我们应该积极维护世界多样性，推动不同文明的对话和交融，相互借鉴而不是相互排斥，使人类更加和睦幸福，让世界更加丰富多彩。

——胡锦涛

第四章

要桥梁，不要围墙

回旋舞[①]

◇ 保尔·福尔

保尔·福尔 （1872—1960），法国诗人，被称为"象征派诗王"。他的诗集共有32卷之多，有名的《法兰西短歌集》便是包含了他全部作品的总集。

假如全世界的少女都肯携起手来，
她们可以在大海周围跳一个回旋舞。
假如全世界的男孩都肯做水手，
他们可以用他们的船在水上造成一座美丽的桥。
那时人们便可以绕着全世界跳一个回旋舞，
假如全世界的男孩和女孩都肯携起手来。

---

① 选自《戴望舒译诗集》，戴望舒译，湖南人民出版社1983年版。

庄园与下午茶[①]

◇ 李孟苏

真正的英国人怎么生活呢？精致小巧的砖砌楼房，四季鲜花绽放的宅院，绿茵茵的草地，黄灿灿的麦穗，油画一般美丽的英国乡村。英国是最早爆发工业革命的国家，然而，这个国家的人们却惧怕、痛恨大工业对他们生活的改变，他们只想从大工业和商业中最大限度地获取财富，以便享受乡村的乐趣。

李孟苏，当代学者，《三联生活周刊》特派海外记者。

真正的英国人怎么生活？答案是，住在乡下，一杯接一杯喝茶。比如2002年访问中国引起很大轰动的音乐剧之王安德鲁·劳艾德·韦伯爵士。

因为在艺术上的卓越成就而被女王封为爵士的韦伯，在伦敦附近的西伯克郡有一座占地4000英亩的庄园。庄园里有一幢建于16世纪的华丽宅子和一派田园牧歌景象。虽然A339公路穿过庄园，好在离那宅子够远，往来车辆的声音不至于打扰爵士“采菊东篱下，悠然见南山”的乡居生活。

2002年2月，歌剧之王的田园牧歌遭遇到不和谐噪音。韦伯的庄园紧邻名为“格林汉姆公地”的村庄。英国超市巨头之一的Sainsbury’s集团将在村中空地上斥资1亿

---

① 选自《庄园和下午茶》，李孟苏著，生活·读书·新知三联书店2006年版。

英镑修一座600米长、20米高的巨型仓库。如果仓库按计划修好，每天就会有700辆大货车24小时不停地奔驰在A339公路上。

在“格林汉姆公地”村，保护土地的斗争一直没有间断过。在20世纪80年代，格林汉姆公地保护组织的妇女们就抗议美国在当地修建导弹基地，她们组成人墙包围了基地。在几个入口处搭起帐篷住在里面，直到1992年基地被拆除。自从美军导弹基地关闭后，这一片公地上除零星建了些小工厂外，一直没有发展大工业。

今天，格林汉姆的居民们又要和“邪恶的帝国”Sainsbury's开战。居民们与当年反美军导弹基地的妇女组织联络，并寻求各方支持。他们向地区自治会递交了60条反对意见。意见书上写道，汽车24小时不停地奔跑，会带来噪音和污染，破坏生态，“会让这英格兰乡村如画的风景枯萎、凋谢”。Sainsbury's则强调一旦仓库建成，将会给该地区提供750个就业机会。居民们反驳说，本地就业机会已经充分，新就业机会势必带来外地招募人员，为这些新居民修建住宅，环境会变得更加脆弱。

英国的下午茶是一种既定的习俗文化方式，其来源有一种流行的传说：1840年，一位英国上流社会的女士——贝德芙公爵夫人在下午时分因百无聊赖，让女仆准备了少量的烤面包片、奶油和红茶，以此来消磨时光。这种简便的饮食方式很快就在英国贵族间流行起来。下午茶也就由此而来。

地区自治会将在5月份对此做出裁决。虽然没有人要求韦伯爵士站出来加人抗议者行列，但他们表态说，如果韦伯加入，他们热烈欢迎。韦伯庄园的经理说：“韦伯爵士和我都不希望看到这条公路的车流量过大，对这个地区来说，Sainsbury's的计划过于庞大了，这会让这条路充满危险。”

住在乡下，是英国人最理想的生活方式，每个人都愿意为此奋斗终生。英国著名记者杰里米·帕克斯曼说：“英国人坚持认为他们不属于自己实际居住的城市，而是属于自己并不居住的乡村，他们仍然觉得真正的英国人是个乡下人。”因此，人们无法容忍他们梦想的或现实的生活被破坏。早在1926年，就成立了“英格兰农村保护理事会”，抗议在乡村铺设沥青马路。但到20世纪90年代，据该理事会统计，英国公路还是已经覆盖了相当于两个莱斯特郡的面积，停车场占用的面积有两个伯明翰大。

整个不列颠早就以城市为主体，但帕克斯曼说：“在英国人脑子里，英国的灵魂在乡村。”这种乡村情结大概要追溯到19世纪帝国时代，那些远征殖民地的英国人思念故乡时，凭空把英国想象成带有浪漫色彩的乡村。“一战”时，战场上士兵们收到印有教堂、田野和花园，尤其是村庄的明信片，所受到的鼓舞远大于无数次地挥动国旗。

自然，英国人生活的典型场所就是村庄。这一点，数不清的英国作家都描绘过，尤以住在英格兰汉普郡的简·奥斯汀为最，她把绅士淑女的乡间生活描写得入木三分。而推理小说更喜欢把凶案现场安排在宁静乡村的教堂、庄园、酒馆、客栈里。2002年英国周周名列票房前三名之一的电影《高斯福德庄园》就选择了乡间庄园作背景。活跃在乡间的侦探有阿加莎·克里斯蒂的马普尔小姐、G.K.切斯特顿的布朗神父、热门系列剧里的牛津警探莫斯……这一类侦探小说甚至有了专有名称，叫“梅厄姆·帕克”流派。

帕克斯曼说：“英国人唯一的生活方式是拥有自己的一小块世外桃源。穷人和富人有不同的期望，但他们怀着同样的追求目标。”事业有成的人，如韦伯爵士，挣到第一个1000万英镑后，首先想到的是买一座庄园。

“英国就是乡村，乡村就是英国。”这是保守党领袖斯坦利·鲍德温的名言。乡村生活情结使园艺、DIY、乡间漫游、徒步旅行、相关出版业等发展成巨大的产业。那本创刊于1897年的杂志《乡村生活》，现在仍然畅销。园艺类杂志多达数十种，商店里有面积不小的园艺区。人人都自己动手修建或改造房子，每年英国人都要在DIY上花掉近90亿英镑。每座房子都有一个名字，商场里有房屋铭牌专卖店，出版商专门出书教你给房子取个响亮名字。

乡村生活，是英国人很自傲的一点。一个住在赫特福德郡某富裕小镇的公司高级行政人员去美国东部的波士顿出差，美国人那缺乏照料的大院子在他看来简直就是一块杂草丛生的荒地。他很感慨地对我说，“瞧瞧，这还是在新英格兰。”

20年前，英国人心中的乡村生活还只局限在英格兰部分地区，现在，乡间生活地域已经扩展到地广人稀的苏格兰。据欧盟调查，2001年，在东苏格兰，每1000户居民中有37户是从英国其他地区迁来的，是欧洲人口迁入率最高的地区。

53岁的伦敦人杰奎塔·麦卡瑞曾经做过大学老师，9年前他们全家从伦敦搬

清晨挤羊奶、喂猪、吃自家制的黑莓果酱……在英国，自给自足的生活理念已深入人心，越来越多的都市白领远离城市喧嚣，前往乡村享受田园生活。有人将这一趋势比喻为“第三次农业革命”。

到格拉斯哥。4年前，她家定居在距格拉斯哥100公里的古老村庄邓布兰。杰奎塔实现了她作为地道英国人，尤其是英格兰人的理想：有一座带私家道路的宅子，院子里花木修剪整齐，坐在屋前游弋着天鹅的小池塘边，可以看到远处高地上积雪的山顶。她还是个徒步旅行发烧友，热衷开发各种步行线路，于是办了间小出版公司，在家办公，出版自己编写的旅行路线手册。

这个最早爆发工业革命的国家的人们却惧怕、痛恨大工业对他们生活的改变。G.K.切斯特顿在著作《布朗神父探案集》中借布朗神父之口发泄牢骚：“英国正在堕落，朝着商业化的沼泽直线滑去。而拉格列（书中因反对奸商坑害村民利益而被杀的乡绅）这些人像是路旁被人忽略、嘲弄的路标，孤零零地站在黑暗中，但他们指出了解脱的方向。”

今天，格林汉姆公地村的居民不知是路标，还是挡车的螳臂。

实际情况可能是牧师卡农·唐纳德·格雷说的那样。牧师在接受帕克斯曼采访时批判说，“英国人只想从大工业和商业中最大限度地获取财富，以便享受乡村的乐趣。”

爱丁堡附近有很多古老的村镇，它们建于中世纪，没有经受过两次世界大战的炮火，基本上保留了原有风貌。苏格兰南部的一条主要公路A91从一个叫阿洛的村子中央穿过，在村子中央、公路边上，有一座大型的厂房式商场，商场上悬挂着大广告牌：平价服装，厂家直销。这个商场还上了爱丁堡周边旅游地指南手册。

就算布朗神父活到今天，他也得妥协，因为他必须去Sainsbury' s的连锁店买日常生活用品。古村子艾伦桥是苏格兰传统的矿泉水生产地，现在已不生产矿泉水了，但还保留着手工玻璃作坊，吹出的玻璃制品价格非常昂贵，属艺术品范畴。在这村子里还开着一家传统的小杂货店，出售很多当地妇女在家中自制的蜂蜜、果酱、蛋糕、饼干，朴素的标签上手写着那些奶奶、妈妈的名字和地址、电话，让人一看心头就一阵阵温暖。

这家小店主人见缝插针摆放商品，灯也舍不得多点一盏，店里拥挤不堪，光线昏暗；还雇了个印度店员，见人没个笑脸，并不淡价钱，这样的购物环境是无论如何没有竞争力的。距小店几百米，村子里有一家宽敞明亮、总有东西打折的中型超市，是另一超市集团Somerfield的连锁店。

不仅如此，就连英国人每日必喝的茶叶也变了模样。多数英国成年人在被问及"你要喝什么饮料"时，回答都是"Tea forever（永远都是茶）"。英国人平均每人每天要喝5杯茶，每年喝掉的茶叶占世界茶叶出口市场总销量的1/3。

英国人对世界饮食的两大贡献是，发明了下午茶和炸鱼薯条。街头仍然到处都是卖炸鱼薯条的快餐店，但想喝到"真正"的茶就难了。英国的旅游指南上写着，想喝"真正"的茶只能去迎接富裕游客的高档宾馆，或去还没有使用袋泡茶的英国本地家庭。所谓喝"真正"的茶，要先把茶壶放进热水里加热，所谓的"稳一稳"，然后放进产自印度大吉岭或阿萨姆邦、肯尼亚、斯里兰卡的茶叶，加开水，泡好后，倒进茶杯，加牛奶，最后放糖。

想在Sainsbury' s或其他超市、商场买到茶叶可不容易。Twinings、Jackson、Whittard等著名牌子的茶叶被放在货架最下方，顾客视线最先触及的地方摆着各种经济实惠的大包装茶叶包。这些茶叶包经济到每个小茶包都没有那根拴着标签的线绳。想买漂亮的金属盒装茶叶，只能去机场的免税店。

不用茶叶包的英国家庭越来越少了。英国人现在这样喝茶：把茶包直接扔进马克杯，沏上开水，泡一会儿，用勺或一把不锈钢夹子把茶包取出扔掉。对了，那把金属架子在Sainsbury' s可以买到，2英镑50便士。

柏林墙的碎片[①]

◇ 刘小枫

刘小枫（1956—），当代学者。主要从事文艺美学、宗教哲学、政治学等领域的研究。著有《诗化哲学》、《拯救与逍遥》、《沉重的肉身》、《这一代人的怕和爱》等。

柏林墙上曾有过一种文化，如今这种文化变成了碎片。

自从民主德国的一些公民在柏林墙东侧掘开了几个大口。让东西柏林人自由往来，柏林墙开始变成历史的废墟。柏林人纷纷涌到柏林墙，用铁锤和铁砧在墙上敲下几块碎片，作为历史遗物的纪念品珍藏起来。

在柏林墙的西侧，存在着一种文化。上面有用油料涂满的图画和语言，一些地方甚至层层重叠，不断更新创作。但在柏林墙的东侧，却只有空白。

如今，柏林墙西侧的图画和语言被人们用铁锤敲成碎片。谁知道这些带有各色油料的碎片在几十年或几百年以后会值多少钱呢？如今，巴掌大的一块碎片售价已高达10个西德马克，谁知道以后会升值多少？除此而外，用小小的碎片做成的精致耳环和胸针，已在柏林墙前出售。不难想见，以柏林墙的碎片做成的艺术品种类会日益繁多。

人们带着欢庆的心情涌到柏林墙，在这里漫步或敲击碎片。对柏林人来说，这似乎是今年最佳的圣诞礼品。然而，我在著名的布兰登堡门的柏林墙西侧，见到一篇写在大木板上的优美散文。上面的文字告诫人们“柏林墙被掘开了，但是，这并没有伴随着胜利的凯歌，只有沉重

① 选自《这一代人的怕和爱》，刘小枫著，生活·读书·新知三联书店1996年版。

的记忆带来的苦涩思索”，为什么在这个世界上总有人要筑起高墙把人隔绝开？为什么人们要用种种政治意识形态把人类敲成碎片？难道只是在政治领域才有一座座柏林墙？

柏林墙倒了，柏林墙两边的人们迎来了自由和和平。

令人深思的是，把人在地理上、生理上、心理上隔绝开的柏林墙，是由主张整个人类拥有解放和幸福的政治理想筑起来的。这一现象决不仅有讽刺的意味。值得庆幸的是，如今神话在其帷幕之内已变成了碎片，这些碎片不知与多少活生生的人的肉体和精神碎片掺和在一起。柏林墙文化是人类之耻辱的符号，柏林墙的碎片亦是人类之耻辱的记忆符号。作为一种艺术品，柏林墙的碎片是非常独特的，它意指的或蕴藏着的决不是人类的欢悦，而是人类永远洗刷不净的污秽和永远消退不了的悲哀。

柏林墙决不是一种仅在德国出现的现象，它不过是在世界之中处处存在着的各种隔绝人身、诋毁人身的有形和无形的凝聚。柏林墙是用钢筋和水泥铸成的，这意味着现代技术可以构筑隔绝人身、诋毁人身的墙的原材料。墙在这个世界的任何一个地方都无处不在、无处不有。柏林墙作为一个普通的象征决不仅有政治意味。

唯一能穿透那隔绝、诋毁人身的墙的是爱。然而，令人悲哀的是，如今爱本身也成了碎片，甚至也经常成为一种墙。人的爱不是神的爱。一旦人的爱与那自我牺牲的上帝之爱相分离，就必然变成碎片。这难道不是我们的现实？

我也来到柏林墙前，用铁锤敲下了几块碎片，把它们收藏起来。对我来说，我收藏的不仅是柏林墙本身，更是这个世界本身，这个时代本身，以至我自己。不管是这个世界还是我自己，都是碎片——涂有各色油料的碎片。当我敲下几拱碎片收藏起来时，我觉得是收藏了我自己。

要桥梁，不要围墙[①]

◇ 里欧·巴士卡里雅

里欧·巴士卡里雅，美国著名教育家、学者、教授。

这是一篇关于如何认识自己、怎样与人沟通以便获取更好发展的著名演讲，放在这一部分，是因为在当今世界，国家之间、地区之间、不同文明之间时有冲突，人类需要对话和相互关怀，需要交流和沟通的桥梁，而不是用围墙把各自封闭起来与世隔绝。

今天我的讲话的主题是“通向未来的桥梁”。这个主题很鼓舞人心，我想大家也都十分激动，我从小就被桥迷住了，所以一知道今天要讲这个题目，我马上取出字典，找到上面的解释：“桥梁是连结沟壑，使人能够越过凹陷与障碍的东西。”解释得多好啊！我想到最近四五年来，我不就是做在壕堑上建立通途，在障碍上开凿阶梯的工作，以便周围的人们生活得更加单纯吗？这个解释与我的思想不谋而合。

我喜欢向孩子们寻求赐予的解释，因为他们的回答最为美妙，可以使你从中得到极大乐趣。我的侄女今年五岁，刚刚到了伸开双手、摸索世界的年龄，所以什么事情她都要尝一尝，碰一碰，那副样子真是好玩！我问她：“桥是什么东西？”她想了好长时间，才对我说：“比如

① 选自《爱和生活》，（美）巴士卡里雅著，顿珠桑译，生活·读书·新知三联书店1988年版。

你脚下的土地陷了下去，你用什么东西把裂缝的两边连接起来，这就是桥。”

我希望我们能够充分认识到通向明天的桥梁的重要性，以这次讲话为起点，开始进行连接裂缝，填平沟壑、建造桥梁、翻越障碍的工作。那样，我们这两三天中的谈话会是多么令人兴奋啊！不过，这需要我们每个人都触及自己的内心世界，只有每一个人都这样做，我们大家才有可能交心。交流总得有个开端，我觉得建造通往自己内心的桥梁是建造人与人之间的桥梁的最好的开端。

一切都从你开始。要架起你和他人之间的桥梁，首先要架起你自己的桥梁。这是重要的一步。只有不断充实自己，才能不断给予别人。我自己学习了，才有更多东西教给你们。我自己追求智慧，才能鼓励你寻求真理。我自己更加觉悟，更为敏锐，才能更接受你那敏锐而且觉悟的特点。我努力认识自己的韧性，才能在你说你也是一个人时，更好地理解你。我一生不停地赞美生命的奇观，不会允许你歌颂生命。我怎样对待自己，也怎样对待你；你怎样对待自己，也怎样对待我，这就是不自私。你每学一点知识，都不只是为自己而学，更是为周围的人学习。

跳出自我的小圈子，加入“我们”的行列中来吧！在“我们”的行列之中，你可以更加清楚地认识自己，也可以帮助别人和自己沟通，但不要就此停步，第二要和别人沟通。

现在应该是走出来，开始建造人与人的桥梁的时候了。这是第二座桥了。只有为共同的目标共同努力，而不是各自为政，一味强调自己的正确，我们才可能得以解脱。最近几年里，我有一个新发现，就是我并不须在任何时候都正确。这个发现真好，它给人犯错误的自由。我还有别的发现，你们想知道吗？这就是我可能正确，你也可能正确，我们俩可能都正确，还可能有两百个正确。世界上实在没有什么正确与错误，它不过是各种颜色按着不同层次拼凑在一起的迷茫的一片。决一胜负可以使人相互疏远。人先应该看到什么是大家的共同指出，尽管在座的没有两个人相似，但还是有许多共性。共性是交往的起点。如果抓住了它，我们就算走上正轨了。

今天世界上没有任何一个地方，不管它是克什米尔的峡谷、尼泊尔的深山，还是西藏的村落，是人在26小时之内所不能达到的。大家都是邻居了！我还记得那时每个星期天，不管是晴还是雨，巴士卡里雅一行人都要到朗滩去。朗滩现在离洛杉矶市中心只有25分钟的路程，那时却要3个小时才能走到。现在，一切都靠得那么近！

树叶掉下来都可能砸死人。这世上已经没有隐身之处，大家都在相互影响。一点开始震动，其他各个方向都要震动。我们最好开始造桥吧，否则裂隙再大，就难以弥补了。

泰国中部靠近马来西亚边境处有一个偏僻的地方，叫查耶。那是一个被水环绕的小岛，上面有一个佛寺。那里没有水，人们必须用船到陆地上运水，再倒进一个大水桶里去。我的师父在向我解释当地的风俗习惯时，给我讲了一个十分美丽的故事。他说："你辛勤工作了一天，回到家里很想喝一口水。你知道水十分珍贵，不能浪费。你打来桶盖，正在用水舀舀水时，忽然发现水里有一只蚂蚁。你气坏了，骂道：'你住在我的岛上，躲在我的树荫下，还要钻进水桶，搅了我的水！'于是，你把蚂蚁捏死了。这就是冲突！或许你在捏死蚂蚁之前想到：天这么热，水里自然是岛上最凉快的地方。再说你并没有弄脏我的水。说着避开蚂蚁，舀了一瓢水，喝了。这是没有冲突。"师父接着说："还有一种完全避免冲突的情况你知道吗？那就是你一打开桶盖，发现蚂蚁，不去想它的好坏对错，马上喂它一勺白糖。"这就是爱。我们必须开始认识到你是唯一可以喂我我所需要的白糖的人，我也是唯一可以这样对待你的人。我们之间缺少了谁都欠缺了许多。

还有最后一道桥：就是上面所说的所有的桥梁都要建筑在爱的基础上。关于这一点，索顿·王尔德说得好："有一生地，有一死地，其间的桥梁就是爱。爱是生存的希望，是宇宙的真谛。"

让我以这样的话作结尾吧！在印度，人们见面或道别时，都要伸出手来，说一句："Namtaste！"它的意思是"我尊重你那包容宇宙的心。你的心、我的心把我们联结为一体。"

"Namtaste！"

再谈“对日新思维”①

◇ 马立诚

马立诚（1946—），人民日报评论部主任编辑，政论家。

中日关系一直是两国政府及人民共同关注的话题，作为一个泱泱大国，应该如何理智的审视中日关系？“对日新思维”新在何处？如何才能做一个“理性大国、平衡大国、责任大国”，真正实现中国的“和平崛起”？

2002年底，马立诚在《战略与管理》杂志上发表了《对日关系新思维——中日民间之忧》一文，提出重新审视中日关系，把历史问题放在次要位置。《新思维》发表后，最初的争议很快便成为一边倒的局面，尽管私下仍有一些学者表示马的观点很多提法值得商榷”却“不是没有道理”，但在公开场合，自2003年春天以后，对马立诚的观点表示支持或同情者，特别在网络上便几乎再无声息。记者认为，对于一个人的观点，如果不全面了解其思考脉络，抓住片言只语而武断否定其人格，甚至随意地将同胞称做汉奸是有失公道的态度。观点可以相左，但对于一种真诚的思考，理智的人也应当真诚地倾听，“我也许不同意你的观点，但仍然维护你发表观点的权利”。

所以记者将对马立诚先生的采访整理如下，供

① 选自《潜流：对狭隘民族主义的批判与反思》，乐山编，华东师范大学出版社2004年版。

读者评析，这也是马立诚这一年多来首次接受内地媒体专访。

“中日友好符合长远的国家利益”

《南风窗》：春节前网上有传闻说你在香港中环被“爱国青年”殴打，还有人用非常肯定的口气说凤凰卫视之所以聘您做评论员是因为收了日本公司的赞助，可有此事？您如何看待？

马立诚：前一段时间有很多朋友打电话来表示关心，其实这两个说法都是谣言，连捕风捉影都算不上。这是“文革”手段。对于捏造这种无稽之谈的人我真替他们觉得可悲，如果“爱国”要爱到撒谎的地步，这种“爱国”的真诚就值得怀疑了。

《南风窗》：还有人认为您走马观花去了一次日本，受到了很好的款待，所以就被收买了，写了一篇浪漫的游记，或者客气点说你所遇到的一些日本友人使你产生了“正向偏见”，你认为这些因素存在么？

马立诚：“收买”一说有什么证据呢？请拿出来。拿不出来，就是诽谤。这也是“文革”思维的产物。我刻意把文章写得生动一些，有人就称做日本13天游记。这并不能贬低思考和观察的成果，陆游的《入蜀记》不也是游记吗？在我国，教科书式的文章浩如烟海，很多都没有价值。关键是你要提出时代的问题。至于我去日本时间太短，也不是问题。马克思、恩格斯没到过中国，他们有一本书《论中国》。本尼迪克特没去过日本，她写了《菊花与刀——日本的文化诸模式》。有些人在日本呆了很长时间却写不出什么。这里关键是你有没有思想。我去日本之前，对中日关系就有思考，到日本只是得到一个激发写作的契机罢了。我思考的根本出发点是基于邓小平的思想。邓小平1978年访问日本时对天皇说，“过去的事情就过去了，今后要一切积极向前看。”我觉得在今天看来这样的态度无疑体现了大政治家的眼光，我的思路是围绕这个出发点展开的。邓小平所说的“过去的事情就过去了”指什么？当然是指战争问题，是指历史问题。

《南风窗》：那么如何看待当前中日在钓鱼岛、民间赔偿这样一系列问题上的具体的利益冲突？

马立诚：毫无疑问，对涉及国家利益的问题要争，但是必须处理问题要有分寸，有策略。谈到国家利益，要有全局观念。我们现在关注钓鱼岛很多，但其实还有和越南围绕南沙群岛的争执，包括和俄罗斯的更大面积边界领土争论问题。我认为在这些问题上我国政府既立场鲜明又不轻言武力的态度是正确的。

当前有一个非常重要的问题是，在中美日三边关系中，美日两国结盟很深，中国处于弱势和一定程度的边缘化。如果中国不与日本建立建设性的关系，那么最大得益者是美国。因为两个国家都要靠美国来平衡。美国可以利用两国矛盾呼风唤雨，中国在三方间的维系就比较脆弱。中国只有和两边都发展关系，才能加强和提升中国在三边关系中的地位。不然，就只能把自己的命运交给美国，进一步陷入被动，成为“局外人”。从这方面考虑，中国应努力和日本建立互信。日本国内也有一种和中国发展关系的呼声，中国要紧紧抓住这一点。中国领导人应积极引导民间舆论，促进民间理解与沟通，不能任由情绪化和盲动发展。中日友好符合长远的国家利益。

“不是忘记历史而是全面了解历史”

《南风窗》：印象中从解放以后，我们就大谈中日友好，把日本军国主义和日本人民分开来看，南京街头都种满了樱花，到最近民间的反日情绪似乎是一夜之间爆发，矛头直接指向“日本人”，并且我亲眼目睹了在西北大学事件上寻找突破口的全过程。一下子让人感觉其实我们喊了几十年的中日友好特别脆弱，是什么因素造成了这种反弹？责任应该由谁来承担？

马立诚：我认为日本主流社会对于历史的认识总体上还是清醒的。我觉得金庸小说提出了一个很好的思想就是“冤冤相报何时了”。宽恕是真正强者的胸怀。

而且我现在还是要讲，日本言论自由，会有一些奇谈怪论，我们可以批驳，但不要妖魔化今天的日本人民，日本的右翼是极少数，可以调查一下日本的年轻人中，真正愿意打仗的有多少？我认为日本是不太可能复活军国主义的，因为我亲眼看到他们国内建立了民主体制，各种力量互相掣肘、互相制约。什么是军国主义？我的理解就是整个国家处于军队控制之下，推行专制制度，没有言论自由，法西斯军事独裁，全国一致的战争煽动，民众都在进行军事训练，政治经济文化等等都纳入军事轨道。日本现在的情况完全不是这样，日本是个狭长的岛国，55个核电站都裸露在岛上，很容易受到攻击。在现代导弹战争中，日本没有战略纵深，就算有几个疯子要搞军国主义，也是痴人说梦，更不能把这笔账算到整个日本人民头上。

我觉得一些人的极端思维方式，根子是我们片面的历史教育，日本侵略是事实，可是日本战后援助过我们150多个重大工程项目，这些为什么就不说呢？新加坡这点就做得比我们好。不忘记历史，但又全面了解历史，才能有正确的认识，才能有深入的反思。要承认民族心理上的创伤是很难医治的，这一点上我们可以参考一下法国和德国、美国和英国这些国家是如何既不遗忘历史，又避免长久的仇恨和对立。英国曾经奴役美国人，两国曾发生激烈战争，英国还烧毁白宫。但英国和美国关系怎么样呢？前不久，布莱尔首相就烧毁白宫向美国国会道歉，美国国会议员报以笑声。

“做一个理性大国、平衡大国、责任大国”

《南风窗》：我生长在南京，在那个环境中中日历史是我们心中挥之不去的一段阴影，特别对日本人不能像德国一样真诚认错非常愤怒。一次和阿来先生聊到中日关系，他的一席话使我非常痛苦地反省：“日本人不认错，根子在中国。”他指出，“日本文化其实从中国摹仿去了很多，包括既自卑又要面子，不反省，不认错，比如‘文革’这样的罪恶，我们真正反省了么？”但即使这样，日本人认错不诚恳毕竟是一个伤害我们民族感情的大事，这个问题该如何处理？

马立诚：至于道歉问题，我研究过。从中日两国恢复邦交正常化以来30年，日本国家领导人21次向中国表示反省。日本明确承认了对中国发动了“侵略战争”，实行“殖民统治”，表示“深刻反省”。我认为可以告一段落了。最近我写了一本专著来研究和讨论日本道歉问题，希望早日出版。我们当然希望日本天皇也能像德国总理一样跪下来，但是可能么？设身处地想一想我们自己身上也有的内敛的亚洲文化传统，再说国际法里也找不到要元首下跪的依据，难道就为此永远僵在那里？所以我说道歉不必拘泥形式。

更不能要求这一代年轻的日本人，为他们父辈、祖父辈的所作所为负责，如果硬是要求的话，只会引起逆反情绪。就好像我们不能拿元朝两次侵略日本的历史包袱来让今天的中国青年负责。我们要记住历史但不能总活在历史的阴影中。我认为和平崛起的中国除了实力，要以自己的胸怀来赢得尊重，这才是真正的汉唐气象。汉唐气象是以自信为基础的，我相信中国在不远的未来会超过日本，这就是自信，我的文章大背景就是中国的自信，很多人读不出来，一些人仍然还在1840年那样的情绪中。这样的国民心理，与中国目前的情况很不匹配。

《南风窗》：在电视上曾看到一群韩国青年为抗议日本首相参拜靖国神社而当众切指明志，让人受到非常大的刺激。有一种观点认为韩国如果不是因为这种民族血性，也难于快速崛起。你认为中国民族主义情绪到底是太多还是太少？

马立诚：韩国民众的爱国热情可以理解，但对于切指这种做法，坦率地说我是不赞同的。再说中国不能跟韩国比。我们是泱泱大国，大国就要有大国的风范。一个崛起的大国如果始终怀着受虐的、仇恨的、报复的心态，是非常可怕的，这种情绪极易被利用，造成伤害别人也伤害自己的后果。现在我们要考虑，国家富强了，我们除了工业产品还能向世界输出些什么呢？难道输出仇恨么？现在我们的新一代领导集体提出"和平崛起"，非常关键的就是要营造和谐的外部环境，国际上有人散布"中国威胁论"，为此我们用各种方式辩解，展示我们是一个宽容敦厚的大国。你也看到了西北大学事件，由于文化差异所造成的误解，一些人，也包括一些大学生，上街做出一些极端的行为，这岂不是向世界印证了"中国威胁论"？这样的"爱国"对国家有什么好处？

《南风窗》：您提出"新思维"恰和一连串中日矛盾的事件交织在一起，所以有人私下跟我说，您的表述有些"不合时宜"。现在你后悔不后悔？如果再给您一次机会，您的表述方式有没有需要调整的地方？

马立诚：我为中国的和平形象和长远利益做了努力，怎么能后悔？外交问题不是一个情绪性的问题，不是小孩子赌气，要着眼大局和长远。邓小平同志生前曾提出，"对一小撮不甘心中日友好的人，唯一的办法就是用不断加强友好、发展合作来回答他们"。这话讲得很好。可能我说的有些话，让有的人不爱听。还有，比如日本《文艺春秋》说我赞成参拜靖国神社，其实我没有说过这样的话，类似的谣传传到网上扭曲了事实，加深了误解。但我始终认为，崛起的中国应做一个理性大国、责任大国、平衡大国，而不是一个充满仇恨和报复心理的大国，这个弯儿必须转过来。理性大国，就是做事情要从理性和全局出发，克服情绪化和盲动；责任大国，就是对地区和世界的和平理解与合作承担责任；平衡大国，就是要善于斡旋，在国际矛盾中求同存异，维护平衡。只要坚持这样做，中国的崛起，就会尽量减少振荡和冲突，从而有利于中国实现自己的目标。至于宣泄义和团情绪，也许能迎合一些人的口味，很有市场，但只要让我表态，不管什么时候我都坚决反对。

清苦的日本[①]

◇ 韩少功

韩少功（1953—），当代作家，他是倡导“寻根文学”的主将，发表《文学的根》，提出“寻根”的口号，并以自己的创作实践这一主张。代表作有《爸爸爸》、《女女女》等。

和古代中国的钟鼎玉食、富丽堂皇相比，传统的日本简直是清贫甚至清苦，颇让国人不以为然。然而20世纪70年代，日本却成为全球第二经济大国，个中原因，引人深思。

用中国人的标准来看，日本传统的饮食虽有精致形式，但大多数有清淡底蕴。生鱼、大酱汤、米饭团子，即使再加上荷兰人或者葡萄牙人传来的油炸什锦（天福罗），也依然形不成什么菜系，不足以满足富豪们的饕餮味觉。这大概也就是日本菜不能像中国菜和法国菜那样风行世界的原因。

同样是用中国人的标准来看，日本传统的服饰也相当简朴。在博物馆的图片资料里，女人们足下的木屐，不过是两横一竖的三块木版，还缺乏鞋子的成熟概念。男人们身上的裤子，常常就是相扑选手们挂着的那两条布带，也缺乏裤子的成熟形态。被称做和服或者吴服的长袍当然是服饰经典，但在18世纪的设计师们将其改造之前，这种长袍既无衣扣也无袢带，只能靠腰带一束而就，多少有一些临时和草率的意味。

日本传统的家居陈设仍然简朴。法国历史学家费尔南·布罗代尔曾经指出，家具的高位化和低位化是文明成

---

① 选自《时文选萃系列丛书》，王玉强主编，南方出版社2009年版。

熟与否的标志，这一标准使日本的榻榻米只能低就，无法与中国民间多见的太师椅、八仙桌以及明式龙凤雕花床比肩。也许是地域仄逼的原因，日本传统民宅里似乎不能陈设太多的家具，人们习惯于席地而坐、席地而卧，也习惯于四壁之内的空空如也。门窗栋梁也多为木质原色，透出一种似有似无的山林清香，少见浓色重彩花俏富丽的油漆覆盖。

我们还可以谈到简朴的神教，简朴的歌舞伎，简朴的宫廷仪规，简朴的充满泥土气息的各种日本姓氏……由此不难理解，在日本大阪泉北丘陵一次史无前例的大规模遗址发掘中，覆盖数平方公里的搜寻，只发现了一些相当原始的石器和陶器，未能找到什么有艺术色彩的加工品或者稍稍精细巧妙一些的器具。对比意大利的庞贝遗址，对比中国的汉墓、秦坑以及殷墟，一片白茫茫的干净大地不能不让人扫兴，也不能不让人心惊。正是在这一个个暴露出历史荒芜的遗址面前，一个多次往地下偷偷埋设假文物的日本教授最近被揭露，成为轰动媒体的奇闻。其实从某种意义上来说，这位考古家也许是对日本的过去于心不甘，荒唐中杂有一种殊可理解的隐痛。

从西汉之雄钟巨鼎旁走来的中国人，从盛唐之金宫玉殿下走来的中国人，从南宋之画舫笙歌花影粉雾中走来的中国人，遥望九州岛往日的简朴岁月，难免有一种面对化外之地的不以为然。这当然是一种轻薄。成熟常常通向腐烂，粗朴可能更具有强大生命力，历史的辩证法就是如此。在人类漫长的历史上，山姆挫败英伦，蛮族征服罗马，满洲亡了大明，都是所谓成熟不敌粗朴和中心不敌边缘的例证。在这里，我不知道是日本的清苦逼出了日本的崛起，还是日本的崛起反过来要求国民们节衣缩食习惯清苦。但日本在20世纪成为全球经济巨人，原因方方面面，我们面前一件件传统器物至少能提供一部分可供侦破的最初密码。这一个岛国昔日确实没有大唐的繁荣乃至奢靡，古代的日本很可能清贫乃至清苦，但苦能生忍耐之力，苦能生奋发之志，苦能生尚智勤学之风，苦能生守纪抱团之习，大和民族在世界的东方最先强大起来，如果不是发端于一个粗朴的、边缘的、清苦的过去，倒会成了一件不合常理的事情。明治维新之后，日本内有粮荒外有敌患之际，教育法规已严厉推行，孩子不读书，父母必须入狱服刑。如此严刑峻法显然透出了一个民族卧薪尝胆的决绝之心。直到今天，日本这一教育的神圣传统仍在惯性延续，由此不难理解东京的早晨：各路地铁万头攒动，很多车站不得不雇一些短工大汉把乘客往车门里硬塞，使每个车厢都像沙丁鱼罐头一样挤得密不透风，西装革履的上班族鼻子对鼻子地几乎都压成了人干。但无论怎样挤，密密的人海居然可以一声不响，静得连绣针落地好像都能听见，完全是一支令行禁止的经济十字军，这就是日本。

由此也不难理解北京的早晨：这是老人的世界，扭大秧歌的，唱京戏的，跳国际舞的，打太极拳的，下棋打牌的，无所不有。这些自娱自乐的活动均无日本及其他发达国家的商业化的收费，更不产生什么GDP，但让很多老人活得舒筋活络，心安体泰，鹤发童颜，当年繁华金陵或者火热长安里市民们的尽兴逍遥想必也不过如此。这就是中国。

这样，我既喜欢日本，也留恋中国——虽然我知道难以兼得。

美国笨蛋[①]

◇ 立新

做"笨蛋"，还是做"聪明人"？大概颇难抉择，但是，民族传统文化的熏染、现代公民素养的高低常常不由自主就做出了选择。

那天下午，在西雅图的超市里买了东西，结完账后总计19.29美元。为了消化身上的零钱，我数了29美分的硬币，连同一张20美元的纸钞递给售货员。按照中国人的思考逻辑，接下来她只要找我1美元就可以结束交易了吧，可惜事实并非如此。只见那个年轻的金发女收款员一愣，脸上露出困惑的神情。刹那间，我发现她又不自觉地犯了美式文化中著名的"找钱定律"毛病。

金发女孩迟疑地接过20元钱，29美分的硬币先放在一旁，打开收银机，数了71美分的零钱，再混上那堆29美分硬币，如释重负地露出微笑。就把这样的一把零钱捧在手上递回给我，分文不少，总计1美元。

听了这样的事情，你不必大惊小怪，还有比这更离谱的。在中西部有个美国老太太帮心爱的小狗洗完澡后，因为心疼小狗，不忍心让它在外头吹风晾干，便将小狗放进微波炉里实施烘干。在她的想法中，只要将微波炉的功率调到最低，将小狗晾干没问题。结果这只小狗可怜的命运可想而知。

---

① 选自《时文选萃系列丛书》，王玉强主编，南方出版社2009年版。

我少年时代就曾经听说美国小孩上数学课时十分依赖电子计算器，来美国后和大学数学课上的同学聊天，我告诉他们，中国的小孩子都能够不用计算器做四位数的乘除法甚至还能够徒手开平方根。他们每个人看我的眼神，就像是看见了撒谎的小木偶的长鼻子一样。

在西雅图南方的波特兰城郊有一条山迪河，每年近6月时，这条河会游满丰腴美味的北美香皇。因为鱼的数量实在太多，州政府便开放让人捞鱼，但是规定每户人家只能捞一桶。单纯的美国人按照规定，每户人家只捞一桶回家打打牙祭。而当地不少华人圈的朋友却特别聪明，在旅行车中暗藏十来个桶子，捞完一桶后，过不多久再捞一桶，带回家冰冻起来可以吃到冬天。

在西雅图超市、加油站买完东西加完油后自行到柜台付账，没有人会盯着你看。在深夜空无人车的街道上，没有警察，美国人也会乖乖地遵循交通标志而行。红绿灯坏掉的十字路口，没有人争先恐后，四条路口上的驾驶人按照先来后到的顺序依次行进。

在有的国家就不同了：双向道的道路上塞了一线，另一条线很快也被聪明的超车者塞住。塞车的高速公路上，也总会出现更聪明的驾车人，拐个弯开上路肩，照走不误。

做“笨蛋”，还是做个“聪明人”？我想，这大概也是个挺艰难的抉择吧！

闲话德国人爱管“闲事”[①]

◇ 江建国

德国人普遍爱管“闲事”，或许正因如此，极大地促进了德国的社会治安、卫生状况、交通秩序、文明礼貌等。何时国人也变得爱管“闲事”，就说明我们的社会公德意识已经大大加强了。

因旅居遥远的德国好几个年头，天天要和德国人打交道。观察那里的人和事是我的职业范围，更何况日常生活也要求我去琢磨那些普普通通的德国人的脾性、思维习惯和行为方式等。也许说来不信，我的第一印象竟然是：德国人实在是很愿意管“闲事”的。

10年前初访德国时，应友人邀访，乘汽车驰于郊野公路上。忽见一对青年男女骑着摩托车靠近汽车，隔着车窗朝我们打手势。一脸很严肃的表情。我们急往四下里张望一番，没发现什么问题。就又照旧前行。不料那青年见我们无反应，过了一会儿又出现在车旁，又是一通比比划划的“哑语”。无法沟通，索性双双在路边停车。这才明白，他们是想告诉我们汽车有一个尾灯不亮了，一旦刹车怕后面的车看不清会发生危险，要赶紧请人修。友人跟我做了个鬼脸，不由得吐出一句：“你看德国人多好管闲事！”

后来发现管“闲事”的远不止这一对青年。一日，我提了一捆废报纸要往垃圾桶里扔。一女邻人从窗户里瞥

① 选自《时文选萃系列丛书》，王玉强主编，南方出版社2009年版。

见了，竟匆匆出来追上我，说这使不得，废纸按规矩要在指定的日子捆好堆放在门口，由市政回收。这还不算完，她还顺便滔滔不绝地给我上了一课，诸如德国是个缺乏资源的国家，废纸也是一种宝贵的再生资源云云。当然，态度是十分礼貌而客气的。我虽赧颜于自己的孤陋寡闻，却也感谢她的管“闲事”使我增加了一份知识，明白了一种规矩。

住宅北窗台下依墙凸出一个固定的小花池。花开时节到了，邻居们争先恐后地在阳台上植花种草，我因琐事多工作忙拖了下来，小花池空空如也，格外惹眼。终于有一天，另一女邻人委婉地提醒我，让这花池空着多可惜，并且热情地给我介绍哪种花可以一直开到深秋，哪种花适宜背阴处生长等等。最后她干脆替我承担了操办的义务。隔了一天，她把一切都弄妥了，我外出回来。发现她还细心地浇了第一遍水。

慢慢地琢磨出了德国人管“闲事”的依据和标准来。以第一个事例说，关乎交通法规，对错是明明白白的，更何况又是关系生死的大事，因此这种“闲事”管起来颇有不容辩驳的味道。其次是牵涉到公众利益，如第二个事例，这种闲事虽跟她本人无直接关联，但是间接有关，因此她还是想管，这种管法多是规劝。至于那个种花的例子，邻人的管“闲事”其实是循循善诱，她希望我也能像她一样爱花、爱美、爱生活。

生活中还有大量真正是可管可不管的“闲事”。给我印象深刻的是两家报纸每年圣诞节前开展的扶弱济贫的捐款活动。一进入12月，报纸上每天刊登一个经济陷于困顿的人的例子，并逐日逐项公布捐款的数额。捐赠少则一二十马克，大多是一百二百的。其中有一个不留姓名的人20年如一日，年年到时候捐上2000马克，传为佳话。记得两报每年收到的捐款都分别高达几十万和上百万马克。

在联合国不同文明之间对话：圆桌会议上的讲话[①]

◇ 萨姆·努乔马

1998年，联合国大会一致通过决议，宣布2001年为“联合国不同文明间对话年”。2001年五十六届联合国大会以协商一致的方式通过决议，重申尊重《联合国宪章》的宗旨和原则，努力促进不同文明间对话，为增进各文明间的了解和沟通、维护世界和平、促进全球发展奠定良好的基础。

萨姆·努乔马（1929—），纳米比亚首任总统。2000年，联合国在纽约总部举行首脑会议，有12个国家的元首、几十个国家的外长、知名人士出席了会议。本文是他在会上做的讲话。

不同文明之间渴望对话，这并不是新的企盼。追求和平、正义、容让和尊重人权，在我们个人生活及国家历史的各个阶段一直伴随着我们。但是，联合国大会1998年通过的第53/22号决议的确产生了十分重要而且新颖的思想。这一决议宣布2001年为联合国不同文化对话年。

联大这一重要决定标志着我们共同认识到，全球团结必将导致全球和平、容让、正义和尊重全世界所有人民的人权和基本自由。是的，我们有了这个重要的认识。现在，我们必须共同为此而工作，并与之共存。这很重要，因为有一个东西将我们都维系在一起。我们都是人，我们都有权获得基本的和平、安全和可持续的发展。

正是由于这一背景，我要感谢主席先生发起这一倡议。这一不同文明之间对话的圆桌会议召开的时间最为

① 选自《政治家的声音：当代政坛名流演讲文萃》，佳谷编译，东方出版社2005年版。

恰当不过，能有幸参加这一会议，我感到十分满足。自1995年以来，已经提出过好几个倡议，号召大家重新致力于和平、容让和团结的价值观，使世界上的年轻人有一种感觉，让他们感到，他们是这个和平、正义、自由和可持续发展进程的主人。的确，国际政治经济进程正在发展，商品从一个国家流向另一个国家，从一个大陆流向另一个大陆。有些人因为全球化而觉得处于不利地位，有些人则在全球化中得到好处而沾沾自喜。如果能更好地理解人民之间的共同纽带，将有助于我们大家都从我们的多样性中获得收益。我们必须时时向自己灌输和平不容侵犯的文化，团结不区分种族，团结不容仇恨，不同文明之间的对话必须使我们能够追求更高层次的和平、容让和文明的尊严。

作为世界领导人，也作为普通百姓，我们所做的一切，我们的所有决定和承诺，都必须以所有人民的福祉和尊严为中心。《联合国教科文组织章程》序言里写道："因为战争发源于人们的内心，因此必须要让保卫和平的观念植根于人们的心中。"显然，我们有力量实现这一目标。我们必须支持和协助教科文组织让下一代明白，容让与理解将会造福于我们所有人。因此，我相信，此刻举行对话，应该扩展我们工作的范围和重点，同时，我们要继续交流不同文化之间的知识，不能忽视国际合作，我们是相互依存的。不过，现存的不容忍水平之高，还有，自1995年以来所发生的暴力冲突之多，令我们的绝望和贫困有增无减，这是纳米比亚的极大关切。

全球数据表明，世界75%的人口在贫困线以下挣扎，流离失所包括在本国内流离失所的人达2500万，约3000万人感染了艾滋病，还有1500万难民。这些数字令人吃惊。它表明，展开不同文明之间的对话刻不容缓。

在非洲，有许多国家，包括23个债务负担沉重的穷国，正在等候被列为可以获得削减或者取消债务的国家，等候是游戏还是继续，而这些国家却别无选择，只能牺牲教育、卫生等社会服务项目，用它们40%～45%的国民生产总值偿还债务，这对妇女和儿童的状况将产生持续的负面影响。我再次强调，我们必须进行对话，促进国际合作，促进保护人权和基本自由。和平的文化不能仅仅在联合国的大厅里起草和空谈，妇女和儿童们正踩在致命的地雷上，穷人正在他们国家的金矿和宝石矿里辛劳，但他们却不能享受自己劳动的果实。和平应该为这些人而实现，为他们所享受。贫困问题是导致许多发展中国家人类苦难的根源。如果我们珍视人类尊严的原则，重视保护人的生命，就必须恰如其分地实行经济正义，解决贫困问题。只有当我们将彼此视为具有不同文化的人类之时，我们才能开始理解对方的社会、经济要求和立场。

我坚信，开展国际合作、容忍人类之间的差异是建设世界民主与可持续发展的关键。同样，每一个国家积极利用资源，开展教育和支柱培训，将会有助于促进文化多样性，保护人权和自由，这是各国维护和平与和谐的基石。我们这些身在联合国的人，人人都可以在各自的国家、在我们的家庭、在我们的学校和村庄里发挥作用。让我们携起手来，促进不同文明之间的有意义的对话。

无知山谷的传说[①]

——《宽容》序言

◇ 亨德里克·威廉·房龙

亨德里克·威廉·房龙（1882—1946），荷裔美国作家和历史学家，其著作主要是历史和传记，包括《人的故事》（即《宽容》）、《文明的开端》、《奇迹与人》、《圣经的故事》、《发明的故事》、《人类的家园》及《伦勃朗的人生苦旅》等。

在“无知山谷”中，“创新”与“守旧”两种思想和行为一直进行着殊死斗争，这个山谷，没有年代，也不知处于何地，昭示着其普遍的存在，预示了人类历史的艰难演进。作者勇敢地倡导和呼唤人类对待异见的“宽容”精神，并预言“这样的事情发生在过去，也发生在现在，不过将来（我们希望）这样的事不再发生了”。

在宁静的无知山谷里，人们过着幸福的生活。

永恒的山脉向东西南北各个方向蜿蜒绵亘。

知识的小溪沿着深邃破败的溪谷缓缓地流着。

它发源于昔日的荒山。

它消失在未来的沼泽。

这条小溪并不像江河那样彼澜滚滚，但对于需求浅薄的村民来说，已经绰有余裕。

晚上，村民们饮毕牲口，灌满木桶，便心满意足地坐下来，尽享天伦之乐。

守旧的老人们被搀扶出来，他们在荫凉角落里度过了整个白天。对着一本神秘莫测的古书苦思冥想。

他们向儿孙们叨唠着古怪的字眼，可是孩子们却惦

① 选自《宽容》，（美）房龙著，秦立彦、冯士新译，广西师范大学出版社出2008年版。题目为编者所加。

记着玩要从远方捎来的漂亮石子。

这些字眼的含意往往模糊不清。

不过，它们是1000年前由一个已不为人所知的部族写下的，因此神圣而不可亵渎。

在无知山谷里，古老的东西总是受到尊敬。

谁否认祖先的智慧，谁就会遭到正人君子的冷落。

所以，大家都和睦相处。

恐惧总是陪伴着人们。谁要是得不到园中果实中应得的份额，又该怎么办呢？

深夜，在小镇的狭窄街巷里，人们低声讲述着情节模糊的往事，讲述那些敢于提出问题的男男女女。

这些男男女女后来走了，再也没有回来。

另一些人曾试图攀登挡住太阳的岩石高墙。

但他们陈尸石崖脚下，白骨累累。

日月流逝，年复一年。

在宁静的无知山谷里，人们过着幸福的生活。

这是一部宗教的历史，一部宽容与不宽容的历史，也是一部人性血腥与进步的历史……这部饱满着人类沧桑经历的历史就是——《宽容》。

外面是一片漆黑，一个人正在爬行。

他手上的指甲已经磨破。

他的脚上缠着破布，布上浸透着长途跋涉留下的鲜血。

他跌跌撞撞来到附近一间草房，敲了敲门。

接着他昏了过去。借着颤动的烛光，他被抬上一张吊床。

到了早晨，全村都已知道：“他回来了。”

邻居们站在他的周围，摇着头。他们明白，这样的结局是注定的。

对于敢于离开山谷的人，等待他的是屈服和失败。

在村子的一角，守旧老人们摇着头，低声倾吐着恶狠狠的词句。

他们并不是天性残忍，但律法毕竟是律法。他违背了守旧老人的意愿，犯了弥天大罪。

他的伤一旦治愈，就必须接受审判。

守旧老人本想宽大为怀。

他们没有忘记他母亲的那双奇异闪亮的眸子，也回忆起他父亲30年前在沙漠里失踪的悲剧。

不过，律法毕竟是律法，必须遵守。

守旧老人是它的执行者。

守旧老人把漫游者抬到集市区，人们毕恭毕敬地站在周围，鸦雀无声。

漫游者由于饥渴，身体还很衰弱，老者让他坐下。

他拒绝了。

他们命令他闭嘴。

但他偏要说话。

他把脊背转向老者，两眼搜寻着不久以前还与他志同道合的人。

"听我说吧，"他恳求道，"听我说，大家都高兴起来吧！我刚从山的那边来，我的脚踏上了新鲜的土地，我的手感觉到了其他民族的抚摸，我的眼睛看到了奇妙的景象。

"小时候，我的世界只是父亲的花园。

"早在创世的时候，花园东面、南面、西面和北面的疆界就定下来了。

"只要我问疆界那边藏着什么，大家就不住地摇头，一片嘘声。可我偏要刨根问底，于是他们把我带到这块岩石上，让我看那些敢于蔑视上帝的人的嶙嶙白骨。

"'骗人！上帝喜欢勇敢的人！'我喊道。于是，守旧老人走过来，对我读起他们的圣书。他们说，上帝的旨意已经决定了天上人间万物的命运。山谷是我们的，由我们掌管，野兽和花朵，果实和鱼虾，都是我们的，按我们的旨意行事。但山是上帝的，对山那边的事物我们应该一无所知，直到世界的末日。

"他们是在撒谎。他们欺骗了我，就像欺骗了你们一样。

"那边的山上有牧场，牧草同样肥沃，男男女女有同伴的血肉，城市是经过1000年能工巧匠细心雕琢的，光采夺目。

"我已经找到一条通往更美好的家园的大道，我已经看到幸福生活的曙光。

跟我来吧，我带领你们奔向那里。上帝的笑容不只是在这儿，也在其他地方。”

他停住了，人群里发出一声恐怖的吼叫。

“亵渎，这是对神圣的亵渎。”守旧老人叫喊着。“给他的罪行以应有的惩罚吧！他已经丧失理智，胆敢嘲弄1000年前定下的律法。他死有余辜！”

人们举起了沉重的石块。

人们杀死了这个漫游者。

人们把他的尸体扔到山崖脚下，借以警告敢于怀疑祖先智慧的人，杀一儆百。

没过多久，爆发了一场特大干旱。潺潺的知识小溪枯竭了，牲畜因干渴而死去，粮食在田野里枯萎，无知山谷里饥声遍野。

不过，守旧老人们并没有灰心。他们预言说，一切都会转危为安，至少那些最神圣的篇章是这样写的。

况且，他们已经很老了，只要一点食物就足够了。

冬天降临了。

村庄里空荡荡的，人稀烟少。

半数以上的人由于饥寒交迫已经离开人世。活着的人把唯一希望寄托在山脉那边。

但是律法却说，“不行！”

律法必须遵守。

一天夜里爆发了叛乱。

失望把勇气赋予那些由于恐惧而逆来顺受的人们。

守旧老人们无力地抗争着。

他们被推到一旁，嘴里还抱怨自己的命运不济，诅咒孩子们忘恩负义。不过，最后一辆马车驶出村子时，他们叫住了车夫，强迫他把他们带走。

这样，投奔陌生世界的旅程开始了。

离那个漫游者回来的时间，已经过了很多年，所以要找到他开辟的道路并非易事。

成千上万人死了，人们踏着他们的尸骨，才找到第一座用石子堆起的路标。

此后，旅程中的磨难少了一些。

那个细心的先驱者已经在丛林和无际的荒野乱石中用火烧出了一条宽敞大道。

它一步一步把人们引到新世界的绿色牧场。

大家相视无言。

“归根结底他是对了，”人们说道，“他对了，守旧老人错了。”

“他讲的是实话，守旧老人撒了谎……

“他的尸首还在山崖下腐烂，可是守旧老人却坐在我们的车里，唱那些老掉牙的歌子。

“他救了我们，我们反倒杀死了他。”

“对这件事我们的确很内疚，不过，假如当时我们知道的话，当然就……”

随后，人们解下马和牛的套具，把牛羊赶进牧场，建造起自己的房屋，规划自己的土地。从这以后很长时间，人们又过着幸福的生活。

几年以后，人们建起了一座新大厦，作为智慧老人的住宅，并准备把勇敢先驱者的遗骨埋在里面。

一支肃穆的队伍回到了早已荒无人烟的山谷。但是，山脚下空空如也，先驱者的尸首荡然无存。

一只饥饿的豺狗早已把尸首拖入自己的洞穴。

人们把一块小石头放在先驱者足迹的尽头（现在那已是一条大道），石头上刻着先驱者的名字，一个首先向未知世界的黑暗和恐怖挑战的人的名字，他把人们引向了新的自由。

石上还写明，它是由前来感恩朝礼的后代所建。

这样的事情发生在过去，也发生在现在，不过将来（我们希望）这样的事不再发生了。

共产党宣言[①]（节选）

◇ 马克思　恩格斯

一个幽灵，共产主义的幽灵，在欧洲游荡。旧欧洲的一切势力，教皇和沙皇、梅特涅和基佐、法国的激进党人和德国的警察，为驱逐这个幽灵而结成了神圣同盟。

有哪一个反对党不被它的当政的敌人骂为共产党呢？又有哪一个反对党不拿共产主义这个罪名去回敬更进步的反对党人和自己的反动敌人呢？

从这一事实中可以得出两个结论：

共产主义已经被欧洲的一切势力公认为一种势力；

现在是共产党人向全世界公开说明自己的观点、自己的目的、自己的意图并且拿党自己的宣言来对抗关于共产主义幽灵的神话的时候了。

卡尔·马克思　（1818—1883），全世界无产阶级的伟大导师，科学共产主义的创始人。伟大的政治家、哲学家、经济学家、革命理论家。主要著作有《资本论》、《共产党宣言》等。

弗里德里希·冯·恩格斯（1820—1895），德国哲学家、社会主义理论家、国际无产阶级运动的伟大导师和领袖，近代共产主义的奠基人，马克思主义的创始人之一。主要著作除了与马克思共同撰写的《共产党宣言》外，还著有《自然辩证法》等。

到目前为止的一切社会的历史都是阶级斗争的历史。

自由民和奴隶、贵族和平民、领主和农奴、行会师傅和帮工，一句话，压迫者和被压迫者，始终处于相互对立的地位，进行不断的、有时隐蔽有时公开的斗争，而每一次斗争的结局都是整个社会受到革命改造或者斗争的各阶级同归于尽。

但是，我们的时代，资产阶级时代，却有一个特点：它使阶级对立简单化了。整个社会日益分裂为两大敌对的

① 选自《共产党宣言》，（德）马克思、（德）恩格斯著，中央编译局编译，人民出版社1997年版。

阵营，分裂为两大相互直接对立的阶级：资产阶级和无产阶级。

资产阶级在历史上曾经起过非常革命的作用。

资产阶级在它已经取得了统治的地方把一切封建的、宗法的和田园诗般的关系都破坏了。它无情地斩断了把人们束缚于天然尊长的形形色色的封建羁绊，它使人和人之间除了赤裸裸的利害关系，除了冷酷无情的“现金交易”，就再也没有任何别的联系了。它把宗教虔诚、骑士热忱、小市民伤感这些情感的神圣发作，淹没在利己主义打算的冰水之中。它把人的尊严变成了交换价值，用一种没有良心的贸易自由代替了无数特许的和自力挣得的自由。总而言之，它用公开的、无耻的、直接的、露骨的剥削代替了由宗教幻想和政治幻想掩盖着的剥削。

资产阶级抹去了一切向来受人尊崇和令人敬畏的职业的神圣光环。它把医生、律师、教士、诗人和学者变成了它出钱招雇的雇佣劳动者。

资产阶级撕下了罩在家庭关系上的温情脉脉的面纱，把这种关系变成了纯粹的金钱关系。

资产阶级，由于一切生产工具的迅速改进，由于交通的极其便利，把一切民族甚至最野蛮的民族都卷到文明中来了。它的商品的低廉价格，是它用来摧毁一切万里长城、征服野蛮人最顽强的仇外心理的重炮。它迫使一切民族——如果它们不想灭亡的话——采用资产阶级的生产方式；它迫使它们在自己那里推行所谓的文明，即变成资产者。一句话，它按照自己的面貌为自己创造出一个世界。

资产阶级使农村屈服于城市的统治。它创立了巨大的城市，使城市人口比农村人口大大增加起来，因而使很大一部分居民脱离了农村生活的愚昧状态。正像它使农村从属于城市一样，它使未开化和半开化的国家从属于文明的国家，使农民的民族从属于资产阶级的民族，使东方从属于西方。

随着资产阶级即资本的发展，无产阶级即现代工人阶级也在同一程度上得到发展；现代的工人只有当他们找到工作的时候才能生存，而且只有当他们的劳动增殖资本的时候才能找到工作。这些不得不把自己零星出卖的工人，像其他任何货物一样，也是一种商品，所以他们同样地受到竞争方面的一切变化的影响、受到市场方面的一切波动的影响。

共产党人的最近目的是和其他一切无产阶级政党的最近目的一样的：使无产阶级形成为阶级，推翻资产阶级的统治，由无产阶级夺取政权。

共产主义的特征并不是要废除一般的所有制，而是要废除资产阶级的所有制。

但是，现代的资产阶级私有制是建筑在阶级对立上面、建筑在一些人对另一些人的剥削上面的、生产和产品占有的最后而又最完备的表现。

从这个意义上说：共产党人可以用一句话把自己的理论概括起来：消灭私有制。

代替那存在着阶级和阶级对立的资产阶级旧社会的，将是这样一个联合体，在那里，每个人的自由发展是一切人的自由发展的条件。

共产党人不屑于隐瞒自己的观点和意图。他们公开宣布：他们的目的只有用暴力推翻全部现存的社会制度才能达到。让统治阶级在共产主义革命面前发抖吧。无产者在这个革命中失去的只是锁链。他们获得的将是整个世界。

全世界无产者，联合起来！

“世界公民”潘恩

◇ 佚名

“世界就是我的祖国。”“给我7年时间，我就会为欧洲每一个国家写一部《常识》。”潘恩把毕生精力都献给了鼓舞普通民众追求天赋人权，奋起改变自己命运的事业，他一生坎坷，历经磨难，却从来没有放弃斗争，“他的《人权论》照亮了每一个人的灵魂。他使盲人看清了被愚弄、被奴役的命运。他给全世界指明了自由之神。”

潘恩原本是英国人。1737年1月29日，潘恩出生于英格兰诺福克郡一个贫困的裁缝工人家庭。他只读过几年书，13岁那年，就因家境困难而辍学，在他父亲的作坊里当学徒，学做妇女紧身衣。16岁时，潘恩当上了水手。此后他又做过鞋匠、英语教师和地位低下的收税官。1772年，他代表收税官同政府交涉，要求增加工资，起草了《收税官们的状况》的请愿书。1774年4月，潘恩作为“闹事”的“祸首”被革职。同年秋，潘恩拜访了在伦敦的富兰克林，请他写信介绍自己去北美大陆。12月，潘恩来到北美，初在费城担任家庭教师。

1774年末，潘恩找到《宾夕法尼亚》杂志的编辑工作。那时英国和殖民地之间的关系十分紧张，潘恩很快就卷进冲突。北美独立战争的前夜，北美殖民地和英国的矛盾一触即发。作为《宾夕法尼亚》杂志的编辑潘恩，发表了一系列文章，反对君主制度，主张废除封建等级，揭露罪恶的黑奴制度，阐述了自己激进的民主政治观点，其中《在美洲的非洲人奴隶问题》一文，后来一再被废奴运动领袖弗·道格拉斯所引用。1775年4月19日的莱克星敦和康柯德的战斗之后，潘恩得出结论，这次起义的目的不仅要反对不公正的税制，而且要支持全面独立。

1776年1月10日，潘恩发表了一本50页的小册子，书中对他的论点做了详细解释。这本小册子立即引起轰动，3个月内售出十多万册。在一个人口仅250万的殖民地里，据说总共售出了50万册。这就是大名鼎鼎的《常识》一书。潘恩的《常识》比任何一个出版物都更能说服当时的公众舆论支持北美从不列颠独立出来。

《常识》是潘恩对北美独立事业最大的贡献之一。《常识》说："国王都是一些独夫民贼而君主制度本身就是罪恶的源泉，英国政府在北美的统治完全是从私利出发的，如果北美人民想要从英王方面取得什么让步，那是虚幻的梦想。"《常识》集中地反映了当时人们的要求。它指出，只有通过武装斗争，宣布独立，才能把13个殖民地的人民团结起来，去争取应当享有的权利。所以此书一出版，人们争相传诵。《常识》启迪了人们的觉悟，提高了美利坚民族的自尊心，为北美人民提出了明确的战斗纲领。1776年7月4日，第二届大陆会议通过了《独立宣言》，美利坚合众国正式诞生了。如果说，《独立宣言》是历史上第一次以政治纲领形式宣布民主共和国原则，那么《常识》则是《独立宣言》的精华。

1776年8月，潘恩参加了大陆军宾夕法尼亚联队。他一面打仗，一面以《美国危机》为总标题，针对出现的各种问题，先后发表了13个小册子，借以鼓舞士气。他摊在膝盖上写下的这些战斗性的檄文像一剂强心针，深深地扎刺在看到它的不论哪一个人心上，带兵的华盛顿将军甚至时不时就下令紧急集合起全体官兵，亲自向他们朗诵这些文章。靠着这些文章的激励，1776年圣诞之夜，美军一鼓作气，连夜渡河，在特仑屯战役中大获全胜。

让我们温习一下这些激动人心的檄文中的一个片断吧：

这是磨炼人的灵魂的时候，能共享安乐，却不能患难与共的人们，在这场危机中将在为国服务的斗争中退缩，可现在能挺住的人，应该受到所有人的热爱和感激。暴政同地狱一样不易征服，但是，我们可以此安慰自己：斗争越艰苦，得到的胜利越光荣；得到的胜利越顺手，赢得的尊敬越渺小。

1777年，潘恩被大陆会议任命为外交事务委员会秘书。他的主要任务是争取法国对北美殖民地的贷款和物质援助。后来由于潘恩揭露了美国驻法大使迪安从法国援美经费中渔利的丑闻，遭到了大陆会议中大资产阶级当权者的反对。1779年初，潘恩被迫辞去这一职务。但是，潘恩继续为北美人民争取解放而斗争。1780年，在潘恩的积极推动下，宾夕法尼亚州议会颁布了逐步解放黑奴的法案。

迪安事件使潘恩在美国的命运发生大逆转。随后，他处于各种不信任以及诋毁的谣言之中，他似乎不再是《常识》的作者，他似乎成了周围人的眼中钉，上流社会因而传出对他的讥笑，说他升起来像一支火箭，坠落时如同一根拐杖。

潘恩转瞬之间成了一个失业游民，每个人都似乎约好了似的不再善待他，他几乎快饿得不行了。但他还必须保住自己的头颅，这个对独立革命献出过启蒙思想的头颅，他坚信他的遭遇说明民众还需不停地启蒙，先知都是这样，要受到庸人滞后很久的意识的奚落，然后是重新发现，然后又是俗不可耐的追捧。

潘恩给纽约州议会写了一封信，信中说："我不懂经商，也没什么地产，我从另一个国家流亡至此，也未置办下任何家业，有时我也忍不住自己问自己，你比一个难民到底好多少？最可悲的是，我这个难民曾为这个国家竭忠尽智，却得不到任何回报。"这当然是一种抗议，毕竟，人们知道他的头颅曾经的价值，所以，国会先是答应给他一笔生活补贴，随后经过两年审慎而反复的辩论，终于敲定具体的补贴是30 010美金。

吃饱了肚子，这样优秀的脑子当然不会闲下来。就像诸多那个时代的优秀人物一样，潘恩满脑子既装着献身民主的激情，也一刻不停地充满了各种千奇百怪的实验计划，他亲自试验鼓捣过的东西从刨床、轻型起重机、车厢轮子到无烟蜡烛，品类繁多。有一次，他听到富兰克林感叹说："对于闲暇者，有书；对于伟人，有大厦；对于教士，有教堂；对普通老百姓，却没人为他们建筑桥梁。"也许是出于感激这位最初给他写推荐信的人，潘恩立即着手设计制作铁桥，也就是在这段时间里，他完成了一座由13根弯梁撑起的单拱桥，他将之称为"《常识》之子"，以纪念13州组建合众国这一伟大历史。

"世界就是我的祖国。""给我7年时间，我就会为欧洲每一个国家写一部《常识》。"1787年4月，潘恩回到欧洲，来往于法国与英国之间，但主要居住在英国（直至1792年）。法国大革命爆发后，他多次去巴黎，为法国大革命呐喊。他应邀参加了法国《人权宣言》的起草工作。为了保卫法国革命原则，批判英国一些反动分子的谬论，1792年，他撰写了《人权论》（又译《人的权利》）一书，热情歌颂了法国人民攻打巴士底狱的革命行动，歌颂了巴黎人民大无畏的革命精神。

潘恩积极的革命活动，引起了英国政府的警觉和不安。1792年5月，英王宣布禁止出版、销售和传播《人权论》一书，英国皇家法院还指控潘恩犯有“谋反罪”，决定于同年12月对他进行审讯。与此同时，法国人民对英国政府提出了强烈抗议。1792年8月，法国国民公会授予潘恩法国荣誉公民的称号，法国加莱地区选民还将他选为国民公会的代表，并派专人去英国将他接到法国居住。到达法国后，潘恩立即参加了国民公会的工作，国民公会又选他为制宪委员会9个委员之一。

在国民公会里，潘恩属于吉伦特派，反对以判国罪判处国王路易十六死刑。因此，1793年12月，潘恩又因同情吉伦特派而被捕，一直到1794年11月雅各宾派垮台才恢复自由。当时美国政府本可以通过外交途径把潘恩从法国的监狱里解救出来，但美国政府为了所谓的“中立”，认为不值得为了潘恩与英国翻脸。

潘恩恢复自由之后，又不满法国热月党人的反动统治，谴责热月党人的某些反革命政策，并继续宣传激进的民主共和思想。垂暮之年，他在法国集中精力写了《理性时代》和《土地的正义》（又泽《土地公平》）等著作。前者无情地揭露了宗教和教会的虚伪性，抨击了基督教的神学体系；后者建议改革资本主义制度，使它更能为广大劳动人民所接受。

由于潘恩反对拿破仑的独裁统治和侵略战争，不愿与他共事，1802年，他重返阔别15年的美国。美国一些头面人物曾对潘恩许诺：“我们不会忘记你的价值。”然而现在潘恩回到美国后，因他反对大私有制，宣传无神论，又受到了联邦党人和反动教会的打击与迫害。

他本来还是带着一种新式车轮回来的，但他一回来就发现整个氛围比他出走的那段时间毫无实质性变化，相反，个别地方可能还要过激些。当然，他可能得罪过一些美国人中的“美国人”，比如受所有人褒扬的华盛顿。那还是华盛顿死后不久，潘恩一听说要为他树立雕像，立即就公开表达对这个曾在关键时刻袖手旁观见死不救的头面人物的反感。他的原话是一首诗：把最冷最硬的石头采出矿坑／无须加工，它就是华盛顿／你若雕琢，可留下粗陋的刀痕／在他心窝镌刻——忘恩负义。

华盛顿死了，当年跟潘恩一起并肩作战的人，或那些早年极力推崇潘恩的人，此时都像约好似的，一致当他是这个世界的“瘟疫”。

联邦党人集体反对他回美国，称他为“无神论者”。

亚当斯以新英格兰全体人民的名义恳求他“不要再扰乱人心”了。

正在竞选总统的杰弗逊远远地躲着他，甚至由于避嫌而拒绝潘恩在政府中担任一切公职。

当年《常识》一书取名人本杰明·罗什则说：“他在《理性时代》中宣扬的原则，我觉得讨厌不已，我根本不想再和他来往。”

他下榻的旅馆附近，入夜总有嘘声包围，人们不准他乘坐马车，甚至马车从他旁边经过时还故意溅他一身泥。

他随后又被人告发跟女房东有性关系，原因是他是鳏夫。

他三次都差点被剥夺美国国籍。

1804年圣诞夜，一颗子弹在离他10英尺的地方击中目标。他快死了。这位自称的“世界公民”死前已有一年多时间没法四处去走动，他不是担心会被石头砸死，就是可能被唾沫淹死。他也就只能任由他的头发疯长得像鸟的羽毛。

美国已想尽一切办法来忘记他，或是想提前把他埋葬。

潘恩很配合地就死了。时间是1809年6月8日早晨8点，整个美国只有《纽约邮报》发了轻薄短小的一条消息。消息说：昨天，他葬于西切斯特县新罗彻尔附近，那也许是他的庄稼地，不知道他的准确年龄，不过他活的也够长，他做过一些好事，可更多的是坏事。

潘恩的死还没说完，加上两名黑人，一共有6人送葬，其中两位是房东太太及其儿子。

潘恩的尸骨原本还是全的，1819年，一个被潘恩所感动的英国记者柯贝特掘出潘恩尸骨，想运回英国，再发动募捐为之建造圣祠。但刚回英国，他也立即受到人们像对待瘟神一般的恶意，一个巡街的更夫不过宣布了潘恩遗骨到达的消息，立即被收监9个星期。柯贝特只好将遗骨传给儿子，儿子破产之后，遗骨本是被作为财产没收的，但大法官随后又认为那不是值钱的东西，随便交给一个打散工的老头保管，后来不知怎么回事，一位牧师又宣布说他拥有潘恩最后剩下的两块骨头。

再到后来，潘恩的骨头全部不见了。幸好，潘恩死时写好了自己的墓志铭：《常识》的作者托马斯·潘恩之墓。于是，在今天美国的新罗彻尔，人们还可以通过这句话，看到一处没有半块骨头的潘恩之墓，那是他突出在这个地球上的没有一丝造假的高度。

论人类的不宽容[①]

◇ 亨德里克·威廉·房龙

现代的不宽容就像古代高卢人一样，可以分为3种：出于懒惰的不宽容，出于无知的不宽容和出于自私自利的不宽容。

第一种也许最普遍，它在每个国家和社会各个阶层都能看到，尤其在小村子和古老镇子里更为常见，而且不仅仅限于人类的范围。

我们家的老马在前25年里在考利镇的温暖马厩度过了安定的生活，说什么也不愿意到西港的同样温暖的谷仓去，理由很简单，它一直住在考利镇，熟悉这里的一砖一石，因此知道每天在康涅狄格州的舒适土地上漫步时不会受到陌生景物的惊吓。

我们的科学界迄今花费了巨大精力研究早已不复存在的波利尼西亚群岛的方言，却很可惜忽视了狗、猫、马和猴子的语言。不过，假如我们懂得一匹名叫“杜德”的马与从前考利镇的邻居说些什么，就能听到一场空前激烈的不宽容的大发泄，杜德已经不是小马驹，在许多年前就已定型，所以它觉得考利镇的礼节、习惯和风俗样样顺眼，而西港的礼节、习惯和风俗则完全不对头，至死它还是这样认为。

正是这种不宽容使父母对子女的愚蠢行为摇头叹

① 选自《宽容》，（美）房龙著，迮卫等译，生活·读书·新知三联书店1985年版。

息，使人们荒唐向往“过去的好日子”，使野蛮人和文明人都穿上令人难受的衣服，使这个世界充满了多余的废话，也使抱有新思想的人成为人类的敌人。

不过即使这样，这种不宽容相对来说还是无害的。我们大家或早或晚都要因为这种不宽容而受罪。在过去的几代中，它致使数以百万计的人背井离乡，如今它又是使渺无人烟的地方出现永久居民点的主要原因，不然那些地方到现在还会是一片荒凉。

第二种不宽容更为严重。

无知的人仅仅由于他对事物的一无所知便可以成为极其危险的人物。

但是，他如果还为自己的智力不足措辞辩解，那就更为可怕。他在灵魂里建立起了花岗岩的堡垒，自我标榜一贯正确，他站在咄咄逼人的要塞顶端，向所有敌人（也就是不苟同于他的偏见的人）挑战，质问他们有什么理由活在世上。

有这种苦恼的人既苛刻又卑鄙，他们常年生活在恐惧之中，很容易变得残酷暴虐，喜欢折磨他们憎恨的人。正是从这伙人当中首先冒出了“上帝的特选子民”的念头。况且这些幻觉的受害者总是想象他们与无形的上帝有某种关系，以此来壮胆，为自己的偏执辩护增色。譬如，他们决不会说：“我们绞死丹尼·迪弗尔，是因为他威胁了我们的幸福，我们对他恨之入骨，只是喜欢绞死他而已。”他们是决不会这样说的。他们凑到一起召开气氛庄严的秘密会议，一连几个小时，几天或几个星期详细研究上面说的丹尼·迪弗尔的命运。最后判决一经宣布，丹尼这个也许只搞了些诸如小偷小摸的可怜虫便俨然成为犯有重罪的最可怕的人物，胆敢违反上帝的意志（这意志只是私下授予上帝的特选子民，也只有上帝的选民才能理解），对他执行判决是神圣的责任，法官也因为有勇气给撒旦的同伙判罪而光宗耀祖。

忠厚老实、心地善良的人和野蛮粗鲁、嗜血成性的人一样，都很容易被这个最为致命的幻觉所迷惑，这在历史学和心理学上已经司空见惯了。

一群群的人们兴致勃勃地观看1000名可怜的牺牲者遭难，他们肯定不是杀人犯。他们是正直虔诚的老百姓，自己还觉得是在上帝面前从事一件荣耀喜人的事情哩。

如果有人向他们提到宽容，他们还会表示反对，认为这是不体面地承认自己道德观念衰退。也许他们自己就不宽容，但在那种情况下他们反倒以此而自豪，还振振有词，因为在潮湿寒冷的晨光里站着丹尼·迪弗尔。他穿着藏红色衬衣和缀满小魔鬼的马裤，一步一步缓慢而坚定地走向执行绞刑的刑场。示众一结束，人们便回到舒适的家里，饱餐一顿熏肉和豆角。这本身不就足以证明他们所思的和所做的是正确的吗？

不然他们怎么能是观众呢？怎么不和作者调换一下位置呢？

我承认这个观点是经不起推敲的，但却很常见，也难予以回击，人们只是深信自己的思想就是上帝的思想，因此根本无法明白自己会有什么错误。

剩下的第三种不宽容是由自私自利引起的。实际上它是嫉妒的一种表现，就像麻疹一样普遍。

耶稣来到耶路撒冷后教导人们，靠屠杀十几只牛羊是换不来全能上帝的垂青的，于是所有靠典礼祭祀谋生的人都诋毁他是危险的革命者，在他还没有从根本上危害他们的大股收入时，就设法把他处死了。

几年后，圣保罗来到艾非西斯，宣扬一种威胁珠宝商买卖的新教义，因为当时珠宝商通过制作和贩卖当地的女神黛安娜的小塑像大发横财，为此金匠行会差一点要用私刑教训这个不受欢迎的侵入者。

一些人依靠某种已经建立的崇拜来谋生，另一些人却要把人们从一个寺庙引到另一个寺庙，他们之间一直存在着公开的战争。

我们在讨论中世纪的不宽容时，必须记住我们要对付一个非常复杂的问题。只是在极为个别的情况下我们才能遇到3种不同的不宽容中的单独一种表现。在引起我们注意的迫害案件中，常常3种情况并存。

一个组织如果拥有了雄厚的财富，掌管了数千英里的土地和统治了成千上万农奴，就会把全部怒气和能量都倾泻在要重新建立朴实无华的“地上天堂”的农民身上，这是很自然的。这样，终止异端邪说就变成经济上的需要，隶属于第三种——出于自私自利的不宽容。

容忍与自由[1]

◇ 胡适

胡适（1891—1962），现代著名学者、诗人、历史学家、文学家、哲学家，新文化运动领袖之一。

十七八年前，我最后一次会见我的母校康奈儿大学的史学大师布尔先生。

我们谈到英国文学大师阿克顿一生准备要著作一部《自由之史》，没有写成他就死了。布尔先生那天谈话很多，有一句话我至今没有忘记。他说："我年纪越大，越感觉到容忍（tolerance）比自由更重要。"

布尔先生死了十多年了，他这句话我越想越觉得是一句不可磨灭的格言。我自己也有"年纪越大，越觉得容忍比自由还更重要"的感想。有时我竟觉得容忍是一切自由的根本：没有容忍，就没有自由。

所以我自己总觉得我应该用容忍的态度来报答社会对我的容忍。所以我自己不信神，但我能诚心的谅解一切信神的人，也能诚心地容忍并且敬重一切信仰有神的宗教。

我要用容忍的态度来报答社会对我的容忍，因为我年纪越大，我越觉得容忍的重要意义。若社会没有这点容忍的气度，我决不能享受四十多年大胆怀疑的自由，公开主张无神论的自由。

在宗教自由史上，在思想自由史上，在政治自由史上，我们都可以看见容忍的态度是最难得，最稀有的态度。人类的习惯总是喜同而恶异的，总不喜欢和自己不同

① 选自《胡适选集》，胡适著，北京大学出版社1998年版。

的信仰、思想、行为。这就是不容忍的根源。不容忍只是不能容忍和我自己不同的新思想和新信仰。一个宗教团体总相信自己的宗教信仰是对的，是不会错的，所以它总相信那些和自己不同的宗教信仰必定是错的，必定是异端，邪教。一个政治团体总相信自己的政治主张是对的，是不会错的，所以它总相信那些和自己不同的政治见解必定是错的，必定是敌人。

一切对异端的迫害，一切对“异己”的摧残，一切宗教自由的禁止，一切思想言论的被压迫，都由于这一点深信自己是不会错的心理。因为深信自己是不会错的，所以不能容忍任何和自己不同的思想信仰了。

试看欧洲的宗教革新运动的历史。马丁·路德和约翰·高尔文等人起来革新宗教，本来是因为他们不满意于罗马旧教的种种不容忍，种种不自由。但是新教在中欧、北欧胜利之后，新教的领袖们又都渐渐走上了不容忍的路上去，也不容许别人起来批评他们的新教条了。高尔文在日内瓦掌握了宗教大权，居然会把一个敢独立思想，敢批评高尔文的教条的学者塞维图斯定了“异端邪说”的罪名，把他用铁链锁在木桩上，堆起柴来，慢慢地活活烧死。这是1553年10月23日的事。

这个殉道者塞维图斯的惨史，最值得人们的追念和反省。宗教革新运动原来的目标是要争取“基督教的人的自由”和“良心的自由”。何以高尔文和他的信徒们居然会把一位独立思想的新教徒用慢慢的火烧死呢？何以高尔文的门徒（后来继任高尔文为日内瓦的宗教独裁者）柏时竟会宣言“良心的自由是魔鬼的教条”呢？

基本的原因还是那一点深信我自己是“不会错的”的心理。像高尔文那样虔诚的宗教改革家，他自己深信他的良心确是代表上帝的命令，他的口和他的笔确是代表上帝的意志，那么他的意见还会错吗？他还有错误的可能吗？在塞维图斯被烧死之后，高尔文曾受到不少人的批评。1554年，高尔文发表一篇文字为他自己辩护，他毫不迟疑地说：“严厉惩治邪说者的权威是无可疑的，因为这就是上帝自己说话……这工作是为上帝的光荣战斗。”

上帝自己说话，还会错吗？为上帝的光荣作战，还会错吗？这一点“我不会错”的心理，就是一切不容忍的根苗。深信我自己的信念没有错误的可能（infallible），我的意见就是“正义”，反对我的人当然都是“邪说”了。我的意见代表上帝的意旨，反对我的人的意见当然都是“魔鬼的教条”了。这是宗教自由史给我们的教训：容忍是一切自由的根本；没有容忍“异己”的雅量，就不会承认“异己”的宗教信仰可以享受自由。但因为不容忍的态度是基于“我的信念不会错”的心理习惯，所以容忍“异己”是最难得、最不容易养成的雅量。

在政治思想上，在社会问题的讨论上，我们同样的感觉到不容忍是常见的，而容忍总是很稀有的。我试举一个死了的老朋友的故事做例子。四十多年前，我们在《新青年》杂志上开始提倡白话文学的运动，我曾从美国寄信给陈独秀，我说：此事之是非，非一朝一夕所能定，亦非一二人所能定。甚愿国中人士能平心静气与吾辈同力研究此问题。讨论既熟，是非自明。吾辈已张革命之旗，虽不容退缩，然亦决不敢以吾辈所主张为必是而不容他人之匡正也。独秀在《新青年》上答我道：鄙意容纳异议，自由讨论，因为学术发达之原则，独于改良中国文学当以白话为正宗之说，其是非甚明。必不容反对者有讨论之余地；必以吾辈所主张者为绝对之是，而不容他人之匡正也。

我当时看了就觉得这是很武断的态度。现在四十多年之后，我还忘不了陈独秀这一句话，我还觉得这种“必以吾辈所主张者为绝对之是”的态度是很不容忍的态度，是最容易引起别人的恶感，是最容易引起反对的。

我曾说过，我应该用容忍的态度来报答社会对我的容忍。我现在常常想我们还得戒律自己：我们若想别人容忍谅解我们的见解，我们必须先养成能够容忍谅解别人的见解的度量。至少我们应该戒约自己决不可“以吾辈所主张者为绝对之是”。我们受过实验主义的训练的人，本来就不承认有“绝对之是”，更不可以“以吾辈所主张者为绝对之是”。

哲学家阿多尔诺说“奥斯维辛以后诗已不复存在”，奥斯维辛是邪恶、苦难与耻辱的代名词，文明被践踏，生命被杀戮，心灵被摧残，它承载了人类历史上太多的苦难记忆，所有活着的人，你如何翻得过奥斯维辛这一页？历史，可以被宽恕，但不能被忘却，人类需要记忆，即使是苦难，即使是罪恶。因为记忆能使我们背负一种责任，能唤醒负罪和忏悔的心灵……

第五章 苦难记忆

刽子手……[1]

◇ P.鲍罗杜林

P.鲍罗杜林，前苏联诗人。

这是二战中最震撼人心的一句话……
剑子手……
充满了绝望神情的眼睛。
孩子在坑里恳求怜悯。
“叔叔啊，
别埋得太深，
要不妈妈会找不到我们。”

① 选自《苏联抒情诗选》，王守仁译，湖北人民出版社1984年版。

集中营里的孩子们[①]

◇ 埃利·威塞尔

这是穿越岁月而来的，来自黑暗中的孩子的歌唱。他们本应该生活在童话般灿烂的阳光里，幸福的童年却被突然打断。孩子们可能最后也不知道自己的生命中究竟做过什么，使得上帝要如此早地召回他们的灵魂。对二战的许多幸存者来说，他们只是为了替死者生存，为了替死者讲述他们的故事，为了这些故事代代传扬，为了永不忘却那些苦难记忆，为了有那么一天，人类再也不会有死亡、疾病和战争的纷扰……

埃利·威塞尔（1928—），美国当代思想家和作家。因为通过写作“把个人的关注化为对一切暴力、仇恨和压迫的普遍谴责”获1986年诺贝尔和平奖。本文是1974年作者在关于二战中法西斯大屠杀的国际讨论会上的发言，总题为“大屠杀之后的艺术和文化”。

让我们来讲故事，那是我们的首要责任。

如此聪明又如此苍老的孩子们的故事。

黑夜吞食生命、希望和永恒的故事。

让我们讲故事来记忆人类在面对凶猛的邪恶之时是多么脆弱。

大战后，死者向每个幸存者提出了同一个问题：你是否将能讲述我们的故事？

最好的描述是由普通人或儿童提供的。他们找到了正确的词语，正确的语调，坦白、质朴，这些是真理以及艺术的印记。他们面临的不是艺术技巧的问题。他们的目

---

① 选自《一个犹太人的一天》，（美）埃利·威塞尔著，陈东飚译，作家出版社1998年版。标题是编者所加，略有改动。

的只有一个，只有一个是他们执着的顽念：担负见证，传达一星火焰，一段故事的残片，一个真相的反映。

最纯粹的写作是那些献给了我们子孙的苦难、苦恼与死亡的写作——由那些孩子自己写下的作品。他们的词句比其他人的更使我们接近那段经历——他们的词句就成了经历。

伊茨哈克·卡曾尼尔森，在他的《我惨遭杀戮的族人之歌》里，给了我们如下的描述：

> 不要哭……在这个车站我看见另一个大约5岁的小姑娘。她在给她的弟弟喂食，而他哭了。他哭了，那个小东西，他在生病。往些许冲淡了的果酱里她撒进了面包的碎屑，熟练地把它们塞进他的嘴里。这一切我的眼睛有福看见，看见这母亲，一个5岁的母亲，在哺育她的孩子，听见她抚慰的词语。我自己的母亲，全世界最好的一个，也不曾发明这样的计策。但这一个却带着微笑擦擦他的嘴，把欢乐注入他的心里，这以色列的小姑娘。舒莱姆·阿莱赫姆[①]也不能比她做得更好。他们，以色列的孩子们，要最先接受末日与灾祸，其中大多数都没有父母。他们被霜冻、饥饿、蛆虫所吞噬。神圣的弥赛亚[②]们，在痛苦中达到了圣洁。说吧，那么，这些羔羊犯了什么罪？为什么在劫数到来的日子里是他们最先成为残忍的牺牲品，邪恶陷阱的第一个猎物，最先被留给了死亡，最先被抛入屠宰的货车？他们被扔进了货车，庞大的货车，就像一堆堆弃物，像大地上的尘土。而他们运输他们，杀死他们，灭绝他们，不留一点残余或记忆。我的孩子们中最好的都已被消灭，让苦难降临我吧，还有灾祸与荒芜。

每当我读到对孩子的杀戮，我知道我将需要用我的一切力量来摆脱——而非绝望。这变得更为真切是在我读到这些孩子们在他们进入火焰前所写下的作品之时。

一个叫做玛莎的小孩在死前不久这样写道：

---

① 舒莱姆·阿莱赫姆（1819—1890），俄国犹太人，用犹太意第绪语进行创作的作家。

② 弥赛亚，语出《圣经》，意为“救世主”。

这些天里我一定要节省。

我没有钱可节省；

我一定要节省健康和力量，

足够支持我很长时间。

我一定要节省我的神经和我的思想和我的心灵，

和我的精神的火。

我一定要节省流下的泪水，

我需要它们很长，很长的时间。

我一定要节省忍耐，在这些风暴肆虐的日子。

在我的生命里我有那么多需要的：

情感的温暖和一颗善良的心。

这些东西我都缺少。

这些我一定要节省。

这一切，上帝的礼物，我希望保存。

我将多么悲伤

倘若我很快就失去了它们。

一个叫莫泰尔的小男孩写下了一首极短的诗：

一个小花园，

有一个小男孩走在它旁边。

当花朵开放，

小男孩将再也不在。

另一个小女孩，阿莱娜，写道：

我想独自离开

到有别的、更好的人的地方。

进入遥远未知的某处，

那里，没有人杀害别人的地方。

也许我们更多人，一千个强者
会到达这目的地，
在不久以后。

巴维尔·弗雷德曼写下了“蝴蝶”：

最后的，最最后的，
黄得如此斑斓，明亮，耀眼。
也许如果太阳的眼泪会对着白石头歌唱，
这样一种黄色就会被轻轻带起
远走高飞。
我肯定它走了
因为它希望向世界吻别。
七个星期我一直住在这里
关在这贱民区里。
但我在这里找到了我的族人，
而蝴蝶召唤着我。
而白色的栗子在庭院里点亮。
只是我再没看见一只蝴蝶。
那只蝴蝶是最后一只。
蝴蝶不住在这儿，
在贱民区里。

最后一首，是由一个叫做莫泰利的小男孩写下的。我不知道他是谁，也不知道多大：

从明天开始，我将悲伤。
从明天开始，
今天我将快乐。
悲伤有什么用？

告诉我吧。
就因为开始吹起了这些邪恶的风?
我为什么要为明天悲痛，在今天?
明天也许还这么好，
这么阳光明媚。
明天太阳也许会再一次为我们照耀。
我们再也不用悲伤。
从明天开始，我将悲伤。
从明天开始，不是今天。不是。
今天我将愉快。
而每一天，
无论它多么痛苦，
我都会说：从明天开始，
我将悲伤，
不是今天。

是的，让我们来讲故事，诗篇中的故事和文件中的故事。别的一切都可以等，必须等。别的一切都不存在。

让我们来讲故事：恐惧的故事和黑夜的故事，发疯的老人的故事，他们在升上天堂时与他们的儿孙共舞。

让我们讲述发了疯的时代的故事，人类最深的苦难的故事。我说的是在奥斯维辛被杀害的犹太人。但在奥斯维辛死去的是人性。当人性杀害犹太人，人性就杀害了自己。

让我们来讲故事：孩子们的故事，他们在死去之前的一刻还在歌唱着生活。让我们讲述睿智的老人的故事，他们爱孩子并继续爱着他们直到死去。

让我们来讲故事：因为孩子们爱听故事。但有一个故事决不会被讲述，很快我们甚至也不会知道它的名字——还有它的秘密。

像自由一样美丽[①]（节选）

◇ 林达

一

故事发生在一个叫做特莱津的捷克小镇。可是，故事的源头，却是在德国。

1933年，希特勒在德国上台了，一上来就咄咄逼人，势不可当。

希特勒很早宣称："要对法国来一次最后的总算账……目的是在将来能为我国人民在其他地方进行扩张。""德国必须在东方进行扩张——主要牺牲俄国。""不能用和平方式取得的东西，就用拳头来取。"

为了给侵略铺路，他试图让德国人相信，世界上只有德国的白人、日耳曼人，才是强者，而"强者必须统治弱者，不能与弱者混杂，从而影响了自己的伟大。……只有天生的弱种才会认为这是残酷的。"希特勒宣扬这样的说法：奴役和践踏他人，是维持自己"民族优越"的方式。

希特勒追求全世界对德国的服从，追求德国对"领袖"的服从，也就是对他的服从。所以，希特勒一向说，德国是不要"民主这样无聊的玩意儿的"。很快，德国街头到处都是纳粹的冲锋队员，横冲直撞。

希特勒利用了人的弱点。这就是大多数人会有自私的

① 选自《像自由一样美丽》，林达著，生活·读书·新知三联书店2007年版。

想法，会愿意相信自己比他人更优秀。在遇到经济困难这样的灾难时，人们会愿意找到一些替罪羊，会不由自主地相信，罪责都是他人的，而不是自己有什么责任。当自己属于一个“强大的多数”时，会忽略甚至欺负弱小的、无力反抗的少数。希特勒激励德国人民，使他们相信，善良、同情心只是弱者的感情，这种感情对改造国家不利，要让这个国家强大，德国人民需要的只是“钢铁一般的意志”。

德国有着优秀的文化传统，是伟大的音乐巨匠贝多芬的故乡。即便在希特勒的统治下，也有许多人良心未泯，他们知道这是错的。然而，希特勒在上台之后，立即控制了所有的报纸和杂志。并且非法地逮捕那些持有不同意见的德国人。他们只能在家里，悄悄地把不赞同的想法告诉自己的孩子。可是，希特勒最容易控制的就是青少年了。因为他们还没有成年，往往没有具备独立思考的能力。他们非常容易受到学校和老师教育的影响，也非常容易盲目相信和崇拜强权与领袖。

那些智慧和善良的父母，很快就不敢再对孩子说出自己的想法了。因为孩子还不懂事，他们对教师的尊敬，对学校的服从，对国家和领袖的热爱，都是可能被利用的。他们可能在学校揭发自己的父母，而学校和政府鼓励他们这样做。在一个排斥人性的法西斯国家，统治者会鼓励不懂事的孩子，为了“国家和人民的利益”，出卖自己的父母。当时德国的教育让孩子们相信，假如他们的父母反对国家元首，就是反对国家，就是德国人民的敌人。所以，孩子们以为，他们虽然背叛了父母，却是在忠于自己的国家和人民，是在做一件“好事”。在德国，一些有良知的父母，就在自己孩子天真的揭发下，被抓进监狱，受到严厉惩罚，一些人甚至因此而被杀害。

纳粹在其统治期间，始终严厉镇压少数的雅利安德国人中的反对者。例如，1943年，一些在纳粹上台时还是少男少女的中学生，在进入慕尼黑大学之后开始觉醒，试图表达自己对纳粹的反对。结果，他们和支持他们的教授，全部被慕尼黑的法院判处了死刑。

在如此严酷的镇压下，很快，德国社会就很难再找到什么人，敢于公开站出来反对希特勒。而报纸、广播和所有的宣传工具，都在宣传着同样的思想。希特勒又是一个非常善于煽动民众的政客。在德国居于少数地位的德国犹太人，很快就失去了大多数骄傲的雅利安德国人的同情。处于多数地位的雅利安民众，在希特勒的煽动下，把德国的一切困境，归于他们的“敌人”——犹太民族。在“善”离开之后，他们心中只剩下“恨”，而“仇恨”很容易地就把“恶”塞满他们的胸膛。

在希特勒的统治下，最糟糕的事情发生了。法律不再是一个人向社会寻求保护的“自由保障”，而是希特勒施加迫害的工具。法律失去了灵魂，失去了善的支撑，空余一个黑色恐吓的躯壳。在纳粹德国，希特勒的意志就是法律。

希特勒为了宣扬弱肉强食的理论，煽动仇视其他民族，甚至把一些科学领域正常的探索研究，引向了一条可怕的社会改造的道路。

在1890年左右，许多科学家进入了对人类自身的研究，研究人的进化和遗传疾病等等。这个研究在世界各地都有，在德国也做得非常深入和广泛。德国科学家们收集了大量不同的人种资料，出版了许多相关的书籍。他们还举行了展览会、讲座、张贴宣传广告，这些宣传也进入学校的教育。宣传的目的是为了从遗传的角度，达到“优生”。在当时，被称为是“德国优生运动”。可是，在这个宣传过程中，也使得人种差异、遗传差异等一些明确的知识和所谓“社会达尔文主义”的模糊说法，逐渐在德国深入人心。

希特勒是“聪明”的。他在利用人类认知上的一些弱点：利用人们对于“科学”二字的盲目追随，也利用了人们对于“绝对理性”的崇尚。他夸大和强调了人类思想中科学、理性的那一面，而有意抹去人类文化来自另一个方向的、同样重要的感情和思想资源，抹去人的善良、同情心和良知。

于是，在希特勒上台之后的德国，人开始变得冷酷。一些优秀的科学家们，开始接受排斥了人性的“科学、理性”的思路。有越来越多的人认为，既然那些精神不健全的人、残疾的人，对社会和我们的国家没有什么“好处”，我们就可以“合理”地“除掉”他们，这是“人种的卫生”。从逻辑推论上，似乎找不到这样的思路有什么问题，他们唯独忘记了：人之所以是人，要有“人性”，要有对弱者的爱和同情。而在扫除人性之后，“科学和理性”，有可能成为非常可怕的罪恶的借口。

今天，在我们回顾历史的时候，打开书本，我们会看到一些照片，惊讶地发现，照片上那些“文明的”、衣冠楚楚、受过良好教育的德国科学家们，自觉地参与了成批谋杀精神病人、残疾人的行动。在一些弱智儿童的保育院里，家长把孩子交给那里的医生和保育员，是相信自己的孩子因此能够得到更好的照顾和治疗。可是，他们万万不会想到，孩子在那里被医生有计划地集体毒杀。

在阅读这些资料的时候，我们的一个德国朋友卡琳来我们家。她最近在以自己的家族历史为蓝本，写一本小说，为此做了很多调查。谈到这些话题的时候，她打开总是随身携带的笔记本电脑，给我们看一张照片，那是一个普通的德国女子，穿着长裙。那是她的姨婆，因为忧郁症住院，在“人种卫生”运动中，被纳粹杀死在医院里。看到书本上的历史，就这样活生生地发生在自己朋友家里，我们真是感觉很不一样。

卡琳告诉我们，听到这个家族故事，还不是她感到最震惊的时刻，不久前她回德国，向她的姨母了解姨婆被杀害的情况，她表达了自己的愤怒心情。可是，她那个受着纳粹教育长大的姨母，完全不以为然。她对卡琳说，那有什么，这些人反正是“没有用”了。卡琳说，在那一刻，看到自己姨母的平静和冷峻，才是她真正感到可怕的时候。

在科学、理性的旗帜下，希特勒把“人种卫生”推向“种族理想主义”。希特勒告诉德国人，德国的大多数民众所属的“雅利安人种”，是一种最高贵的种族。他们的遗传基因最优秀，身体最健康，智力最高。而其他种族，都是相对低劣的种族。希特勒得到一些德国科学家的配合，使得当时大多数的德国人相信，从“人种学”的“科学角度”来看，犹太人是一种最低劣的、甚至是罪恶的种族，整个犹太民族是德国经济灾难、政治灾难的根源。

当时在德国的电影院，播放着这样的“科学教育片”。在影片中，一群肮脏的老鼠在乱蹿，一边有这样的旁白：“这些老鼠在大自然里到处传播着病菌和疾病。”接下来，就是犹太人在街头行走的镜头，影片的旁白是：“犹太人就像人类中的老鼠一样，也在污染着人类。”我们是最近才看到这段影片，这才开始理解，为什么大多数德国人民会逐渐开始相信，为了国家的利益，他们要有一个如此残酷的“雅利安种族的纯化运动”。

1933年以后，德国犹太人在自己的德国同胞面前，已经成了待宰的羔羊。

没有人敢反对，希特勒的纳粹德国，就变得疯狂而嚣张。犹太人已经事实上被划出德国公民的范围，因为他们不再享有公民权利。1935年的纽伦堡法律，干脆宣布剥夺所有犹太人的德国公民权利。在“法律”的外衣之下，他们失去工作，失去财产，孩子失去上学的机会，在街上被公开殴打和谋杀。他们得不到国际社会的帮助，因为希特勒宣称，这是他们的“内政”，德国人在他们自己的国家里，他们可以做自己想做的任何事情，他们可以殴打、杀害自己的国民，任何外人都不得干涉。

在迫害犹太人的过程中，最残忍的任务，往往是交给年轻人去做的。因为年轻人的激情最容易在调唆之下转为仇恨。德国的大多数孩子们相信了希特勒的话，把“人性”看做是“软弱”而扫除了，这些年轻人开始变得暴戾起来。

德国的孩子们，从6岁开始，就被要求加入“少先队”、“希特勒青年团”等纳粹儿童和青少年组织，那些阻挡他们加入的家长要被判刑，甚至国家有权夺走他们的孩子。这些雅利安种族的孩子们本来还来不及形成自己的独立思想，又渴望着被接纳为一个“光荣集体”的一员，所以，很容易失去自己独立思考的习惯。

希特勒一上台就先清洗教育，告诉孩子们，那些不赞同希特勒的作家，都是“人民的敌人”。1933年5月10日晚上，希特勒上台只有四个半月，就有成千上万的学生们举着火炬游行，最后，在柏林大学对面的广场上，他们的火炬扔在了一大堆各国著名作家、思想家写的书上。新上任的德国宣传部部长戈培尔博士对孩子们说，“在这火光下，不仅一个旧时代结束了，这火光还照亮了一个新时代。”在火光下，失去人道主义思想滋润的德国孩子们，很快就变成了领袖希望他们变成的样子。

希特勒挑选那些最忠诚于“领袖和国家”的青年，组成了冲锋队，他们把冲锋队的标志SS，经常画成两道闪电，他们如闪电般地袭击他们眼中的所谓“敌人”。希特勒激励这些年轻人的办法，首先是让他们有特别的优越感。

纳粹党规定，所有冲锋队成员，必须血统纯正。冲锋队员的雅利安人的纯血统，必须追溯到至少1800年，也就是至少130年以上，将近四五代人。由于德国一向有教堂、医院认真记载婚姻和出生的传统，所以，这样的“纯种雅利安人”的要求，在德国是不难做到的。在今天的德国，还保存了大量这样的冲锋队员的“纯种”记录卡片。冲锋队员和他们的领袖之间，就有了一种隐隐的感情上的亲密关系。是他们的领袖，使得他们在芸芸众生之中脱颖而出，变得“优秀而优越”，于是他们忠诚于希特勒，愿意为领袖赴汤蹈火，做任何他需要做的事情。

在德国之外的正常世界，人们当然看到，纳粹德国正在变成一个危险的国家。德国人民在希特勒的愚民政策之下，变得狂妄自大而充满侵略性。善良已经远远地离开了那里。全世界都在忧心而紧张地注视着德国的变化，尤其是它周围的那些欧洲国家。因为他们和德国是邻居。假如你有一个狂暴的邻居，成天在你门口操刀弄棒的，你不可能不心惊胆战。可是，面对这样一个由疯狂的希特勒控制的国家，你能够怎么办？

希特勒和他的冲锋队正在迫害的犹太人，是他们自己国家德国的国民，他们说这是“内政”。来自外国的反对不起作用，而希特勒的侵略性几乎是他疯狂本性的延伸，他又操纵了一个国家。所以，德国将向外侵略，几乎成了大家都能够预见到的未来。可是，和德国做邻居的那些国家，不论是国家领袖还是知识分子，都在呼吁“和平”。在一个正常的国家，希望和平是人的本能。只是，向希特勒这样的战争狂人发出"和平呼吁"，实在是文不对题。最终，欧洲的政治家们也终于看到了这一点，但这些政治家们没有联合起来采取主动进攻的勇气，却做了一件令他们以后永远会感到羞愧的事情。

1938年9月30日，德国、英国、法国和意大利，一起签署了"慕尼黑协定"。这个协定的意思，是把欧洲的一个小国家，捷克斯洛伐克的西部，送给希特勒。这就等于是对希特勒说，你不要攻击我们，你去占领捷克斯洛伐克。你去侵略他们的时候，我们不会干涉，我们不管。堂堂的欧洲大国，把自己弱小的邻居，当做兔子，送到了希特勒的鹰爪之下。一年以后的1939年8月，前苏联也以同样方式，出卖了波兰。他们希望，将祸水引向别家，自己就安全了。

他们纵容了希特勒，最后却并没有保住自己国家的和平，仅仅5个多月，希特勒不仅得到捷克斯洛伐克，还攻占了波兰，继而把战火几乎燃遍了整个欧洲。引发了一场世界大战，这都是后来的事情了。

就这样，小小的捷克斯洛伐克，成为希特勒侵略战争的第一个牺牲品。

二

捷克斯洛伐克，是由捷克、斯洛伐克两个部分组成的。在我们讲述这个故事的今天，它们已经分成两个国家。我们的故事发生的小镇——特莱津，位于今天的捷克共和国。

捷克斯洛伐克是个宁静美丽的小国家，却也是当时欧洲最富裕的国家之一。它位于东部欧洲，它的西部恰好和德国相邻。捷克斯洛伐克的国家财产、煤矿、铁矿等等，都是希特勒需要的战略物资。捷克斯洛伐克又是和平的，没有足以保护自己的武力。这也是希特勒选中它作为侵略世界的第一步的原因。

1938年9月30日，在慕尼黑协定中，捷克斯洛伐克被自己的欧洲大国邻居们出卖。1939年3月15日，纳粹的铁蹄踏入了这个国家。

对于德军的到来，在捷克斯洛伐克，最感惊恐的就是生活在那里的9万多名犹太人。因为德国犹太人的遭遇，早已经通过种种渠道传到这里。果然，在1939年的6月，纳粹在占领区宣布了一系列反犹太人的法律。犹太人的生活，被永远地改变了。

纳粹在一开始就规定，所有19岁到40岁的犹太男子，必须登记，准备为德国服劳役。规定犹太人不准一小群人聚在一起，不准参加任何社会团体，不准上剧场、电影院和公园。纳粹控制了捷克斯洛伐克的所有电台，播送他们的谎言和宣传。犹太人取得真实消息的唯一途径，是通过短波收音机，收听欧洲其他国家的新闻。纳粹又立即宣布，犹太人不准听短波收音机，拥有短波收音机的犹太人，将被判处死刑。他们就这样被切断了取得外部消息的来源。

在捷克斯洛伐克，起初规定犹太人家庭拥有的一切贵重物品，如首饰等等，都必须登记报告。接下来，他们的照相机、打字机和贵重物品，甚至包括溜冰鞋和羊毛外套，都必须无偿上交。纳粹还冻结了犹太人的全部存款，只准许他们在自己的账号里取出50美元。从1939年9月开始，规定犹太人在晚上8点之后不准上街。从1940年8月开始，犹太人只准在下午的两个小时里去特定的商店买东西。

他们买吃的需要特别的食品券。纳粹不准犹太人购买肥皂、苹果、橘子、香烟、蔬菜、鱼、糖、奶酪、酒、发酵粉等等日常用品。他们的家宅没有任何保障，纳粹可能随时来抄家，只要在搜查中发现拥有这些“违禁品”，比如，搜出一个苹果，就会被逮捕。

1942年2月，捷克斯洛伐克的犹太人已经不准上理发店和洗衣铺、不准拥有自行车和乐器。在那一年的8月，纳粹进一步规定，在捷克斯洛伐克的犹太人不得拥有鸡蛋、牛奶、肉、蛋糕和白面包等食品，犹太孩子吃一个鸡蛋，都是违法的。

犹太人被迫离开他们谋生的职业，失去生活来源。他们被迫关闭他们的教堂。街上贴出了一张张的布告，犹太人随之失去一项项的权利。终于有一天，在捷克斯洛伐克所有的学校门口，都贴出通知，犹太孩子不准上学。

一开始犹太人家庭的电话被切断，后来连公共电话也不准他们使用了。在禁止旅行的规定出来之后，他们更是无法逃离。对他们的限制越来越多，1941年的犹太人法规，已经列出了对犹太人的270条限制的条文。

对于孩子们来说，他们一开始最不能理解、不能接受的，是他们突然和别的孩子“不一样”了。他们变得孤立，失去了所有原来的小朋友们的友谊。甚至一些孩子开始欺负他们。他们不能明白，他们突然被唾弃，不是因为自己做错了什么事情，而是因为自己出生在一个犹太人的家庭，而这是他们无法选择的事情。孩子都是敏感的，他们变得自卑、胆怯，恐怖像影子一样，紧紧跟随在他们后面。

1941年9月，纳粹规定，凡是6岁以上的犹太人，在出门的时候，必须在外衣的胸前佩戴羞辱性的黄色六角星形的符号，中间有表示“犹太人”的字样。犹太民族是深色的眼睛和深色的头发，可是，由于他们长期在世界各个地区、和其他民族生活在一起，也相互通婚，所以，一些有犹太血统的混血儿，在外表看来也是金发碧眼，在容貌上，种族特征并不明显。可是，这些混血儿微少的犹太人血统，假如自己不登记，也会被人们揭发出来。因而他们也必须戴着黄色六角星的符号出门。

胸前的黄色六角星，在捷克斯洛伐克，是一类人被划为“非人”的记号。在大街上，任何一个人都可以欺负、羞辱和殴打这些胸前有着黄色六角星的人。一开始，犹太孩子知道自己不能上学了，觉得很难受，可是，在这种时候他们都暗暗庆幸自己不必去上学。他们感觉，被迫佩戴黄色六角星行走在街上，是在展示屈辱，所有的人都知道，你不再是一个有尊严的孩子，不再是一个勇敢的孩子。你受到逼迫，你没有能维护自己的自尊，而是屈服了。有时候，这种模糊的、对自己感到失望的痛苦，甚至压倒了其他一切感受。

捷克斯洛伐克的犹太人，成了被抛弃的人群，而且是被双重抛弃了。作为捷克斯洛伐克人，他们的国家成为德国侵略者的牺牲品；同时，在德国人宣布犹太人为“劣等种族”的时候，他们的许多捷克斯洛伐克同胞们，也像大多数的德国民众一样，怀着相对的优越感，背弃了他们。这种背弃也隐含着很复杂的人的弱点。一些犹太人过去在事业上成功，比较富裕，就引出人们暗暗的忌妒心；宗教信仰的差别，使得一些信仰其他宗教的人不愿意宽容；在对纳粹的迫害感到恐惧的时候，一些捷克人暗暗地希望，能够另有一个突出的被打击目标，转移纳粹的注意力，这样，自己相对就能更安全；甚至一些欠了犹太人债务的人，庆幸因此可以不必还债；在犹太人被强迫遣送集中营的时候，他们的房子、家具、财产纷纷被邻居侵占；当然，也有一些人，本身就是有欺负和摧残别人的恶意。

平时，人的这些弱点会受到道德和法律的约束，在正常的情况下，社会也会引导人们向往善良，人们会试图努力地反省和克服自己的弱点，让自己成为一个善良的人。而一个变态的社会，会鼓励人们行恶，人的弱点就会在合理的借口之下爆发出来。这是非常奇怪而悲惨的现象，就是很多在纳粹铁蹄下的捷克斯洛伐克人，也充当了迫害犹太人的帮凶。还有一些人，只是出于对纳粹的恐惧，不敢为他们的犹太人同胞说话，也不敢帮助他们。很快，一群特定的人被排斥和迫害的情况，被大家习以为常地接受下来。人们看着一群带着黄色六角星的人被“划出”社会的法律保护，不能再享受“人”的待遇，却默不作声。

犹太人和他们的孩子们，在捷克斯洛伐克变得孤立无援。只有极少数的人冒着危险，向犹太人表示同情，甚至帮助他们。那一点点的温暖，成了犹太人永远不能忘记的记忆。

幸存的犹太孩子琼斯记得，在希特勒入侵的时候，“战争并没有打起来，因为捷克军队接到命令，不要抵抗。纳粹迅速占领了我的家乡。一些人在德军占领的第一天就被抓起来了。不让犹太孩子上学了。一天，我在家附近走着，独自一个人。忽然看到我们三年级的老师穿过马路，向我这边走来。经过我的时候，他飞快地握了一下我的手，说：‘勇敢些’。他这样做冒了很大的风险。对纳粹来说：一个非犹太人和犹太人说话，就是犯罪了。”

如琼斯的回忆所说，他们只看到情况一天天地坏下去，却“没有人知道下面还会怎么样”。

在德军占领的最初几年里，对于捷克斯洛伐克的犹太人来说，最可怕的，就是琼斯说的，等待未知厄运的恐怖。他们不知道以后还有什么样的事情会发生。家是不安全的，他们甚至不能像野兽那样，有一个洞窟，一个藏身之处，让他们可以相信，只要钻进洞去，就是安全的。任何事情都可能随时发生。他们没有能力反抗，父母也没有能力保护自己的孩子。

终于，从1942年2月开始，纳粹开始勒令犹太人离开家，他们将被送往集中营。

这个被遣送的过程令人难以相信。大多数在捷克斯洛伐克的犹太人，不是被一群群德国兵抓走，而是一个个地接到通知，被勒令在某个时候、必须去某个地方报到和集中，然后被送走。也就是说，他们虽然知道，前面等待着他们的是集中营，他们却只能顺从地自投罗网。

纳粹堵死了他们逃跑的路。假如他们不服从，那么，在逃离之后，他们就无处去领食品券买吃的，没有人会收留他们住下，他们犹太人的身份可能很快就会被举报，逃跑几乎等于是立即自杀。

所以，在他们被送往集中营之前，他们已经是住在一个更大些的“监狱”里，是在纳粹严密的控制之下，只是这个“监狱”的围墙是无形的罢了。现在，遣送的通知来了，他们就像一群将被宰杀的牲口，一个一个自己向屠宰场的门走去。没有别的出路。

在通知上，规定每个被遣送的人，只能带上50公斤东西。在一个指定的日子、指定的时间，去某个地方报到。有很多人在离开家的时候是白天，后来幸存的孩子都记得，他们每个人狼狈地提着一个大箱子，在四邻的注视之下，穿过街道，就像被赶走的罪犯。在他们中途集中的地方，箱子被搜查，所有的现金、值钱的东西，都被收走。他们被勒令交出自己家的钥匙。他们的家，留在家里的一切，再也不属于他们。

在特莱津犹太人囚徒的身后，德国人理所当然地抢劫了他们的财物。有778 000册珍贵书籍，603架钢琴，21 000条贵重地毯等，被运往德国。其余的住宅、贵重家具和衣物衣料、银器等等，都被纳粹冲锋队员卖掉，中饱私囊。

许多犹太人家庭不是一家家离开的。11岁的捷克女孩汉娜·布兰迪和她14岁的哥哥乔治·布兰迪，就是自己去的集中营。这两个生长在捷克一个普通小镇的孩子，他们命运被改变的故事，就是千千万万个犹太人孩子命运的缩影。

20世纪30年代，汉娜一家生活在捷克斯洛伐克中部，一个叫诺弗·麦斯托的美丽小镇。汉娜和哥哥是镇上仅有的犹太孩子。可是，他们和其他孩子一起上学，有许多朋友，过得很快乐。他们的父母热爱艺术，为谋生，开着一家小商店。他们很忙，却尽量抽出时间和孩子在一起，那是一个非常温暖的家。

1938年，汉娜7岁那年，开始感觉周围的气氛变得不安。父母背着他们，在夜晚从收音机里收听来自德国的坏消息。在那里新上台的纳粹在迫害犹太人。接着，随着德国局部入侵捷克斯洛伐克，迫害犹太人的坏消息也在逼近。1939年3月15日，德军占领了捷克斯洛伐克的整个国土。汉娜一家的生活永远地被改变了。

汉娜一家，和所有的犹太人一样，先是必须申报所有的财产。后来，他们被禁止进入电影院，禁止进入任何运动或娱乐场所，接着，汉娜兄妹失去了所有的朋友。1941年，汉娜要开始读三年级的时候，犹太孩子被禁止上学。汉娜伤心的是：我永远也当不成教师了——那曾经是她最大的梦想。

汉娜的父母尽量宽慰孩子。可是，他们知道，事情要严重得多。那年3月，盖世太保命令汉娜的母亲去报到，她离开孩子，再也没有回来。汉娜生日的时候，妈妈从被关押的地方，寄来了特别的生日礼物，那是用省下的面包做成的心形项链。父亲独自照料他们。有一天，他带回几个黄色六角星的标记。他不得不告诉自己的孩子，只要他们出门，就必须带上这个羞辱的标记。汉娜兄妹更不愿意出门了。可是，家里也并不安全。秋天，外面传来一阵粗暴的砸门声，他们的父亲也被纳粹抓走了。留下10岁的汉娜和13岁的乔治。

他们被好心的姑夫领到自己家里。姑夫不是犹太人，可收养犹太孩子是件危险的事情。他给了这两个孩子最后一段家庭温暖。1942年5月，汉娜11岁，乔治14岁，纳粹一纸通知，限令他们去一个地方报到，等候遣送。他们还满心希望能够重新见到爸爸妈妈，可是，纳粹把他们送到了另外一个地方。

临走前，汉娜从床底下拖出一只褐色的手提箱。汉娜和哥哥提着各自的箱子，先坐火车，又吃力地步行几公里，从火车站走到特莱津集中营。就在门口登记的时候，纳粹士兵在这个箱盖上写下了汉娜的姓名和出生年月，因为他们没有父母随行，就冷冷地用德语加上一行注释："孤儿"。

那个地方，叫做特莱津。

三

来到这里的孩子们一开始并不知道，特莱津也囚禁着许多一流的艺术家、音乐家、学者和教授。他们和孩子们在特莱津相遇。

这些成年人开始想，应该如何帮助这些孩子度过非常岁月？他们也在想，在这样的时候，我们作为成年人，要对孩子说些什么？他们甚至想到，我们也许无法活过这场战争，他们却可能活下来，未来属于他们，在未来的生活中，我们今天怎么做，对孩子才是最好的帮助？

犹太人被关在特莱津，走不出去。可是，作为所谓"模范集中营"，在特莱津内部，他们有一定程度的自我管理。最先关注这些孩子的，是集中营的犹太人委员会。他们在最困难的条件下工作，必须在纳粹给出的最苛严的生存状态的缝隙中，给孩子们的生活一些改善。

在特莱津，当孩子们来到的时候，犹太人委员会有过一次非常困难的讨论。就是如何使得孩子们在集中营的生活变得容易一些。讨论之所以是艰难的，是因为整个特莱津集中营的资源不仅是有限，而是严重缺乏。假如你给孩子多一点居住空间，就意味着本来就已经非常拥挤的成人居住区，要变得更为拥挤。假如你要给孩子们多一口吃的，那么，原先已经处于饥饿状态的成人们，就要再被扣去一份口粮。许多成人由于年迈，由于疾病、营养不良，生命都已经变得十分脆弱，他们本来就挣扎在生与死的临界线上，对孩子们的照顾，很可能就意味着要以一部分成人囚徒的生命作为代价。他们除了生命，已经一无所有。

这样的情况也发生在其他一些以居住区的形式建立的集中营。在波兰的华沙集中营，他们的犹太人委员会主席是一个著名的儿童教育家，在战前出版过许多儿童著作。他尽了自己最大的努力，还是不能改变犹太儿童在华沙集中营的悲惨境遇，最后，他只能以自杀做出抗议。

在特莱津集中营的犹太人委员会担任第一任主席的，是一个30多岁的年轻人，雅各布·爱德斯坦。他坚持要给孩子优惠的生活条件。他最终说服了那些一开始下不了决心这样做的委员们。爱德斯坦的优惠儿童的措施，最终在吃、住、活动等各个领域里，都落实了。

在特莱津，犹太人委员会先给孩子们争取更多的活动自由。成年和少年囚徒，白天都必须劳动，可是年幼儿童还不能劳动，也就缺少了户外活动的机会。一开始，许多年幼的孩子除了领三餐饭排队去食堂的时间，纳粹规定他们不准走出宿舍楼。特莱津的犹太人委员会对纳粹强调，让孩子有一定的活动，比一直憋在屋里更容易管理。他们利用纳粹也怕出乱子的心理，争取到了一些改善的条件：纳粹同意了犹太人委员会的安排，让一些年轻的犹太人囚徒，和孩子们住在一起，管理和照顾他们的日常生活。经过争取，也能够安排一些囚徒，以消磨时间为理由，带领孩子做游戏、唱歌。在将近一年以后，容许孩子们有一定时间的户外活动。同意男孩在户外游戏时间可以踢球。虽然，在生活上，孩子们相对得到了照顾，可是，雅各布·爱德斯坦知道，在囚禁中的孩子们的眼睛里，有时闪烁着一种异常的眼神，有许多没有问出来的“为什么”，却没人能够回答他们。孩子在夜半醒来，他们在空洞的黑暗中睁大眼睛，在寂静中发出轻轻的啜泣声，却没有人能够安慰他们。他知道孩子们的心灵变得超越年龄地复杂起来，可是没有一本心理学的教科书，能够化解犹太孩子的心灵悲剧。

在竭力照顾孩子们生活的同时，他们几乎是本能地，开始考虑孩子们的教育。他们要把知识、艺术和良知，交给孩子，让他们的灵魂得到支撑。可是纳粹严禁对孩子进行任何教育。于是，他们只能利用一切可能的机会，甚至违反禁令。他们把一些教师安排为宿舍的管理员，这样，就可以在带领孩子做游戏的时间里，悄悄地给孩子上课。

幸存的孩子们至今对雅各布·爱德斯坦、对教师们、对关心他们的大人们怀着感恩的心情。是这些大人们，在把生的希望尽可能地留给他们，也在尽可能地保护他们年幼受伤的心。

虽然，爱德斯坦和犹太人委员会，并不能真正保护孩子们免受伤害，因为他们也无力保护自己免受伤害。

一开始，犹太人委员会竭力争取一个年龄的界限，保护12岁以下的儿童不被遣送去东方，可是在1944年，甚至连婴儿都不能免于被遣送的命运。雅各布·爱德斯坦自己，也在1944年被送往奥斯维辛，被杀死在那里。他自己也只是一个集中营的囚徒。可是，幸存的孩子们，在长久地怀念着他，记得他短短的、有点乱乱的头发微卷着，记得他圆圆的脸，戴着圆圆的玳瑁眼镜。他的眼睛很温和，却总是显得忧郁。

犹太人委员会和艺术家们，还利用向纳粹争取来的带领孩子唱歌的机会，不仅使歌唱平衡和安慰孩子的心灵，还把它变成音乐、艺术课和提升精神力量的教育。囚禁在特莱津的音乐家，甚至为孩子们排练了儿童歌剧。其中最著名的一个歌剧，叫做“布伦迪巴”。

歌剧《布伦迪巴》的作者汉斯·克拉萨，是著名的音乐家，他于1899年11月30日，出生在布拉格一个德国籍的犹太律师家庭。汉斯·克拉萨从小就表现出很强的音乐天赋，在幼年，他就能够模仿莫扎特的风格作曲。在11岁那年，他创作的管弦乐曲在当地演出。1927年，他创作的交响乐已经由捷克交响乐团在首都布拉格上演。

汉斯·克拉萨在布拉格参加了一个德国籍的知识分子团体。他们的宗旨是：持人道主义的立场，反对盲目的（对德国的）爱国主义，对他们居住的、看做是自己家乡的捷克斯洛伐克做出自己的一份贡献。他热忱地投入音乐创作，各种形式的作品不断上演。1933年，他的一个歌剧获得了捷克斯洛伐克国家奖。

在纳粹德国占领了部分捷克的时候，在布拉格的90万人口中，有5万名像汉斯·克拉萨这样的德国人。

作为被纳粹迫害的犹太人的一员，汉斯·克拉萨很自然地参加了一个组织，那是由反法西斯的艺术家和布拉格犹太人孤儿院联合组成的。就是在那时期，他为这个孤儿院写了一部儿童歌剧《布伦迪巴》。这个歌剧就是在布拉格犹太人孤儿院首演的。这也是汉斯·克拉萨在被纳粹逮捕之前写的最后一个作品。1942年8月10日，他被送进特莱津集中营成为一个囚徒，他和所有的囚徒一样，失去自己的名字，被编号为21855。

在恶劣的环境中，在死亡的阴影下，汉斯·克拉萨继续着自己的音乐创作。

特莱津集中营中犹太儿童的画作。在成人的努力保护下，孩子们即使在恶劣的环境中，依旧拥有了想象的翅膀。

1942年，他用一个钢琴谱，重新为他的儿童歌剧《布伦迪巴》配器。他梦想着让集中营的孩子们也能走上舞台演出。

纳粹为了应付国际舆论和国际红十字会的检查，必须有一些“宽松”的假象。1944年还在特莱津拍摄了一个虚假的纪录片，把特莱津描绘成一个送给犹太人的“礼物”。犹太人委员会和艺术家们，利用这个机会，为孩子们争取到了《布伦迪巴》上演的许可。

带着孩子们演出的，是当年首演《布伦迪巴》的布拉格犹太人孤儿院院长的儿子鲁道夫·弗勒丹菲尔。他还清楚地记得歌剧在孤儿院上演时的盛况。在他和艺术家们的共同努力下，最终，《布伦迪巴》在特莱津集中营上演了。演员都是作为囚徒的儿童，一共演了55场。今天的人们发现，身为囚徒的作曲家，依然长着幻想的翅膀，汉斯·克拉萨新谱写的歌剧，甚至有着20世纪现代音乐的审美感觉。

《布伦迪巴》讲述的是善良战胜邪恶的故事：有两个孩子，进城去为生病的母亲寻找牛奶。他们很穷，没有钱买牛奶，就决定在大街上卖唱。他们动人的歌喉吸引了市民，可是，一个邪恶的手风琴手布伦迪巴，却不准他们唱歌。说那是他的地盘，只有他才能在这里卖艺。他驱赶着那两个孩子。他们害怕地躲在小巷子里。这时，一只小猫、一条小狗和一只小麻雀来帮助他们，叫来了很多孩子。两个孩子鼓起勇气，再一次在广场上歌唱，市民们给他们钱，布伦迪巴无法阻挡他们，就试图偷走他们的钱，可是，他终于被抓住、被警察带走了。最后，孩子们一起唱起了战胜邪恶的布伦迪巴的歌。

就在这55场演出期间，向着东方死亡营的遣送还在进行。一些孩子演员演了一半，被送走了。新的孩子接上来演，他们不仅在歌唱，他们也在表达对善和美的坚持和追求。台下的孩子们也在心中一起唱着，那些小小的灵魂显得那么美丽，他们在告诉这个世界，有一些东西，是纳粹和一切邪恶势力都试图摧毁、却永远也无法摧毁的。

1944年10月16日晚上，汉斯·克拉萨从特莱津被送往奥斯维辛集中营，被谋杀在毒气室中。可是，汉斯·克拉萨和特莱津艺术家在孩子们心中点亮的烛火，却依然留在人间。

11岁的汉娜·布兰迪和她14岁的哥哥乔治·布兰迪，当时分别住在女孩的宿舍L410，以及男孩的宿舍L417。在那里，他们分别遇到了最杰出的艺术家和学者。

乔治·布兰迪所住的宿舍L417的一号房间，是由凡特·艾辛格教授管理的。犹太人委员会把他派到男孩宿舍做管理员，就是希望孩子们能够得到一个教师。事实上，艾辛格教授不仅担任教师，还以他特有的热情，在一个沉闷的环境中，激发了孩子们自己都没有意识到的想象力和创造力。

艾辛格教授平等地对待孩子，让他们觉得，自己已经开始长大，能够思考和承担起自己的命运了。幸存的孩子们回忆说，艾辛格教授是很有自己见解的人，可是，他从来不把自己的想法强加给孩子。一方面，他把他们“当做大人”，设法给孩子们带来一个个持有各种不同观点的教授和学者，让他们悄悄地给孩子们做讲座，就在集中营里，智慧的种子在孩子们的心里发芽和生长。另一方面，他总是对孩子们说，在你们这样的年龄，不要过早地形成一种固定的看法。在形成观点之前，你们先要做的，是吸取大量的知识。

14岁以上的孩子已经要干活儿了。可是，艾辛格教授总是安排出时间让他们上课。他带着教师们潜入孩子们的宿舍。后来，德国冲锋队开始突击检查孩子们的住处。他们把课堂移到了阁楼上。每堂课，总有望风的孩子守候在窗口，以防冲锋队的突然袭击。在L417宿舍的男孩们，上着数学、地理、历史，还有犹太民族的语言希伯来语的课程。在他们的教师中，有著名的捷克作家卡瑞尔·珀拉克，他在1944年10月19日被遣送往波兰的死亡营，再也没能回来。

艾辛格教授生于1913年，在被送到特莱津的时候，他只有29岁。他宽宽大大的额头，瘦瘦的，有神而快乐的眼睛。幸存的孩子回忆说，艾辛格教授自己就像一个顽皮的大孩子。他就像是“我们中间的一个”一样和孩子们一起踢球。他常常给孩子们讲一个孤儿院的故事，那个孤儿院是由孩子们自治的，他使得孩子们都对“自治”的生活入了迷。他们开始把自己的宿舍集体叫做一个“孩子共和国”，选出他们自己的“政府”，一个孩子成为政府的主席，开始了他们自己创造的“孩子共和国的故事”。其中，最令人难以相信的，就是一号房间的孩子们，还办了一份地下杂志：《先锋》。

这份杂志刊载孩子们自己的诗、文章，还有人物专栏“我们中间的一个”。杂志有孩子们自己设计的封面，和自己画的插图。当然，在纸张都是违禁品的集中营，他们只是小心地抄写、粘贴出这独一份的手工杂志。那是一份“周刊”，像模像样，他们还在封面上写上“定价”，就像是一本“真的”杂志。在完成之后，他们骄傲地在星期五的晚上，给孩子们朗读杂志的内容，他们小心地翻阅，然后宝贝似的珍藏起来，一期，又一期。

在《先锋》杂志上，还有“文化报告”。在一个“文化报告”中，小记者报道了一个犹太囚徒，奥地利盲人艺术家布瑟尔德·奥德纳来到孩子们的宿舍，给他们带来了几件艺术品，那是他在集中营用捡来的废铁丝，精心制作的动物和人物造型。小记者写道：“那真是了不起，一个在25年前失去视力的人，能够顽强地记忆，记住动物和人的形体，还能如此精确和写实地用铁丝把他们塑造出来。”报告还记述了他给孩子们作的精彩艺术讲座。他的创造力，他顽强的生命力，都给孩子们留下了深刻的印象。

一个孩子在杂志上写道：“当世界上别的孩子都有他们自己的房间，我们只有‘30厘米×70厘米’的一个床位；别的孩子有自由，我们却生活得像是被锁链拴住的狗；当他们的衣柜里塞满了玩具的时候，我们在争取让自己的床头有一小块遮蔽的空间；你要知道，我们只是孩子，就像世界上其他地方的孩子一样。或许，我们更成熟一些（这要感谢特莱津），可是，我们也是一样的平常孩子。”

孩子们坚持一周一周地“出版”他们的杂志，因此留下了最宝贵的历史记录。从1942年12月18日，到1944年7月30日，《先锋》杂志“出版”了总共将近800页。杂志留下了孩子们的诗文，诗文留下了他们的感情和记忆，留下了他们特殊的童年。

这些孩子们的教师都有自己的故事。艾辛格教授有一个心爱的未婚妻。在他被遣送特莱津之后，她最后也被送到特莱津。在那里她也参加了照顾幼小孩子的工作。1944年，就在最后的日子里，特莱津将要面临大批遣送的消息传来。

由于担心遣送会把他们分开。他们决定在特莱津集中营结婚，期待婚姻关系使得他们在被遣送时，能够不分开。1944年6月11日，他们在集中营结婚。那是一个令人终身难忘的囚禁中的婚礼。他们不想惊动别人，就一直瞒着这个决定。可是，艾辛格教授的孩子们，还是知道了这个消息。他们也瞒着老师，偷偷准备礼物和庆祝。特莱津没有鲜花，孩子们请每天去大墙外面干活儿的农工，偷偷运进了一些花朵。他们又一起省下口粮，请食堂偷偷地做了一个象征性的“蛋糕”。他们还想方设法找到一支钢笔，作为给老师的结婚礼物。艾辛格的妻子回忆说，他们经历了最感动的一刻。

婚后不久，大遣送就开始了。艾辛格的妻子坚决要求和丈夫一起被遣送。他们经历千辛万苦的旅途，抵达奥斯维辛集中营。到达的当天，那里的惨状就窒息了他们生存下去的希望。他们看到饿得骨瘦如柴的囚徒们，他们无力地做着手势，祈求新来的囚徒，扔给他们一点食物。有一个人看不下去，就扔了一点食物过去。一个年轻的女孩跑出来捡，被冲锋队员当场一枪击倒，只见鲜血从她的脸上流过。这就是奥斯维辛。

他们抵达的当天就被分开，艾辛格教授的妻子很快又被送到另一个集中营服劳役。

从此，她再也没有见到艾辛格。

四

乔治·布兰迪在集中营里最牵挂的，就是他的妹妹汉娜。因为父母被遣送走的时候，他答应过爸爸妈妈，他要照顾好妹妹的。可是，在他们被遣送到特莱津的时候，他发现自己能够为妹妹做的事情很有限。汉娜住在另一栋楼，那是女孩子的宿舍L410。汉娜·布兰迪只有11岁，她几乎无法从眼前一连串发生的事情中恢复过来。爸爸妈妈没有了，哥哥也很难见到。可是，她还算是幸运的，就像哥哥遇到了艾辛格教授一样，在L410宿舍，她遇到了一个同是囚徒的女艺术家，一个儿童教育家，她的名字是，弗利德·迪克-布朗德斯。

弗利德是特莱津集中营里的艺术家兼儿童教育家的一个典型。

弗利德住进了汉娜所在的L410楼，那是一栋女孩子的宿舍。汉娜和那里的孩子们，成了弗利德的学生。弗利德完全忘记了自己的遭遇，立即全身心地投入了对孩子的艺术教育。她拼命收集有可能用于绘画的任何纸张，其中多数是被废弃的用过的旧纸。

弗利德爱孩子，也曾经从艺术教育的角度切入心理学，因此，面对这些被囚禁的、失去父母的孩子，她是最恰当的一个教师。她知道怎样把他们从悲伤的死胡同里引出来。弗利德也去男孩的宿舍，悄悄地给他们上课。有一次，从德国来的一些男孩来到她的课堂上，他们的父亲，当着这些孩子的面，被纳粹枪毙了。他们完全是吓呆了的样子，相互紧紧靠在一起，双手放在膝盖中间。一开始，看到他们，弗利德就转过头去，想忍住泪水，可她回转头来的时候，孩子们还是看到她眼中满含着泪水，并且止不住地流下来。他们一起大哭了一场。然后，他们跟着弗利德去洗手，弗利德像一个教师那样严肃地说，你们一定要把手洗干净，否则不能画画。接着，她拿来纸和颜料，很快把孩子的注意力吸引到她的课程中。

所有来到这里的孩子，都有过自己非常的经历。其必然的结果就是巨大的心理损伤。纳粹所代表的邪恶，毁灭着文明的物质存在，更在毁灭人的心灵。在弗利德看来，保护人类内心真纯、善良和美好的世界，保存人的创造欲望和想象力，浇灌这样的种子，让它开花结果，是最自然和重要的事情。因此，她的儿童艺术教育，是在引导孩子们的心灵走出集中营，让他们闭上眼睛，想象过去和平宁静的生活，想象看到过的美丽风景，让自己的幻想飞翔。她带着他们来到房子阁楼的窗口，让他们体验蓝天和观察远处的山脉，画下大自然的呼吸。

在写出弗利德之前，我在各种不同的书里，读到过弗利德在集中居住区教孩子画画的故事。直到我读完弗利德完整的人生篇章，我才第一次，对她进入集中营这一时段不再感到吃惊。对于弗利德来说，这是最顺理成章最自然的事情。她热爱孩子，也热爱艺术，探究艺术怎样被引发和生长，怎样表现和丰富人的内心，怎样从心理上疏导释放和打破对自由思维的囚禁，那是她一生都在迷恋地做着的事情。是的，这里的孩子需要她，而她也需要这些孩子。是他们使她在如此可怕的地方，心灵不走向枯竭。

她依然在创造着，在思索着，她也在坚持画画。与其他所有集中营画家的显著区别是，他们都在用画笔记录集中营地狱般的生活，唯有她，依然在画着花卉、人物和风景。她在记录和研究儿童艺术活动的意义和目的，在探讨成人世界应该怎样对待儿童的世界。她问道："为什么成人要让孩子尽快地变得和自己一样？我们对自己的世界真的感到那么幸福和满意吗？儿童并不仅仅是一个初级的、不成熟的、准备前往成人世界的平台。……我们在把孩子从他们对自然的理解能力中引开。因此我们也就阻挡了自己理解自然的能力。"她还在考虑根据自己的教育实践，写一本《作为对儿童心理医治的艺术》。

在地下室里，她为孩子们悄悄地开了画展。还参与了组织他们排演儿童剧。在最恶劣的现实条件下，她坚持让自己的精神生活在一个正常的世界里。同时，也让这些孩子通过她指导的艺术活动尽量做到：身体被囚禁的时候，精神还是健康和自由的。

这远非像我以前想象的那样，仅仅是出于一个人的爱心，这是从20世纪初开始的，那一个又一个伟大的艺术教育和艺术哲学大师们，一代代交接着的、精神和思想传递的一环。在这里，第一次世界大战无法扼杀的维也纳的艺术学校在继续，被希特勒关闭的包豪斯在继续。弗利德和孩子们在一起，没有建造武器去与邪恶拼杀；他们在构筑一个有着宁静幻想的、健康心灵的，也是愉悦视觉的美的境界。面对强势，他们能够说：有一些能力，是邪恶永远无法战胜的。

五

和弗利德一样，在特莱津，有一大批艺术家和学者，在利用一切可能，持续他们的文化活动，他们举办音乐会、举办学术讲座、排练歌剧，当他们在歌剧中唱出"我们为什么不应该欢乐"，身为囚徒的观众们热泪夺眶而出，继而响起掌声。他们在宣告自己决不放弃快乐的权利，宣告他们的精神不会死亡。他们画画和写诗，也教会了孩子们画画和写诗。孩子们是弱小的，他们的心却在美的教育下坚持善良。

确实很难令人相信，像纳粹这样手中掌握着军队的强大政府，会害怕艺术，会害怕一群艺术家，会害怕孩子们学习艺术和掌握知识。这种内在的虚弱和恐惧，也使得他们在特莱津不断迫害艺术家。

纳粹并不是不清楚自己的行为是反人类的，他们因此才需要掩盖真相、“宣传”假象。

1944年的年中，特莱津集中营的纳粹管理人是冲锋队的上校卡尔·雷姆，他是一个奥地利人。他是特莱津历任管理者中，最热衷于“宣传”的一个。1944年的一个夏日，雷姆把一名担任过导演的荷兰籍犹太囚徒库特·吉隆叫到自己的办公室，命令他为特莱津拍一部宣传片《一个作为礼物送给犹太人的城市》。

许多被纳粹划为犹太人的特莱津囚徒，其实只是有一点犹太人血统的混血儿。因此，从外貌上，甚至和一般的雅利安人没有区别，他们有金色的头发和蓝色的眼睛。雷姆规定，这些犹太人都不准在电影中出现，只拍那些黑头发黑眼睛的犹太人，以突出“典型性”。他命令拍摄伪造的场景，在所谓的邮局，犹太人一个个捧着假包裹从里面出来。还命令拍摄一些犹太人在特莱津城外的河里“游泳比赛”，当然，这在现实的特莱津生活中，是决不容许发生的。具有讽刺意味的是，就在拍摄现场，在“游泳”镜头之外的护城河岸边，一大批冲锋队员荷枪实弹，对着游泳的囚徒，以防他们趁此机会逃跑。

雷姆还安排一辆列车，带来一群从荷兰送来的犹太人，在虚假的欢迎仪式上，雷姆等冲锋队高层官员前往迎接，笑容可掬。雷姆还从车上亲自抱下一个孩子来。影片一结束，一切恢复常态，吉隆回到自己的囚室，那个被雷姆从车上抱下来的孩子，又被送上火车、送到奥斯维辛死亡营。

雷姆的另一个宣传，是他答应了国际红十字会视察特莱津。对于他来说，那是非常简单的事情。他手里有枪，不必担心会出什么“纰漏”。他先确定了红十字会参观的路线，在这一条线路上，他命令加以粉饰。

墙被粉刷了，运来新鲜的面包和蔬菜，甚至运来鲜花抢种。在红十字会到来之前，他亲自参与对囚徒的“甄别”。挑选那些看上去还比较健康的、尤其是容貌可爱的犹太女孩，让他们出现在参观团要走过的地方。甄别的另一个重要内容，就是挑出老弱病残。在红十字会预定要来参观的6月，就在他们到达之前，雷姆下令把7500名“选下来”的囚徒，送往东方的死亡营“解决”掉，其中，包括一批孤儿。

1944年6月23日，国际红十字会如期来临，其中还有丹麦红十字会的主席。他们被纳粹引导着，走过一条被粉饰过的线路，遇到被挑选过的囚徒。在街角，有指定的囚徒在那里演奏莫扎特的乐曲。他们遇到的囚徒，都在威胁之下微笑回答说，他们对特莱津的生活“太满意了”。他们还看到，犹太人是“自治”的，特莱津犹太人委员会是受到纳粹的“充分尊重”的。他们看到，犹太人委员会的赫尔·埃普斯坦博士衣冠楚楚，从汽车里下来，冲锋队的军官还去为他开门。为了这一幕，就在一个星期之前，这些冲锋队员还狠狠地打了他一顿。这位广泛受到犹太人尊敬的埃普斯坦博士，就在红十字会离开的一个月之后，被雷姆下令枪杀了。

雷姆志得意满，“宣传”真是一个得心应手的工具。你只要阻挡人们知晓一些事实，而夸大另一些事实，甚至制造假象，这个世界的舆论就被你操纵了。不仅今天的国际红十字会被轻易蒙骗了，而且，在将来，人们看到由“犹太人导演拍摄”的特莱津纪录片，不是就真的会以为特莱津是纳粹“送给犹太人的一个礼物”了吗？按照纳粹的宣传：现在是战争期间，我们的士兵在前线艰苦战斗，我们为了犹太人的安全，却特地安排他们集中居住，过着衣食无忧的生活，纳粹对这些“劣等民族”的犹太人是何等的慷慨。

宣传最怕的是真相的败露。

就在这个时候，纳粹风闻特莱津犹太人艺术家不仅在画风景，还偷偷地画一些“危险”的画，他们的绘画作品很可能记录了特莱津的真相，也可能偷带到外部世界去。于是，在国际红十字会离开仅仅几个星期之后，一场对艺术家的迫害开始了。

那是1944年7月中旬，特莱津的4名艺术家接到通知，第二天早上去冲锋队的办公室报到。通知他们的是犹太人委员会的人，他也不知道是怎么回事。可是，也许他也感觉是凶多吉少，所以，虽然是7月天，他还是对他们说，你们一定要多穿些衣服。这4名艺术家，是弗利塔、布洛克、乌加和哈斯。

1944年7月17日一早，4名艺术家去冲锋队的办公室报到，那里的人告诉他们，雷姆的司令部的秘书，将负责对他们的案子做调查。这时，又有另外两个囚徒前来报到。一个是年轻的建筑师特劳勒，他在集中营给许多孩子画过肖像，他是那天临时被通知来报到的，因为是个大热天，他只穿了短袖衣服和凉鞋。另一个被叫来的是斯特拉斯，在这次“出事”的人中间，只有他不是艺术家，可是，他也和艺术有关。斯特拉斯原来是一个商人，他非常热爱艺术，迷恋艺术收藏。在特莱津，他是很少的几个经济条件相对好些的囚徒。因为他有一些不是犹太人的富裕亲戚住在布拉格。他们想办法给他带些食物、用品和现金进来。而他身为囚徒，却不久就忍不住故态复萌，开始用他的食物和现金，向集中营里的画家们换他们的作品。所以，他在这里悄悄地收集了一些艺术家的画作。

犹如人间地狱般的奥斯维辛集中营，人们就是在这样恶劣的环境中生活，忍受命运的不公，直到走向死亡。

显然，他在特莱津收藏画的事情，并没有瞒住德国人，那年3月份，冲锋队突袭搜查了他的床铺，从他的床垫下搜出几张画，都是风景画。当时，对画作的追查没有进行下去，只是因为迎接国际红十字会，对纳粹来说是更紧急的事情，转移了他们的全部注意力，使他们暂时放下对绘画的追查。斯特拉斯只是得到纳粹的严重警告，不准他以后收藏绘画。

斯特拉斯并没有停止收藏，他只是把画藏到更可靠的地方。他收藏的画中，有十来张画描绘了特莱津的生活，其中几张他还设法托人偷运出去，带给了他在布拉格的亲戚。替斯特拉斯带画出去的，是担任警卫的两兄弟，是捷克人。也许，就是这几张画惹了祸？他当然紧张，在等候的时间里，他们都很紧张，也很发愁。

弗利塔是最初来到特莱津的艺术家们之一。他和妻子带着他们唯一的婴孩托马斯，一起来到这里。托马斯生下来不久就进了特莱津，被剥夺了受教育的权利。弗利塔就给孩子画了一大本儿童课本。年轻的弗利塔在集中营里，仍然充满热情地用幽默、精彩的卡通画，把牙牙学语的孩子，尽量和这个集中营环境隔离开来。

哈斯也是一个热情的人。在集中营里，他总是尽量给孩子们的生活带来一点乐趣。他在孩子们居住的地方，到处贴了各种注意事项，都是艺术化的招贴，让孩子们看到的时候，心里有一点暖意。

纳粹曾经利用他们的能力，做一些宿舍改建的设计和其他相关的工作。所以，他们几个更容易通过工作，得到一些在特莱津非常紧缺的纸张。他们确实是有意识地在用画笔作记录，他们经常相互说着"暗语"：把这个"写"下来！他们知道这是非常危险的事情。所以，就像弗利德每堂课后都很小心地把孩子们的画藏起来，他们也很小心地随时把画藏在夹壁墙的间壁之中。弗利塔还弄了一个铁皮箱，在里面藏他们的画。在装满以后，他们把铁皮箱埋进了土里。

4个冲锋队的高层官员，开始了对4名艺术家的侦讯。一开始，他们还和艺术家们谈哲学和艺术史，试图在松懈的气氛中，得到他们需要的东西：特莱津内部有没有政治组织？不论是在内部还是外部，有谁在帮助这些艺术家？他们要找出更多的牺牲品。艺术家们拒绝回答他们的问题。

失败的审讯终于使得冲锋队官员失去了耐性。在一声大吼之后，是突然的冷场。多年以后，哈斯回忆说，"他们突然撇下我们离开，我们的感觉就是，我们再也休想回家了。"不久，来了满卡车的冲锋队员，在卡车上，他们看到了特劳勒、斯特拉斯和他的妻子、布洛克的妻子和他们才5岁的女儿、弗利塔的妻子和他们3岁的儿子托马斯、还有哈斯的妻子。

所有的人都沉默着。乌加是一个性格很敏感的人，他突然哭了。他们都明白，他们前面就是死亡。

在艺术家们被押上车的时候，有一个囚徒恰巧看见，当她知道他们是因为绘画而被抓的时候，她赶紧回去，消息传开了。只要是有画的人，都在紧张地把自己手头的画用各种方式藏起来。

装着艺术家和他们的家属的车子，开始发动了。不知是谁，轻声说，"假如往左开，是带我们去布拉格。假如往右，就是去克莱·费斯屯了。"大家都知道，与特莱津一河之隔的集中营的监狱克莱·费斯屯，那是一个炼狱。在特莱津，人们都说，"没有一个犹太人能活着从克莱·费斯屯出来的"。

六

15000名曾经生活在特莱津的犹太孩子，只有一百多名存活下来。

在战争结束以后，哈斯和死去的弗利塔收藏画作的铁皮箱，从土里被重新掘出，他们的画，都被保存下来了。那些被人们藏在板壁中、藏在阁楼里的画，都被陆续找出来了。

在“二战”刚刚结束的1945年，8月底的一天，幸存下来的维利·格罗格，那个当年和女艺术家弗利德一起在阁楼里藏下孩子们画作的女管理员，提着一个巨大的手提箱，来到了布拉格的犹太人社区中心。箱子里是将近4500张弗利德的孩子们的绘画。那些画作的主人，绝大多数已经被谋杀在纳粹的毒气室里。纳粹曾经夺去了孩子们的名字，只容许他们有一个编号。在特莱津，弗利德自己不再在画作上签名。却坚持要求孩子们，在画作上签上他们的真实姓名。这4500张画作，绝大多数，都有孩子们自己的签名。

多年以后，面对这些画作，捷克总统哈维尔说：“怀着一颗沉重的心，我不止一次地面对这些由特莱津孩子们提供的、关于他们的经历、渴望和梦想的证明。他们把我带回那个时代，我们的国家被纳粹占领、世界在战争之中。我作为一个小男孩，遇到了恐惧、羞耻和挑战。这些画也在唤醒我，那些我或许是无能为力的事情，却使我确实感到羞愧：事实是，我的犹太人同学们被赶出了学校，他们被迫在外套上佩戴区别于他人的六角星，他们被遣送集中营，最后，我活了下来，而那些和我一样的孩子们，却没有能够幸存。”

弗利德的丈夫巴维尔，因弗利德鼓励他学会的木工手艺而躲过一劫，从集中营幸存下来。巴维尔后来再婚。弗利德在进入特莱津之前的画作，在巴维尔1971年去世后，由他的孩子们保存。

弗利德在特莱津集中营的部分作品，成为美国洛杉矶Simon Wiesenthal Center的收藏。

人们一直熟诵着那句名言：在奥斯维辛以后，写诗是残酷的。可是，在很长时间里，人们无法理解和接受：在集中营之中，绘画依然美丽。这些被冒着生命危险保存下来的犹太儿童的图画，曾被久久冷落，没有人懂得弗利德，也没有人懂得这些儿童画的价值。

维利·格罗格说：“随着时间的流淌，他们懂了。”

人们终于看到，有这样的一种文化。不仅是一部音乐歌剧的演出，不仅是教会孩子写一首诗、引导孩子们办一份杂志，这是一种信仰的表达。在特莱津，艺术家在坚持正常的创作和教学，学者在坚持他们的学术讲座；艺术家们，不仅为集中营的孩子们，也为生活在今天和以后世界的人们，展示了生活本身的不朽，想象力和创造力的不朽，展示了维护宁静心灵和智慧思索的必要。

将近4500张由弗利德的学生在特莱津创作的绘画作品，现在被布拉格犹太人博物馆收藏和展出，被称为“人类文化皇冠上的钻石”。

尾 声

我们终于在演出前，赶到了华盛顿的肯尼迪艺术中心。

那些幸存的孩子，在离开集中营以后，把特莱津演出的歌剧《布伦迪巴》一代一代地传下来，直到今天，新一代犹太人的孩子们，还在一次次地演出着《布伦迪巴》。

特莱津孩子们的诗歌也被幸存的犹太艺术家们，谱成了歌曲，配合朗诵，成了今天的合唱组歌“我再也没有见到另一只蝴蝶”。

肯尼迪艺术中心是一流的演出场所。可是，剧场的经营者，在里面布置了两个小剧场。小剧场几乎每天都有免费演出。今天的儿童合唱团就是这样的免费演出。11月底了，华盛顿已经转冷，外面还刮着大风。可是，小剧场里坐得满满的，有一多半是犹太裔的老人。在“二战”期间，有600万犹太人被杀害。几乎所有的幸存者，都有一部自己和家庭的苦难历史。演出中，老人们的眼中，一个个泪光闪闪。

在演唱的最后，孩子们一起，用希伯来语唱起一首传唱久远的宗教歌曲。合唱团的音乐指导说，这是当年在特莱津集中营的孩子们都会唱的一首歌。在艰难的岁月里，这首歌总是给他们带来内心的平静。许多孩子在面对死亡的时候，最后唱着的也总是这首歌。我们想到，从某一种角度来说，这些孩子仍然是幸运的。他们的父辈，把他们千年的信仰没有间断地传承下来，传给了他们。他们始终是有一种精神支撑的。这些孩子们是有信仰的，他们相信善和恶不是站在同一个平面上的。

今天的犹太民族把自己的历史记载下来，把集中营犹太孩子们的诗和歌一代代地唱下去，也让孩子们的画一代代地传下去。他们要告诉自己的后代，也告诉我们什么？我又想起汉娜和他哥哥乔治后来的故事，在2001年，由于一个日本女子的努力，也通过曾经担任“孩子共和国”主席的科特·库图克的帮助，乔治·布兰迪在50多年以后，在日本的浩劫教育博物馆，又看到了自己妹妹汉娜留下的珍贵遗物——在那个黑夜里，她最后留在奥斯维辛站台上的那个手提箱。箱子上还清晰地留着汉娜·布兰迪的名字。乔治·布兰迪对日本的孩子们说，他相信，汉娜的遭遇带给孩子们的，是呼吁人与人之间的宽容、尊重和同情。

因为，那些手执屠刀的纳粹暴徒们，作恶而不知卑劣，他们的外貌是凶残的，他们的灵魂却是可卑而可怜的。而这些集中营里的孩子们，画着花朵和蝴蝶的孩子们，他们的精神所站立的位置，远远高于那些纳粹冲锋队员。

孩子们纯净的歌声响起来。

人，是有灵魂的，不是吗？

纽伦堡审战犯[1]

◇ 萧乾

萧乾（1910—1999），世界闻名的记者，著名作家、翻译家。

5月间参战纳粹投降时，一共足足抓了20万名大小战犯。如果全弄到纽伦堡这里审，一是没地方关，二是那得审上几年！所以非先缩小范围不可。于是，战犯也分了级。然而光美国方面，甲级战犯就有350名，规模太大。于是，又由甲级战犯中“精选”出23名“主犯”，都是纳粹匪帮的首要人物，其中有希特勒的第二把手、空军司令兼四年计划主持人戈林，有外交部长里宾特洛夫、理论家罗森堡、劳工部长罗拔特·李、内务部长弗里克、刽子手希姆莱的助手弗里克、波兰总督弗兰克等。

这些要犯很少肯低头认罪的。戈林被捕时，身边除了妻子、女儿之外，还有4名副官、2名司机和5名炊事员。他从欧洲各地掳来的各种名画名雕、古玩珍品，足够装满一列车皮。他的金银珠宝也够开个宝石店的。当他见到美军第七军军长帕奇时，还手持一根镶了24只金鹰的短杖。他厚着脸皮说：“战争就像踢一场足球，谁赢了就该握握输家的手，一切都忘记了。”帕奇严厉地要他把短杖交出来。他居然说：“这是我的权威的象征。”帕奇说：“你现在已经没有什么权威啦！”

当时戈林是关在一座古堡里接受预审。负责看管他的是美国战略轰炸军司令斯帕兹。第二天他就被押往德奥古斯柏格，改由第七军看押。当时他还囚在三间套房

① 选自《玉渊潭漫笔》，萧乾著，上海人民出版社1999年版。

里。用餐时，美国军官弹起钢琴，他也马上回屋取来他的手风琴合奏。他真以为那只是踢输了一场足球，还是故作镇静？

纽伦堡审判是1945年11月20日到1946年10月1日第二次世界大战结束之后在德国纽伦堡举行的国际战争犯罪审判。23名被同盟国认定为“主要战争犯”中的21人被推上了历史的审判台。

其实，这家伙被捕后一直两手发颤，脸上不断出汗。他随身带了16只手提箱，里边放的是他历年从希特勒那里获得的各种勋章奖状。但是，他身上还藏了两粒随时可以致命的毒药——那原是为潜艇水手万一在海底遇难而浮不上来时服用的。这个胸脯挂满勋章的家伙并不是什么英雄。他怕打雷，一听到雷声就浑身颤抖。

他是在听到判他死刑而且没有可能减刑的时候才决定吞那两粒毒药的。那晚10点半，穿着丝绸睡衣的这个胖家伙上了厕所。犯人在里边，看守从外边照样可以看到他的双腿。这时，狡猾的戈林捏碎了他手托着的烟斗，毒药就藏在里面。吞下不久，他就抽搐起来。这时看守才发现。他最后倒是干了一件“仁义”之事：他在遗书中坦白了自己两次转移毒药的经过，希望不要怪罪看守。

三号战犯纳粹外交部长里宾特洛夫是1893年出生的，早年在加拿大当过银行小职员，所以英语很地道。在审讯时，他最爱说的是：“我患了健忘症。”这样，他就可以一问三不知。他还有个便宜：由于懂英语，在供词的翻译过程中，他就可以从容地想法应付了。

这家伙很会向上爬，他在1919年当上了德国香槟酒巨商的女婿，干起出口生意。后来，他感到德国共产主义运动影响了他的香槟生意，同时，为了在政界混点名堂，就投奔了纳粹。当时希特勒迫切想了解英美情况，很快他就成了这混世魔王的外交顾问。1935年他以纳粹特使身份赴伦敦签订了《英德条约》，那是纳粹废除《凡尔赛和约》的开始。后又当上了驻英大使。他举止动作处处模仿希特勒。英国国王接见他的时候，他本应握手，却举起右臂行希特勒式礼，从而成为英国幽默杂志《笨拙》的嘲笑对象。法国大使有一回埋怨说：“我没法跟里宾特洛夫交谈，因为他只听得见自己的话。”

这家伙一生最得意的事是，曾去莫斯科签订了《苏德协定》，从而使希特勒放手在西欧大干起来。然而在纽伦堡的囚室里，他连自己的被子都不会叠。对于杀害犹太人的罪行，他始终佯装一无所知。

然而在纽伦堡，凭的是证据而不是言词。要犯除了希特勒在投降前就自杀了，鲍尔曼在逃之外，其余23名通过审讯和反复调查对质，揭露出许多骇人听闻的罪行。主要是迫害犹太人和进步人士的暴行。奥斯维辛、布痕瓦尔德、贝尔森、达豪……惨死在每座集中营的人多则几百万。

审理完毕，在处理之前，犯人准许每天可同家人相聚一个小时。老婆们多带着儿女来探视，心里相互明白这也许是最后的一次相聚。原纳粹海军总司令凯特尔干脆拒绝与家人见面，有的家人仍关在前苏联战俘营里。

然后，凡判死刑的就一个个地上了绞刑架。

罪行不够判死刑的战犯，有的一直活到80年代。海军上将杜尼兹和军火部长斯庇尔辞世前都写了忏悔录。曾当过希特勒副手的希斯也活得很长。1940年他曾空降到英国来劝过降，他被判无期徒刑。事实上他早已神经失常了。

1946年联合国通过禁止以种族或宗教歧视而进行屠杀的公约，当时美国代表拒不签字，因为当时美国仍在实行种族隔离制度——1948年美国才在军队中，1954年在学校中废止了种族隔离，然而白人先天的优势至今却依然存在。在纽伦堡，盟军并未对二战的罪魁祸首希特勒做缺席审判，然而在法庭上一位德籍律师却说了一番值得深思的话。他说："曾经在精神和文化领域里出现过那么多杰出人物的德国，何以竟向希特勒这样的人高呼万岁，并且跟着他陷入人类最残酷的一场战争呢？"他呼吁："要让新一代的年轻人一定睁开眼睛正视独裁主义这个祸根。它践踏正义和自由，用恐怖、腐化、谎言的手段进行统治。它藐视人权，最终使人民陷入水深火热的战争。"

欧洲教育[①](节选)

◇ 罗曼·加里

这是一部描写波兰的反法西斯抵抗运动的小说。以《欧洲教育》为篇名，颇具哲理意味："欧洲一直拥有世上最好、最美的大学，在那儿产生了我们最美好的思想，给最伟大的作品带来灵感的思想，就是自由、尊严和博爱这些概念。欧洲的大学是文明的摇篮。但还有另一种欧洲教育，我们当前正在接受的教育：行刑队、奴役、酷刑、强暴——摧毁一切令生活美好的东西。"有着悠久文明的欧洲，曾是两次世界大战的发源地，这看起来不可思议，却实在值得今天的人们去深思。

罗曼·加里　(1914—1980)，法国作家，俄籍犹太人后裔，著有长篇小说《如此人生》、自传体小说《童年的许诺》等。

冰雪吞没了森林，枞树梢有时也隐而不见，万籁俱寂，好似到了世界末日。然而，森林继续收到来自坚持同一个战斗的各条秘密阵线的消息；从希腊、南斯拉夫、挪威、法国传来无数生命的气息，无数暗藏希望的心跳。游击队员们觉得，发出这些信号的国家和往往他们只知其名的星辰一样遥远，而他们自己的决心，自己对希望的坚守，在其中得到了回响。游击队员纳杰日达似乎无处不

---

① 选自《欧洲教育》，(法)罗曼·加里著，王文融译，人民文学出版社2006年版。

在。扬内茨[①]早已不再琢磨他是谁了。如今，每当某个同志在火边郑重其事地提到他，回忆他们的指挥员传奇般的功绩时，扬内茨只微微一笑。

“前天夜里他好像又轰炸了柏林，全城只剩下颓垣断壁。”

他们心满意足地抽着烟斗。

“在南斯拉夫，德国人被他气疯了。那里到处是山，打游击自然比这儿，比平原地区容易。”

“他在这儿也干得不错。”

“有一点是肯定的：他是华沙犹太人的领导。听说犹太人聚居区发生了暴动，他们像狮子一样战斗。”

“这个念头是大约两年前产生的。”朵布兰斯基在夜色中边走边向扬内茨解释，“当时的处境特别艰难：我们的领导人几乎全部战死沙场或被德国人逮捕。为了重整旗鼓和迷惑敌人，我们编造了游击队员纳杰日达，这个打不死、永不败、敌人根本无法抓住、任何力量也阻挡不了的首领。我们编织这个神话，就好像夜里唱歌给自己壮胆。但是，他突然变成有血有肉的人，真真切切活在我们中间的那一日迅速到来。每个人似乎真的听命于某个不朽的东西，任何警察，任何占领军，任何物质力量都无法损害和动摇的东西。”

每当扬内茨聆听音乐，或朵布兰斯基打开小学生的作业本，给他们读一篇回肠荡气的故事时，一份几乎无忧无虑的快乐便朝他袭来，仿佛不朽的气息轻拂着他的脸。当他把佐西娅抱在怀里，面颊紧贴她的面颊时，当他独自在冰天雪地的森林里站岗，吓得发抖，握着手榴弹，披着夜色等待黎明时，传奇式的游击队员突然出现在他身边，用胳膊搂住他的双肩，扬内茨觉得周围存在着一个绝对的信念，人类不可战胜的信念。如今他知道父亲没有向他撒谎，凡重要的东西是决不会死的。

德国人也终于明白他们抓不到的这个不可战胜的敌人究竟是谁了；他们知道他藏在哪里，知道要杀他，把他从千万颗心中夺走，简直是痴心妄想。后来在纽伦堡审判中——提到的严厉命令，是希特勒亲自从柏林向盖世太保在波兰的所有参谋部下达的：识别和逮捕所谓游击队员纳杰日达的一切努力应立即停止，“因为不存在任何冠以此名的敌人”。官方函件中从此再也不提“敌人出于宣传和心理战需

---

① 主人公杨内茨的父亲和兄弟为德军所杀，母亲被德军捉去。他找到游击队，经过战斗的洗礼，成长为波兰军队的一名军官，并在二战结束后考入了华沙音乐学院。

要而编造的这个神话般的人物”。一名双重间谍想讨好游击队员，兹博洛夫斯基三兄弟从他手上得到了一份上述命令的复印件，朵布兰斯基向游击队员们宣读，在哄堂大笑和嘲弄的叫喊声中逐页翻译这份通报：看到惶惶然不可终日的警察官僚机构竭力否认某种东西的存在，尽管这种东西实实在在活在他们心中，填满他们的肺，在血液的每个分子中汩汩流动，他们觉得滑稽透顶。

在与其他游击队员一起出席宣读会，听他们嘲笑压迫者试图螳臂挡车的可笑行径时，扬内茨忽然黯然神伤，甚至有点绝望：他头一次确信父亲已死。佐西娅发觉了忧郁投在他脸上的阴影，怯生生地紧握他的手。扬内茨对她说了下面这番话，嗓音中的苦涩不再有年龄之分，却带有早期教育和人生经验所给予他的排除幻想的成熟印记：

“朵布兰斯基在翻译时应该加几个字。当他们肯定凡重要的东西决不会死时，这句话其实意味着一个人死了，或者即将被杀死。”

“你生气了。别这样。”

“我没生气，佐西娅，可是我毕竟学到了一些东西。他们把我们送进一所好学校，而我始终是个好学生。我们受到了非同一般的教育。你记得塔戴克·赫姆拉吗？他把这叫做‘欧洲教育’。当时我太年轻，并不理解。而且，他知道自己就要死了，所以总讲反话。可现在，我明白了。他说得对。他含讥带讽称作的欧洲教育，是指他们枪毙你的父亲，或者你以某种重要东西的名义杀人，抑或你饿得要死，把一座城市夷为平地。我告诉你，你和我，我们上了好学校，真正受到了教育。”

佐西娅轻轻抽出她的手。

“你不爱我了。”

“你怎么这样说？为什么？”

“因为你不高兴。当你爱一个人的时候，不会为任何事情不高兴。你瞧，我也学到了一些东西。”

扬内茨如今15岁了。当他手持机枪，与“绿林好汉们”穿行在白雪覆盖的森林中，当他背着隐蔽在树枝中的炸药包朝某个前哨阵地走去，抑或他出神地望着全体游击队员都藏在身上的那片氰化物时，他觉得该学的东西其实已所剩无几，他尽管年轻，却是个有知识的人。他热切地期盼有机会证明自己比得上那些与他同甘共苦，但有时仍视他为孩子，怀着些许优越感对待他的人。自由的脉搏，这从欧洲各个角落传来的愈来愈强、愈来愈清晰可闻、直至在这片荒僻的森林中回响的隐秘的跳动，使他幻想建立丰功伟绩，完成惊世壮举，让游击队员纳杰日达以他最年轻的新兵为荣。

一个由10名德军士兵组成的小分队占据了维列卡河畔的一座破房子；这是敌人在森林周围设立的众多监控哨所之一，他们妄图包围游击队员、使他们与外界隔绝。河上结了厚厚的冰，士兵们清扫积雪，开出一块溜冰场，常常笑闹欢叫着在冰上嬉戏。

扬内茨仔细拟订了计划，没有跟游击队员们讲。他开始一周数次背着柴捆过河。他在哨所下游一公里处偷偷走出森林，然后溯河而上，像来自维尔基似的来到检查哨，请求允许到河对岸森林起始处捡柴。不久他回到河这岸，被沉甸甸的树枝压弯了腰。有时他在溜冰场旁卸下重担歇一会儿，一脸羡慕地注视着德军士兵玩耍。士兵们最终邀请小伙子跟他们一起玩，借给他冰鞋，对他非常友好，还请他进哨所喝咖啡，吃巧克力。

德军士兵感到与世隔绝，非常烦闷；很快，他们接受了这个没有表现出任何敌意且极易接近的小波兰人。他们拿出妻子、子女、未婚妻和狗的照片给他看。有时，呆在他们中间听他们笑，望着他们年轻的脸，吃着他们的定量，扬内茨感到愧疚，心里发紧；他必须发挥想象力，才记起这些年轻人是不共戴天的敌人。

一天，他在树枝间塞了几个炸药包，把柴禾扛上肩，走上结冰的河。天气十分寒冷，德国士兵呆在哨所内，一定在围炉取暖；烟囱快活地冒着烟。只有一名士兵在跑道上学滑冰。他滑得很糟糕，总在滑圈儿当中跌倒，然后为他的笨拙开心得大笑。

德军士兵像老朋友一样欢迎扬内茨；他们有的喝咖啡，有的玩纸牌，还有的在睡觉。他把柴捆扔在一个角落里，喝了一杯给他端来的滚烫的咖啡，吃了一块巧克力，然后向他们借了一双冰鞋。他并不害怕，心跳得不比往常快多少，心里只想着眼前的好东西，这些巧克力、咖啡、白糖、罐头，即将一起毁掉。他多么想收起这些配给的食品，尤其是巧克力，拿去送给佐西娅。

他启动衣兜里的发爆器，把它塞到树枝和炸药包中间，然后去滑冰。他试图尽量远离哨所，但溜冰场周围的冰凸凹不平，他只得危险地呆在房子附近，它的烟囱继续平静地冒着烟。那个士兵费了大劲儿才在冰鞋上站直，但只要一动便立即摔倒，又骂又笑。他们和房子之间大概有五十余米。时间过得很慢，扬内茨正在想发爆器没有发火时，爆炸突然发生了。他当胸挨了一击，被向后抛去，但立刻站了起来。

士兵也被气流掀倒，现在他坐在冰上，嘴巴大张，两眼发呆，神情惊愕地望着废墟上冒出的一股股黑烟。这是个健壮的青年，身体像运动员一样结实，头发金黄，面颊红润，有双蓝色的眼睛。他想站却站不起来，摔倒了两次才终于在冰鞋上站稳。他像落水者似的摇摇摆摆朝河岸走，再次跌倒又爬起来，这时他发觉扬内茨手里有把枪。他呆若木鸡，矛盾的表情使脸变了形，对亲眼所见的拒而不信，渐渐被恐惧和困兽的绝望所取代。他终于把视线从武器上移开，企图逃跑，但立即跌倒了。滑冰是扬内茨的拿手好戏；他开始围着那个士兵滑了一圈，手里拿着父亲给他的枪。这是一把小口径白朗宁自动手枪，所以他必须靠得很近才瞄得准。幸于士兵无法自卫或逃跑；正当扬内茨慢慢围着他绕圈，而且越绕越近时，他一直坐着在原地转，以便和扬内茨面对面。后来他又挣扎着站起来想跑，却仰面跌倒，双臂交叉于胸前，两腿分开，活像一只四脚朝天的昆虫。他似乎认了命，直起身坐起来，忧愁地望着扬内茨手中的枪，等着枪响。当扬内茨滑完最后一圈，离他不到两米时，年轻的士兵低下了头等着。他没有着军服上装，只穿了一件厚套头衫，围了一条色彩鲜艳的围巾，丝毫没有士兵的样子。他坐在那儿，垂着头，金发在阳光下闪着光，双手抱着膝盖。扬内茨终于停下来，举起了枪。他忽然有种感觉：他即将杀死的是个在冰场上滑倒的普通运动员。但他仍然毫不犹豫地开了枪。

接着他迅速滑到岸边，脱下冰鞋，在房子的废墟中搜寻起来。上天对他是仁慈的：他找到100来块巧克力和一袋白糖，还回收了一些咖啡和几乎全部罐头，尤其是熏鱼罐头。他几次过河，把带不走的东西全埋在林子边树下的雪地里。然后他把满满一口袋东西扛在肩上，朝白雪皑皑、静谧无声、时而只听见乌鸦叫声的密林深处走去。他觉得自己终于不再是个孩子；他变成了一个真正的男子汉，一名机智坚定的游击队员，能够顺利完成爱国任务，像最优秀的战士一样为自由英勇杀敌。不过这种激昂欢快的情绪没有持续多久。

他走了5个小时才抵达克里连柯、朵布兰斯基和赫罗玛达各小组躲藏的沼泽地。也许是过分疲惫的缘故，或不过是神经紧张产生的反应，他心里有个东西突然碎了。他向游击队员们详细汇报了他的行动，把那袋食品扔到他们脚下，非但不回答他们兴奋的问题，对他们亲热的拍打和佩服的点头不感到高兴，反倒哭了起来。这是他加入游击队以来头一次流泪；心里充满莫名其妙的怨恨；他透过泪水定睛望着他们，眼光近乎凶狠。面对他们吃惊的问题，他只能晃晃脑袋，而当他们终于默不作声，把他独自丢下时，他挽起佐西娅的胳膊，拉着她往外走。

他们在悬于封冻沼泽地上方的木桥上缓缓走着，来到冻在烂芦苇丛中的小艇旁边，停下了脚步。在所有他想说，想喊，在他心头全部的愤慨中，只剩下这句用颤抖的童音说出的话：

“我想当音乐家，大作曲家。我想一辈子听音乐，演奏音乐——一辈子……”

他注视着周围的冰雪世界，那里没有任何东西动弹，一切仿佛注定没有变化，没有破壳出雏，没有再生，没有萌发新芽，没有复活，直至混沌初开；那里一切注定如初次犯罪的日子，注定大开杀戒；那里地平线是周而复始的往昔，未来不过是件新的武器；那里胜利只意味着新的战斗，爱是障眼法，恨禁锢人心，一如冰冻住了这只张开桨却无法划的小艇；而握在他手中的佐西娅的小手，变成了严寒天地中的一粒冰屑。她用胳膊搂住他的脖子，靠在他身上也哭起来，不是因为心中有无法化解的忧伤，而是因为他那样伤心，那样茫然若失，她不知如何帮助他。

只有朵布兰斯基明白少年心中发生的事。次日清晨，当他们一起穿过芦苇丛去接替在沼泽边缘站岗的游击队员时，他对他说：

“快结束了。也许来年春天。我向你保证，到那时再也没有仇恨，再也没有杀戮。你等着瞧。和平，建设一个新世界……你等着瞧。”

“他坐在冰上，”扬内茨说，“穿着冰鞋，脖子上围着色彩如此鲜艳的围巾——肯定是他母亲或未婚妻给他织的——，他年纪不比你大。他看都没看我。他接受了，垂下头等枪响。我瞄准，然后开了枪。”

“你只能这样做，扬内茨。这是他们的错。是他们发动了这场惨烈的战争。”

“总有人发动战争。”扬内茨怒气冲冲地说，“塔戴克·赫姆拉说得对。欧洲有最古老的大教堂，历史最悠久、最著名的大学，最大的书店，人们受到最好的教育——据说大家从世界各地来欧洲求学。但临了，这大名鼎鼎的欧洲教育所教给你的一切，是如何找到勇气和正当理由去杀人，一个根本没招惹你，穿着冰鞋坐在冰上，低着头等死的人。”

“你学到不少东西。”朵布兰斯基忧郁地说。

他在深至膝盖的雪地里停下脚步，仰头讲了起来。他谈自由、友谊、进步、和平、友好和博爱；他谈到各国人民在劳动中团结起来，共同努力去发现世界的意义和秘密；他讲文化、艺术、音乐、学校、大学、教堂、书籍和美……扬内茨突然觉得朵布兰斯基不是在说，而是在唱。他站在雪地里，敞开的黑皮大衣露出里面的军服上装、肩带和窄窄的肩膀，两眼闪烁着希望和快乐之光，照亮了他那张俊美的脸；他举着胳膊，不停地做着手势，与这种活跃形成对照的，是周围树木冷漠的、在扬内茨看来几乎带有奚落和敌意的静止不动。他不是在讲而是在唱。他唱着，人类不朽之歌的全部力量和美，在他富于灵感的声音里激荡。——以后将永远不会有战争，美国人和俄国人即将亲如兄弟，合力建造一个幸福的新世界，一个恐惧和担忧永被驱除的世界。整个欧洲将获得自由，团结一致；死而复生的精神将超过人在最有灵气之时的想象，变得更丰富多彩，更有建设性。

“世世代代，”扬内茨心想，“有多少夜莺曾在黑夜中这样歌唱？有多少夜莺似的人，自信而激奋，唱着这首美妙的永恒之歌死去？在歌中的诺言未兑现之前，有多少人还会在寒冷、痛苦、轻蔑、仇恨和孤独中丧生？还需要多少世纪？还会有多少人生，多少人死？多少祈祷和梦想，多少夜莺？多少眼泪和歌曲，多少黑夜中的声音？多少夜莺？”

扬内茨只有15岁，比他的朋友小10岁，但一种温暖的，保护者的，近乎父亲般的感情，忽然使他觉得和大学生的心贴得更紧。他注意不露出讥诮的神色，不摆出高人一等、知根知底的样子。他努力不微笑，不耸肩，不尖刻地问：“多少夜莺？”

他把手搁在大学生的肩头，轻轻对他说：“走吧。他们在等我们，一定等得不耐烦了。”

永远的白玫瑰[①]

◇ 虎头

虎头（1958—），本名冯晓虎，虎头为其笔名，当代学者，德语教授，著有《沉浮莱茵河》、《瞧，大师的小样儿》等。

在德意志俊杰的评选中，舒和兄妹得到了500万张选票，位居音乐家巴赫和世界文豪歌德之前！舒和兄妹的伟大，不仅在于他们在恐怖中揭露了纳粹的暴行，不仅在于他们拥有响遏行云的“平民勇气”！也不仅在于他们显现了为追求自由与尊严笑对死亡的力量！尤为可贵的是他们揭示了一个触及人们灵魂深处的真实：沉默服从纳粹的德国人即是纳粹罪恶的胁从犯！历史上所有的暴君都是被沉默胁从的人民惯出来的，每一个具体的“人民”都是有责任的。每个人都应该拷问自己的良知，一个人造就不了希特勒，在整个民族被狂热扭曲的时候，你在做什么？

2003年11月28日于我是个难忘的日子。它之所以难忘，并非因为它是个星期五，而是因为德国电视二台（ZDF）的一个节目。当时我刚吃过晚饭，坐在柏林东边轻轨环线之外的礼光区舸碧街学生宿舍九楼的更上层楼斋里，因为喝了点革命的小酒，朦朦胧胧干不成活儿。窗外是北德漫长的冬夜，门口则毫无美女来访的迹象，一切

① 选自《2004年最具阅读价值散文随笔》，程德培主编，上海社会科学出版社2005年版。本文有删节。白玫瑰是舒和兄妹反法西斯小组的名字。

都昭示着今夜无望遭遇激情。我只好开始叠昨天洗完的袜子，一边打开那台老掉牙的彩电听个声儿，预备叠完袜子睡觉。

德国电影二台正播“德意志俊杰”，评选德国历史上最优秀的十大名人，跟咱们评“体育十佳”差不多，每个候选者都有专家介绍，然后当场由观众打电话评选，最后完全按观众的投票决定排名。我边叠袜子边漫不经心地看着。咱们虽然是第三世界的穷教授，但电视台这种招徕观众的传统招术却并不陌生。能有什么精彩？

精彩超乎想象！

因了这个节目，我在这个晚上正面遭遇激情。

当时节目里正介绍舒和兄妹。

1978年我16岁，那时我就开始与德语发生关系。然而直到25年之后的2003

妹妹索菲·玛格达莱娜·舒和 (1921—1943)

哥哥汉斯 · 舒和 (1918—1943)

年，我才第一次听说舒和兄妹，可见他们并非什么了不起的政经泰斗。哥哥汉斯与妹妹索菲都是慕尼黑大学的学生，哥哥学医，妹妹学的是生物与哲学，也没什么了不起；哥哥比妹妹大两岁多，更没有什么了不起；哥哥死时24岁，妹妹死时22岁，显然都还来不及成为了不起的明星。他们俩死于同一天同一个地点，这比较少见，但认真说起来，也没有什么了不起。

真正了不起的，是他们为什么而死。

1943年2月22日下午4点到5点，离希特勒的纳粹德国彻底灭亡不到1000天，他们在慕尼黑斯塔德海姆的盖世太保监狱被处决，因为他们在慕尼黑大学散发反纳粹传单。与德国传统的严谨拖拉相反，纳粹法庭的效率惊人，2月18日他们被捕，22日审判，当天就执行了。

舒和兄妹如此年轻，他们并不想死，可奇怪的是他们却不怕死——因为他们知道自己为什么而死。妹妹索菲在笑赴刑场时说：

"多么美丽的艳阳天啊！而我必须离开。可今天在战场上又有多少人要死去，那么多充满希望的年轻生命……如果我们的行动能唤醒千百万人民，那我们虽死何憾？"

在他们被处死之前，为了提高这次死刑的警示意义，纳粹"人道"地让父亲罗伯特、母亲玛格达莱娜和其他兄妹与他们见最后一面，妹妹英格·爱茜·舒和因此而有幸亲历这对英雄兄妹的最后一刻：

"先带过来的是汉斯。他身着囚服，但步履轻快，步容庄正，毫无惧色。他的面孔消瘦，好像刚刚经过一场大战。他亲切地弯腰越过隔离线和每个人握手。他说：'我没有仇恨。我已经超越了一切仇恨。'

"爸爸拥他入怀，说：'你们一定会被载入史册的。上天自有公理在。'

"他嘱咐问候所有的朋友。当他最后说到一个姑娘的名字时，一滴眼泪出现在他的脸上。他隔着隔离线弯下腰来，不想让任何人看见自己的眼泪。然后他就走了，像来时一样镇静。

"之后，一个女看守带来索菲。她穿着自己的衣服，镇静悠闲地走过来，腰杆像标枪一样笔直。没有任何地方能像监狱一样让你那么快地学会挺直腰板走路。她满脸洒满阳光微笑品尝着家里带来的甜食：'谢谢。我还真没吃午饭呢。'

"这是在生命的最后一刻对生命的非常肯定。

"她也瘦多了，可妈妈注意到她皮肤娇嫩，容光焕发。

"'你再也回不了家了。'妈妈说。

"'不过几十年而已，'她轻描淡写地说。然后她像汉斯一样加重了语气：'我们做了力所能及的一切。星星之火，可以燎原。'

"我们最担心的就是妈妈无法承受同时失去两个孩子之痛。可今天妈妈的勇敢和镇静让我们的担心显得多余。索菲明显放下了心。

“妈妈再次对她说：‘索菲，耶稣与你同在。’

“索菲坚定地、有点像下命令似的说：‘还有你，妈妈。’然后她也面带微笑，无畏无惧地走了。”

正式行刑之前，狱卒把索菲、汉斯和他们的同志克里斯蒂安·普罗普斯特安排到一起，他们共同抽了生命中的最后一根烟。只不过几分钟而已，可这几分钟对他们有着非同小可的意义。

“我从来没想到死有这么容易。”克里斯蒂安说，“再过一会儿咱们就能在永恒中再见了。”

然后他们便分赴刑场，索菲是第一个。她连眼皮都没眨。我们从来没想到这个姐姐这么勇敢。刽子手也说他从来没见过这样视死如归的死刑犯。

在行刑的一刹那，汉斯高喊一声：

“自由万岁！”

科学研究证明，人类作为一个生物物种，其个体最大的恐惧就是死亡，因为个体死尽即意味着该物种的灭绝，所以人怕死，跟咱们肚子里的胆的大小其实毫无关系。关系在基因那儿。那么，要有怎样坚定的信念，才能让舒和兄妹超越这种植根于基因中的恐惧？

那是信仰。

舒和兄妹的信仰是：纳粹这样的暴政没有理由在我们这个星球上存在。

他们对纳粹的憎恨并不是从天上掉下来的。相反，他们都曾狂热地信仰过纳粹。汉斯15岁就加入了希特勒青年团，索菲12岁时也加入了德意志少女联盟，他们热切地参加纳粹组织的一切活动，并因他们的热情和创造力而先后成为这两个组织的佼佼者。

你的所作所为就是你的命运。希特勒把所有反对自己的人都称为“叛徒”，并始终认为自己失败的主要原因在于“背叛”。他到死都没有弄清楚，真正让这些早先的狂热追随者变成“叛徒”的并非别人，正是他自己。所以他变成“不齿于人类的狗屎堆”，乃是他自己为自己所规定的命运。

1942年大学放假时，汉斯接到命令和同学一起去俄罗斯前线野战医院实习。出乎纳粹组织者意料的是，这三个月旨在坚定纳粹信念的实习却让汉斯有机会与战争零距离接触，前线横飞的血肉和冰冷的死亡让本来就对纳粹信念开始动摇的汉斯彻底认清了纳粹的实质。

回到德国，汉斯身边发生了一系列的事情：抱着吉他弹唱俄罗斯与挪威民歌被禁；看史蒂芬·茨威格的小说《人类群星闪耀的时刻》也被禁；一个敢于说真话的年轻老师莫名失踪；当然，还有德国历史上最黑暗的一页：对犹太人的迫害。这些事情像沼泽地的腐叶一层层堆积上来，让汉斯胸中块垒横陈，不吐不快。

1942年夏天，盟军大规模空袭科隆之后，亚历山大·施摩莱尔和汉斯·舒和第一次散发了他们自己印刷的传单。传单的第二个主题是反抗纳粹暴政和争取个人自由。它的最后一个主题在纳粹统治的无边暗夜中弹响了振聋发聩的金属之音：沉默服从纳粹的德国人即是纳粹罪恶的胁从犯！

沉默的胁从犯。这是一个很重的罪名，然而在人类历史中却是一个常见而精当的罪名。

人类自从有社会那天起就有“主流民意”。猛人创造历史，少数服从多数。社会的主流是各色各样的猛人，代表多数的主流民意经常就是这些猛人的意识。主流民意的传染性超过非典，一旦降临必横扫千军如卷席。

舒和兄妹，就是千百年来德国可屈的一个指头。1942年的德国，普通民众受戈培尔恬不知耻的法西斯宣传荼毒既深，很多人对纳粹教义奉若圭臬；剩下的虽然对纳粹教义未见得心仪，但德意志民族根深蒂固的“执行命令不是犯罪”的服从心理让他们宁愿在现实面前闭上眼睛。

舒和兄妹的伟大，就在于他们敢于挑战这种怯懦的“主流民意”。在第二号传单中，他们向德国民众揭露了纳粹在波兰屠杀30万波兰犹太人的暴行；在第四号传单中，他们写道：“我们不再沉默。你们不幸而有我们——你们的良心。白玫瑰定要教你们暗夜难眠！”

实际上汉斯和索菲既非手握重权的封疆大吏，又非名满天下的博导，更非动动嘴皮子就来百万的明星，他们不过是两个普普通通的大学生而已。无论从哪个角度看，都不是理应铁肩担社会道义的民族精英，天下兴亡，干我甚事？努力念书，毕业弄个肥缺赶紧买车买房是正经，何必费心费力去反希特勒，功名利禄没指望不说，弄得不好盖世太保一来，肥美人生可就现场玩儿完了！以区区两个大学生与希特勒的纳粹战争机器对抗，不是以卵击石，又是什么？

当时，绝大多数德国人都是这么想的。

正因为当时绝大多数德国人都是这么想的，所以希特勒才能横行天下，所以希特勒才能杀人如麻，所以希特勒才能先给犹太人，然后给德国人带来如此绝世灾难。

历史上所有的暴君都是被沉默胁从的人民惯出来的。所以对暴君的出现，每一个具体的“人民”都是有责任的。在总统搞个小蜜马上就要下台的国家，是没有暴君存在的社会基础的。有德国教授专门就此写过一篇文章，认为德国人连遭两次世界大战浩劫说到底是咎由自取，翻译成北京话，就是“活该”！翻译成四川话，就是“背时”！

舒和兄妹就不这么想。他们明知自己胜算寥寥，却依然奋勇出列，替天行道，做击石的那第一个鸡蛋。他们的精神与20世纪初中国的一位伟人息息相通，就是那个因皇帝临阵阳痿而改革失败、明明可以逃出生天却定要留下以头相祭的共和英雄：“不有行者，谁图将来；不有死者，谁鼓士气！历来变法，必有流血。流血请自嗣同始！”

谭嗣同，这个在脑中如电光石火，出口即晴天霹雳的伟大名字！

这就是Zivil Courage——普通民众不畏威权反抗一切压迫的那种以卵击石、响遏行云的勇气。我把它翻译成“平民勇气”。

我在网上查到了索菲的照片。她是个娇小温柔的姑娘。我第一眼就爱上了她，不是因为她的生日跟我一样都在5月9日，而是因为她如此典型地代表着Zivil Courage那青春永不老的惊人美丽。

Zivil Courage虽然美丽，却十分弱小，所以像希特勒这样的独裁者并不重视他们。他重视的是那些手握军权、曾数次放置炸弹想炸死他的军内反对派。据说希特勒专门下令把绞死那些军内革命者的情况拍成电影，作为饭后甜食反复观看。而像舒和兄妹这样的大学生，可能他们被处死的事情希特勒都不知道。

希特勒重视错了。他不懂“千夫所指，不疾而亡”，他不懂“人心向背，所向披靡”，他甚至忘了“民可载舟，亦可覆舟”。舒和兄妹是微不足道的，然而他们的力量却正在于他们的微不足道。他们就是纳粹德国这座大山压在最底层的那一粒微不足道的种子，没有阳光、没有雨露、没有沃土，甚至没有空间，然而他们顽强地发出稚嫩的新芽，顽强地伸出不屈不挠的根须，顽强地开出耀眼的花朵，顽强地结出不可抗拒的果实。是的，他们没有戈培尔覆盖整个德国社会的电影、电视、报纸、杂志等宣传利器，他们只有薄薄的一页油印传单而已。然而，就是这薄薄的一纸，其杀伤力却令戈培尔所有的宣传机器都望尘莫及。他们不仅勇于以卵击石，而且他们甚至一定要撞在那块石头最硬的地方："从希特勒的嘴里说出的每一个字都是谎言……那些今天仍然不相信纳粹邪恶存在的人，他们远远没有理解这场战争的形而上的背景……我们必须在邪恶最强有力的地方攻击它，这个最强有力的地方就是希特勒的权力！"（摘自第四号传单）

在他们被捕前两天，索菲曾向朋友说过："已经有如此多的人为了这个暴政而死，现在应当有人为了反抗这个暴政而死了！"而就在这一天，汉斯在给朋友的信中写道："我走过太多的弯路。我知道，深渊正在我面前张开大嘴，漆黑的暗夜包围了我求索的心灵——但我义无反顾地踏入深渊。想想克劳德尔的那句话吧：La vie, c`est une grande aventure vers la lumiere!（生命就是导向光明的历险）。"因为无知所以无畏的人到处都有，但舒和兄妹却是因为有知所以无畏。

真正的痛苦是没有信仰。舒和兄妹是幸福的人，因为他们有真诚的信仰。牢狱之灾，甚至失去生命，都不是能让他们止步的痛苦。

汉斯甚至相信痛苦能给人力量。他在1942年8月24日的一封信中写道："我坚信痛苦拥有无穷的力量。真正的痛苦就像一个浴缸，我们将从中浴后重生。"离开位于慕尼黑威特斯巴赫宫的死牢时，他用铅笔在墙上写下了："为反抗所有的暴力，善待自己！"对于自己再次入狱，汉斯早就预言过。在俄罗斯实习的时候，他在日记中写道："也许我将再次入狱，也许还有第三次、第四次。监狱不是最可怕的，也许它甚至是最好的东西……在狱中我找到了爱，而伴随着爱的一定是死亡，因为爱从不要求回报，因为爱不需要代价。"

那么，是什么让舒和兄妹忘却了所有的恐惧和痛苦呢？是什么让他们如此轻松地超越痛苦、视死如归呢？好像宿命，这个答案就在由库特·胡伯教授执笔，由舒和兄妹散发的第六号，也是他们最后一期传单中：

自由与尊严！

十年了，这两个美妙的德语词被希特勒及其同伙榨干了汁液、砍尽了枝叶、拧歪了脖子，让人一听就忍不住地恶心。只有希特勒这样拙劣的业余演员才能如此成功地把一个民族至高无上的价值扔进猪圈。十年来他们剥夺了德国人民所有物质和精神上的自由，毁灭了德国人民全部的道德基础，这充分证明了他们嘴里夸夸其谈的自由和尊严到底是什么……同学们！德国人民在看着我们！他们期待着我们！1813年我们战胜过拿破仑的暴政，现在我们要用同样的精神力量去摧毁纳粹的暴政！

4年之后，1946年7月11日，在遥远的东方，国民党特务悍然暗杀了民主斗士李公朴。在4天以后的李公朴追悼会上，另一位民主斗士闻一多发表了他流芳百世的《最后一次演讲》：“你们杀死了一个李公朴，会有千万个李公朴站起来！……我们都会像李公朴先生那样，跨出门去，就不准备再跨回来！”演讲完毕，闻一多先生旋出会场即遭国民党特务暗杀，真的没能再回到他刚刚离开的家。

果然，就有千万个李公朴站起来了，就有千万个闻一多站起来了，当时的爱国青年，都直奔延安而去了。国民党就这么倒了。那时的国民党不明白，杀死闻一多就等于自杀。

就是这个闻一多，写下了伟大的爱国诗篇《七子之歌》，在半个世纪后的1999年，在澳门回归祖国的光荣时刻，再次打动了无数的中国青年。他和李公朴一样，都是足以与舒和兄妹并肩而立的当之无愧的自由斗士。

自由是一个怎么看都美丽动人的字眼。1789年，刚刚穿越资产阶级大革命惊涛骇浪的法国议会通过了由拉法叶起草的《人权宣言》，开宗明义就石破天惊地宣布“人人生而自由”。要知道当时的法国是世界上等级最森严的国家之一，拉法叶说出这句话，需要何等的勇气！《人权宣言》还规定人民生而拥有自然和不可剥夺的权利，这些权利是“平等、自由、安全和财产”，而国家和政府存在的主要目的，就在于保障人民这些不可剥夺的权利。

1948年通过、现在全世界绝大多数国家（包括中华人民共和国）所共同签署的《联合国人权宣言》同样认定“人人生而自由，在尊严和权利上一律平等”，并且强调：“对人类大家庭所有成员固有尊严、平等和不可剥夺之权利的承认，是世界上自由、正义与和平之基础。”

那么什么是“自由”？《联合国人权宣言》说得很清楚：“自由是人在不损害他人权利的条件下从事任何事情的权利。”

可见，“自由”是普世公认的人人生而具有的权利。

这是对自由的抽象定义。然后“自由”具体是什么？具体到舒和兄妹身上，纳粹对他们的起诉书就是他们踏上自由航船的那张船票；纳粹对他们的死刑判决就是欢送他们飞向永恒的自由彼岸的21响礼炮；希特勒这个能让小儿停止夜哭的恶魔不过是助他们登上人类思想自由的奥林匹斯山的最后的那块顽石。自由就是他们在1943年2月22日那个阳光灿烂的日子里用自己滚烫的青春和鲜血织就的英雄花；自由就是他们从那一刹那开始的永垂不朽的生命。

索菲就义之后，有人在她的监号里发现了对她的起诉书，在起诉书的背后，赫然写着两个字："自由"。

在他们的传单中，他们甚至预言了当今欧洲统一的基本原则："新欧洲的基础是：言论的自由，信仰的自由，保护国民不受国家暴力的任意欺凌。"整整60年之后，在法国前总统吉斯卡尔·德斯坦主持起草的《欧洲宪章》中，我们差不多可以一字不差地找到这些话。两次被世界大战摧毁得只剩下废墟的德国今天再现繁荣富强，难道能说与舒和兄妹的慷慨就义毫无关系吗？

什么叫慷慨就义？"慷慨"就是意气风发，"就"就是闲庭信步而去。

"义"呢？

听说过这段话吧："鱼，我所欲也，熊掌，亦我所欲也；二者不可得兼，舍鱼而取熊掌者也。"这就是成语"鱼与熊掌不可兼得"的来源。这话是孟子说的。可孟子说这段话的目的是为了引出下面的话："生，我所欲也，义，亦我所欲也；二者不可得兼，舍生而取义者也。"

你知道"义"是什么了吧？

舍生取义！舒和兄妹的思想，相当于我们的"亚圣"。

我们中国人讲究家庭观念，传统上说死去的亲人变成鬼后是要回家看看的，所以才会有老人不愿意拆迁。他们不是不知道住新房好，他们是怕逝去的亲人找不到回家的路。可半个多世纪之前，重庆歌乐山有个叫渣滓洞的地方，就有几个共产党政治犯写过两句话："是七尺男儿生能舍己，做千秋雄鬼死不还家。"

那是真正有信仰的英雄。

索菲虽然是女人，可依我看她也是个死不还家的雄鬼。她在临刑之夜不仅睡得很香，而且还做了一个梦。她的妹妹英格是这样记载的："当索菲在临刑的早晨被摇醒的时候，她坐在她的监铺上讲述了她刚做完的梦：'我在阳光灿烂的日子抱着一个婴儿去受洗礼。婴儿穿着长长的白袍。到教堂必须通过一座陡峭的山。我稳稳地抱着婴儿走上山去。突然我面前出现了一道冰川深涧。我刚把婴儿在身边放下，就坠入了深渊。'然后，她向同监号的犯人解释自己的梦：'那个婴儿就是我们的信念。任何东西都无法阻挡它的成长。我们是它的开路人，但我们必将在它成人之前为它死去。’”

真正的视死如归。他们确实不用回家，因为死亡对于他们就是自由，而自由是他们永远都不会拆迁的家。

1943年2月23日，舒和兄妹被处死后的第二天，纳粹在《慕尼黑新新闻》中这样报道他们的死：“……人民法庭于1943年2月22日以阴谋颠覆国家罪与通敌罪判处24岁的汉斯·舒和、22岁的索菲·舒和（均来自慕尼黑）、23岁的克里斯蒂安·普罗普斯特（来自茵斯布鲁克的阿尔德安斯）死刑并剥夺公民权。本判决已于当日执行。这些不可悔改的反动案犯在房屋上刷写反国家的口号并散发阴谋颠覆国家的传单，不知羞耻地对德国武装力量和德国人民的抵抗精神犯下了滔天大罪。与德国人民的英勇抗敌相比，这样邪恶的行为只配立即处以名誉扫地的死刑。”

在法西斯统治下的德国，无数的判决书都是这样写的。当时纳粹认为法西斯德国是千年帝国，当时他们认为以纳粹的名义审判就是以上帝的名义审判，当时他们认为所有以纳粹的名义处死的人都会名誉扫地。

他们完全错了。

舒和兄妹今天在德国就是平民勇气的代名词。德国不仅有很多中小学校以舒和兄妹为校名，甚至还有人呼吁以他们为建校于1472年的慕尼黑路德维希·马克希米里安大学冠名，这个大学现在的校名是两个建校的国王的名字之和。在德国这个对任何事情都有8个以上的意见、减丁点儿税也要在议会争论一年多的国家，所有的人却在一个问题上出奇地意见一致，那就是舒和兄妹“当然是”所有青年的楷模。如果这也叫“名誉扫地”的话，那我们宁愿名誉扫地！

看看在“德意志俊杰”的评选中，能与舒和兄妹并肩的都是谁吧：一手领导了德国战后重建的总理阿登纳，一手创建了在全球拥有7亿信徒的新教领袖马丁·路德和一手奠定了共产主义理论基础的哲学伟人马克思。再看看排在舒和兄妹后面的都是谁吧：1970年在波兰华沙反纳粹起义纪念碑前惊天一跪的德国总理勃兰特（他因此被视为德国人真正开始反思纳粹罪行的代表），创立了辉煌赋格王朝的乐坛领袖巴赫，无论按什么划分都当仁不让的世界文豪歌德，被视为德国现代印刷术发明者的约翰内斯·古登堡，德国历史上首次统一全国的普鲁士帝国铁血宰相俾斯麦和公认改变了人类宇宙观的科学奇才爱因斯坦。舒和兄妹名列这些伟人之前！如果拿这样的名誉去扫地，你想想那应当是怎样伟大的地吧！

文天祥说过一句话:“人生自古谁无死,留取丹心照汗青。”他当然说的是他自己。但他说的也是舒和兄妹。人类历史之所以浸泡在连绵不绝的战争、迫害、屠杀、种族灭绝的血海之中还能散发出如此迷人的光彩，就是因为我们还有文天祥。

就是因为我们还有舒和兄妹。

内心之暗[①]

◇ 人邻

人邻，作家，著有《白纸上的风景》、《残照旅人》、《闲情偶拾》、《最后的美》等。

这个人的某些自画像，让我想起一位神甫。

这位“二战”时期的监狱神甫，悲哀地面对着那些刽子手和囚徒。作为神甫，他为那些临死的人做临终弥撒。举行临终圣餐仪式，但这不是在病榻边上。而是在精心操作的暴力的血腥齿轮之下。他知道这些暴力的齿轮在如何精确地运作，知道一个齿轮是如何咬住了另一个齿轮，而啮合的部位是微弱的生命。死亡在不断发生，作为一个神甫，一方面要慰藉那些即将死去的人，一方面他也要宽恕那些可悲无知的人。

一个临死的人这样写道：“明晨七时，将处决我们。上帝之路是神秘莫测的，他的意志就要实现！我与两位同伴已相聚一处，我们已获准共同度过这最后一夜。我们要耗尽这最后的时刻。我们促膝谈心，共同祈祷。明天早晨施托克将陪同我们做临终弥撒，举行临终圣餐仪式。”

神甫每次要亲临现场。他在笔记中记述说：“在他们牺牲以前，每个人都要同我拥抱。”

“他大哭起来。”另一个人这样写道：“我从来没有见过男人这样哭泣过。”

战争虽然残酷，但必须忍耐，作为一个基督徒，这是唯一的选择。“父啊！赦免他们。因为他们所作的，他们不

① 选自《闲情偶拾》，人邻著，韦尔乔绘，生活·读书·新知三联书店2006年版。

晓得。"（《圣经·路加福音》）作为一个基督徒，他以主的名义宽恕了一切的罪过和蠢行。但他毕竟是一个人，在内心无法承受的时刻，他不能形诸语言，也许唯有嚎啕大哭才能够多少减轻一点内心的痛苦。他的内心不能有嫉恨和仇视。虽然他对人类竟然得承受这样多的苦难难以理解和忍受。

地狱之恋[1]

◇ 蒂洛·蒂尔克

即使在地狱般的死亡集中营里，仍然有正义、良善和爱，爱支撑着每一位活着的生命。波兰小伙子杰西被德国纳粹关进奥斯维辛集中营；在那里，他与犹太少女希拉相遇、相识并相爱。1944年，机智的杰西偷到纳粹军服和通行证，带着希拉成功地逃出了这座人间地狱。回到乡下后，希拉躲在农民家里，杰西参加了游击队，从此两人便失去了联系。1983年，在美国开珠宝店的希拉偶尔从她的波兰籍女佣处得知杰西的消息，这对患难中相爱的恋人在分别40年后又重逢了……

蒂洛·蒂尔克（1968—），德国《明镜》周刊业务部编辑。《奥斯维辛的爱情》就是他对希拉·布尔斯卡和杰西·毕莱茨基的故事进行长期调查之后出版的。

晚上尤莱克又回到他的营房。直到规定的就寝时间他还在与营房头头交谈，现在他神经质地在气息难闻的营房里东走走西看看。所有人都已经躺在木板上了。尽管窗户都敞了开来，可尤莱克在这个炎热的7月夜里简直透不过气来。

他走到窗前，深深地吸了一口气。随后他的目光落在铁丝网上，光秃秃的灯泡发出淡黄色的光亮，岗楼从苍白的月光中显露出来，昏黑的营房阴影重重。轻松中混杂着恐惧，但愿不要再等待太长时间，他和希拉的计划终于就

① 选自《奥斯维辛的爱情》，（德）蒂洛·蒂尔克著，高中甫译，人民文学出版社2003年版。本文题目为编者所加。

要成为现实了。当他最终和衣而卧时，午夜已经过去很久了，他躺在木板上，半睡半醒。不久天空便露出了鱼肚色的黎明。

起床的锣声响起之前他就起床了，比通常更加细心地净面，刮胡子。随后他最后一次站在集合队伍的前面，但愿是最后一次。

犯人们排着长长的队伍像往常一样穿越营中的街道。乐队像往常一样在演奏一首轻松的歌曲。“脱帽”的命令像每天一样响了起来。动作都是机械的。队伍不久就到达了“劳动使人自由”的大门前，这时尤莱克的目光落在他左边的一张桌子

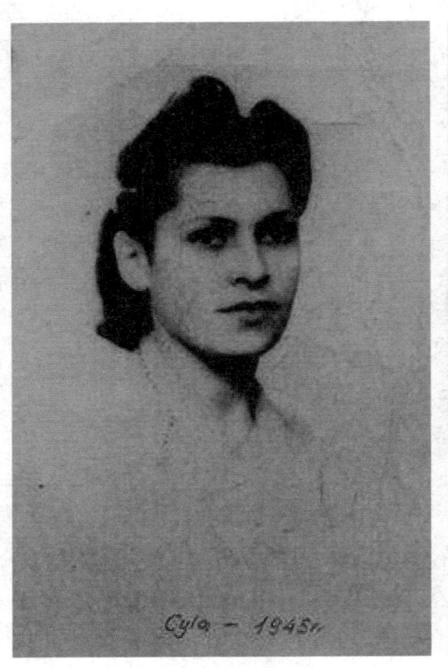

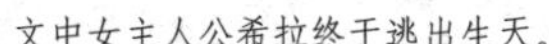
文中女主人公希拉终于逃出生天。

毕莱茨基(右)成功逃脱后与哥哥莱谢克的合影。

上。三具血淋淋的尸体摆在上面，被枪杀者的脑袋软塌塌地耷拉在桌子下面。尤莱克认出了一个死者撕裂开的面颊。桌子后面有一个死者看样子想站稳，用左手无力地支撑着他被射伤的右臂。眼睛都是闭上的，头发根部汩汩不断地淌着血。当尤莱克明白过来他刚刚看到的是怎么回事时，他这一组已经通过了大门。

这个令人毛骨悚然的场面是一种通常的警告，想逃跑就是这样的下场。尤莱克已经习惯了死亡，可是这一天这些伙伴的惨相令他格外痛苦。几乎没有一个人跟着乐队奏出的歌曲唱出歌词。

“唱歌！”梯茨呵斥他的犯人，“难道你们要为几个犹太人进行哀悼吗？”

稍后尤莱克向波普隆报告他的劳动队全部到齐，同时他尽可能表现得自然些，在仓库里做他的工作，可尽管如此还是多少有点心不在焉。他不安地数着钟点，准10点时他站在装卸平台上，以便能看到希拉。

稍顷之后她出现了，右手提着一个垃圾桶，站在主楼旁边。她匆忙地处理垃圾，然后向尤莱克的方向投来神经质的一瞥。他举起了手，这是约定的暗号。希拉又消失不见了。

中午休息时，尤莱克竭力克制他的不安并力图把它遮掩起来。随之，1点过后不久，他又站了起来，进入文书室。里面空无一人，尤莱克把阁楼的钥匙放进衣兜里，走到上面。他从里面把门关上，从隐匿处搬出麻袋，打开装通行证的信封。然后他把证件摊开。他还要在这张纸头上填写上几栏。在“日期”一栏上他写上1944年7月21日。然后他返回去工作，遇到了心情极佳的梯茨。

这时他觉得更有把握了。没有人能看出他内心的不安，有点事情做对他来说是一种放松。

离两点还有三分钟，尤莱克又站在升降台上，他在等候希拉——他突然吓得一怔，梯茨走了过来。这个纳粹亲热地递给他一支香烟。尤莱克拒绝了，他希望这个德国人赶快走开。可他却没有一丝要走的样子。

片刻之后他说：“你看，谁在那儿。”他漫不经心地指着希拉，她正向会面地点走来。也许是一丝善意的表示，尤莱克答道：“啊，这是那个从缝面袋劳动队出去的女人。”

希拉朝高处望着他们，尤莱克游移不决地等了片刻。随后，正当她要调头而去时，他举起了手并为此惹出了梯茨的一番不满的话来：“我想，你还没有一次向她打过招呼呢。”他轻松地与队长站在一起，抽着一支希腊香烟。

时间紧急了。梯茨又一次与他不期而遇。

“我现在要走了，队长先生，去弄点香肠。时候到了。”这个德国人随便地望了望他的手表。“已经3点10分了。”

“也许今天的时间要长一些，”尤莱克顺势说道，“也许要一个钟头。”

“那好吧。但是如果出了什么差错……我什么也不知道。祝你顺利。”

阁楼地板上热得令人几乎难以忍受。没有人能从外面进来。尤莱克后来写道：

“我的心像锤子一样敲个不停。”他用颤抖的手指去打开他藏的东西，可怎么也解不开扭结，最后他干脆神经质地把绞在一起的绳结扯断。他把里面的物件摊放在地板上。一全套制服，钱，剃须刀，小镜子——所有的东西都整齐地摆在灰尘里。随后他脱下囚装。尤莱克大汗淋漓。他拿起绿制服，迅速地套上裤子和衬衣，穿上上装，系上领带，把一切弄得规规整整的。他抹去额头上的汗水，深深地呼吸，使自己平静下来。他谛听，没听到什么可怀疑的声音。他系上腰带，摆正手枪皮套。他把两个重螺丝和一个齿轮塞进皮套里，这样虽然里面没有武器也不会引起人们的注意；可开始系皮带时却有些困难。随后他把手枪皮套稍往前推了推，德国人都是这样做的，以便能更快抽出枪来。他又松了松皮带，好让衣兜不那么别别扭扭的，他拿起带有骷髅头徽的帽子，把其余的小物件都放进他的食品袋里。那身蓝褐色的囚衣被扔进一个包里，塞入木板条的后面。他又检查了一次，看是否留下什么可疑的踪迹。最后他戴上墨镜，朝镜子里投去审视的目光。

尤莱克对呈现在眼前的这幅形象感到吃惊。有那么一会儿他简直认不出是自己来，而活脱脱是一个德国党卫军。随后他为自己的这幅形象感到安心了，如果连他自己都认不出来的话，那党卫军怎么会把他当做是同一个人呢？

他又一次摘下帽子，以便把已经流到眼睛里的汗水拭净。现在一切具备了。

尤莱克在门旁听了听，终于穿上带有马刺的纳粹军靴走下来，发出砰砰的脚步声。他弄出来的声音拉紧了他的神经。每走下一层他都停下脚步谛听一番，看过道上是否有人。什么也没有。不久他就到了门口。向左右望了最后一眼。他看到稍远处犯人们在劳动。两步，三步，他到了外边，离开了平台，穿过铁路，朝主楼走去。有两个犯人在清扫街道。看到尤莱克时，他们把推土车停了下来，匆忙地把他们的帽子从头上扯下来。尤莱克感到他好像“注射了一针镇静剂”似的。一切都是这样的奇怪。他甚至大起胆子，用口哨吹出一首歌来。

走了几步后，他看见勤务部头头埃梅里希骑着一辆摩托车迎面驶来。尤莱克尽量控制住自己。他现在是一个党卫军，不再是犯人了。两个人致意。“希特勒万岁！”埃梅里希继续行驶。离通向洗衣部地下室的沉重大门还有20米远。尤莱克最后一次想了想整个过程，随后就到了铁门跟前。他重新擦了擦额头，摆正帽子，然后进入楼里。走廊上昏暗无光。可尤莱克依然戴着墨镜。

在这儿镇静如常可不是件容易的事。过道上出现了两扇漆成灰白色的门。尤莱克打开门，他在门后看到了一排缝纫机。他在入口处站住。有二十多个姑娘在机器旁低头工作。这时一个臂上戴有黄色卡普袖标的女人走了过来："班长先生，您有何公干？"

在他身后另一扇门敞了开来。一个身穿党卫军制服的胖女人，大约有30岁的样子，果断地走到他跟前。尤莱克尽可能泰然地迎向她。"希特勒万岁！"

"希特勒万岁！"这个德国女人回答。"我怎样为您效劳呢？"

她友好地问道，好奇地望着面前的这个班长。

尤莱克机械地吐出他练习过多次的言词："我是政治部的，受命来带一个女犯人去进行审讯。"随后他把叠好的通行证拿出来。"这个女犯人叫希拉·希布尔斯卡，来自洛姆扎，号码是29558。"

穿制服的女人在思索。"卡普，把希布尔斯卡喊来！"随后她拿起通行证并重复了一次号码。

女卡普知道，那是熨衣间的黑头发姑娘；她消失在门后。

尤莱克在冒汗，他摘下太阳镜。

"今天好热呀。"胖女人说道。

"对，很热。这儿下面也热得让人喘不过气来。"

这个党卫军女人微微一笑。"如果都有您这样的眼睛，那就不用戴太阳镜了。"

在上面的熨衣间里希拉的神经都快绷断了。戴卡普袖标的深褐色头发女人站在她的面前。有那么一瞬间希拉的脚像生根了似的。"上帝为你引路。"索尼亚轻声地说并把她的女友推了出来。

尤莱克注意到希拉的脸色苍白。

"她是希布尔斯卡？"他问道。

"是的，班长先生。"

希拉看起来疲惫不堪。两腿在发晃，汗珠已流到她的鼻尖上了。尤莱克要快一点，他怕他的恋人会瘫倒下来。

因此他很快地查验了犯人身上烙下的号码，拿起通行证，迅急地瞄了一下手表，然后把制服拉直。

"集合时您会把她再带回来吧？""当然。有情况我们会通知您的。"他把两只军靴一碰，发出了清脆的响声，粗暴地说："好了，走吧！"随之朝希拉指了指出口。有几个洗衣姑娘跑来排在通道两边。走了几步之后，希拉和尤莱克终于到了外面。

从洗衣间所在的楼房向右有一条窄路，随后他们必须向左转，沿着一条直通附近田野的小路向前走。尤莱克用德语发号施令，若不然两个人就得缄默不语了。他们经过面包坊，到了一处建筑工地。犯人们在酷暑中搬运砖石，一个卡普站在他们旁边监工，他轻松地撑着一根木棒，怡然自得地吹着口哨。当他看到扮做党卫军的尤莱克带着一个女犯人靠近时，他手忙脚乱，朝其他的犯人叫骂起来："干活，快点，快点！"

路两旁是绿茵茵的草地。这时，小路又向左轻轻地画出了一道弧线。他们离前面的最后一道关口也许还有一公里的路程。

过了一会儿，尤莱克才敢第一次用波兰语同希拉说话："你怎么样，好吗？"

希拉没有回答。她在尤莱克前面有二三米的样子，笔直地继续走着。

"停下！"尤莱克叫了起来，希拉一怔。

她一声不响地望着身穿制服的尤莱克。她的嘴唇在发抖。"怎么回事？我害怕。"

"一半已经完成了。还有一段路，然后我们就到岗哨了。"

"我正是为前面的岗哨才害怕呢。"

"必须镇静。你必须控制住自己。到现在一切都非常顺利。"

希拉终于羞赧地微笑起来。"你与粮库里的那个尤莱克完全不一样了。"随后她观察着她的恋人，从靴子直到帽子。她的目光盯在了骷髅帽徽上。尤莱克注意到她的眼睛里充满了泪水。

"我们必须走下去。"

几分钟之后他俩到了附属于集中营的温室前。一条狗叫起来，犯人们都在忙碌，侍弄栽培的作物。一个穿军服的德国人百无聊赖地站在他们附近。

"走，走！"尤莱克朝希拉喊道，"快点！"

他俩必须从一组犯人身边经过，他们在挖浇水坑。劳动队的卡普站在坑边，用一条绳子量着，看坑的深度够不够标准。当他听到军靴声时，他转过身来，直视尤莱克的面孔。

尤莱克大吃一惊。他是卡普赫尔曼——那个来自木材场和割草劳动队的。他们两人到集中营的头几天就认识了。

尤莱克费劲地迈着脚步。正当他要从赫尔曼身边走过去时，此人却朝他走了过来。

"请原谅，班长先生。现在几点了？我的表经常坏。"

尤莱克停下脚步——像变成冰一样。他稍微挽起袖子，一声不响地把表递到赫尔曼的鼻子前。三点三刻。“非常感谢，班长先生。”

随后两人继续赶路。他们穿过菜园子的最后几片畦地，在一个树木小组附近，他们看到了第一座岗楼；在它旁边是第二座，第三座。再后面就是拉耶斯科村。离最后那道关卡还有五分钟的路要走，这时一条牧羊犬吠叫着跑过来。它龇牙咧嘴地围着希拉打转。希拉惊恐不安，不由自主地退了一步。尤莱克弯下身来拾起一块石头，正要朝这个家伙掷去时，有人把狗喊了回去。“罗尔夫，蹲下——老实点。”尤莱克后来回忆说。他俩继续走，他们已经看到那个小屋了，哨兵在里面。还有100米。

尤莱克请求希拉：“你现在必须坚强起来。”他害怕她在最后一刻失去镇静。姑娘只是点点头。

他将手插入胸兜，想把通行证掏出来。可口袋里空空如也。还有50米远，他被恐怖所攫住：现在可别发疯。尤莱克拼命去思索。随后他想到了小皮包，他把它放在了口粮袋里。他在钱币中间找到了这张证件。

还有30米远，哨兵从容地离开了小屋。这个党卫军把制服上装扣好，把骷髅徽章的军帽戴正，弄了弄他的腰带。一个粗壮高大的人，大约有45岁的样子。他咄咄逼人地摇晃着脚跟，双手交叉地放在背后。

还有15米，10米。尤莱克的嘴在发干。

现在希拉站住了；还离有几步远，随后尤莱克也到了横木跟前。

“希特勒万岁！小队长先生。”

“希特勒万岁！班长先生。”

尤莱克颤抖着从衬衣口袋里掏出通行证。

“一个人，一个人返回布狄。”他冷静地说，这是集中营里纳粹说的官话，意思是一个党卫军伴同一个犯人去布狄作业区。

时间过得真慢。这个德国人先是看看绿色通行证，然后望了望毕莱茨基，随后又望了望希拉。再一次望了望毕莱茨基。

“回到布狄去？”

“是的，小队长先生。”

他最后看了一眼证件。

尤莱克的脑子里有成千上万个念头在转动。这种手续显得那么长，长得没有尽头。

德国人终于把通行证交还给他。尤莱克一把拿在手里。他要把它放进他的上衣口袋里，可是口袋上的钮扣妨碍了他。

我的天啊，他想，塔德克给我弄一套用过的制服就好了——这套是全新的。

他终于成功地把纸头放了进去。

“希特勒万岁！”

“希特勒万岁！”

希拉先穿过检查点，尤莱克随后迈着安详的步子。

他还是不能理解，一切竟进行得如此顺利。这个家伙一定看出点什么了，他在胡思乱想。他也许会马上喊叫起来：停下，站住！也许他会立即开枪……他一定认为我也带有武器。尤莱克的两只腿在打颤，跟断了似的，可他还在走。越走越远。他看到前面的希拉，穿着蓝色工作服，背上有宽大的红色条纹，这表明她是一个犯人。最好她现在就跑起来，但是理智阻止了他这种想法；或者至少可以转过身来一次，但这也会引起不必要的怀疑。

再说希拉变得更勇敢了。她现在正一步一步把两个人引向自由。

衬衣贴在背上，痒得令人难受。还有几步路就到公路上了。

稍远的地方，在索拉河的沼泽区，一只仙鹤迈着长腿一步一步地行走。现在，田间小路通向了一条林荫大道。

“再快一点。”尤莱克催促希拉。公路向边转弯；在转弯处尤莱克勇敢地向后面扫了一眼，那个岗哨又舒适地待在阴影中了。

拉耶斯科村像死光了人似的，为了“奥斯维辛地区的利益”，所有的居民都被迫离开了这个小村镇。索拉河在一两百米外流淌，河的两边是长着青草的沼泽地。一辆马车朝着两个逃亡者迎面驶来，希拉放慢了脚步。尤莱克看到斯图尔曼·沃尔夫坐在车辕上，车上放着一个大木桶，他挥动鞭子，催马赶路。当他在两人身边经过时，他望了希拉一眼。尤莱克知道，沃尔夫一定认识曾经去过粮库劳动的希拉。车子过去后他又转过身去，可沃尔夫已经在下一个拐弯处消失了。

“不要回头看他，”尤莱克警告说，“我相信他已经认出你了。”

“那现在怎么办？”

“我不知道。”

他们继续赶路，一切都很顺利；他们离开拉耶斯科村后的大路，沿着一条小径前行。他们来到一片小树林，发现里面有一块空地。

希拉把头偎在尤莱克的胸前。他听到她在低声啜泣。她的头巾稍许滑到了一边，尤莱克抚摸着她的头发。

“运气不会遗弃我们的。”他安慰说；这时希拉拭干了被泪水湿润的眼睛。“你把白头巾摘下来，也许会更好些，它可能使我们暴露。”

…………

两个多小时之后，希拉和尤莱克继续赶路。在黑暗中很不易辨别方向，他俩总是一再地跌倒在灌木丛中和水洼里。后来他们到了一条小路上，这对逃亡者就感到轻松了些。不太远的地方出现了闪烁的灯光；他们小心翼翼地接近，看到了几个年轻人的轮廓，他们都带着手电筒。有一瞬间在尤莱克重新燃起了希望，这些人可能是在集中营周围地区活动的游击队员，不过从隐身的地方它能听到这些陌生人的谈话。这是些德国人。他们小心翼翼地退了回来。

无论用什么办法他们必须穿过索拉赫。这看来是一种冒险。现在，德国人在搜寻他们，这是肯定无疑的。

他们远远地绕开了一个村庄，那里狗在吠叫。黎明时分，他们在一片黑麦地里躺下来睡觉了。

苦难记忆[①]

——为奥斯维辛集中营解放四十五周年而作

◇ 刘小枫

虽然“无辜者在一方，而罪人们在另一方，”“人们将一切毁灭，一切都已失去，但太阳还在升起，空气仍旧清新……”但苦难记忆已向人性、宗教、哲学提出了挑战，“奥斯维辛以后，每一个体已不可能将历史中的无辜受难者的存在撇在一边去求得自身的自由、幸福和获救。上帝要求我们记住每一位无辜的死者和历史中的每一次罪恶。”

“当无辜者在一方，而罪人们在另一方时，这叫作什么？”

“我不知道，小姐。”

“动动脑筋，傻瓜。”

“我不知道，小姐。”

“如果人们将一切毁灭，一切都已失去，但太阳还在升起，空气仍旧清新……”

法国电影艺术家戈达尔在其故事新编《芳名卡门》的结尾处写下的这段对白，使我无法释然。

卡门小姐——一位美丽、热情、任性、富有女性特有生命直觉的女孩子，身饮冲锋枪弹，躺在血泊中，以最后

---

① 选自《这一代人的怕和爱》，刘小枫著，生活·读书·新知三联书店1996年版。

奥斯维辛是波兰南部的一个小镇，第二次世界大战期间，纳粹德国在这里建立了最大的集中营，这个小镇因此闻名于世。奥斯维辛集中营内部壁垒森严，四周电网密布，设有哨所看台、绞刑架、毒气杀人浴室和焚尸炉，是希特勒种族灭绝政策的执行地。

一丝生命的气息，提出了两个在我解答不了的问题。人类的历史、个人的生存都受到这两个问题的严峻拷问。然而，死者毕竟已经死去，活着的人在死者的问题中活着，而且，太阳还在升起，空气仍旧清新……

今年1月，我第一次看电影《芳名卡门》，正值20世纪的苦难标志之一——奥斯维辛集中营解放四十五周年之际。卡门小姐的临终提问，使我想到在奥斯维辛惨遭不幸的成千上万死者。“解放”一词的意义已显得苍白无力，它毕竟无法让死者复活，亦不能保偿无辜者遭受的折磨。在奥斯维辛死去的无辜者中，不知有多少年轻美丽的少男少女。

奥斯维辛的罪恶不仅是西方人的耻辱，也是中国人的耻辱；奥斯维辛的不幸，不仅是西方人的不幸，也是中国人的不幸。因为，它是人类犯下的罪恶；而且是有知识的人犯下的罪恶；亦是人类所遭受的不幸，因而是属所有人的不幸。只要是生存着的人，都无法摆脱它的阴影。中国人同样处身于卡门式的带有绝对普遍性的问题之中。我们与奥斯维辛苦难的关系，绝非所谓国际主义的问题，而是一个生存论的问题。

奥斯维辛事件以后，西方思想通过哲学、神学和各种文艺形式，一直在沉痛地反思奥斯维辛的罪恶和不幸。卡门式的问题尽管是至今无法回答的，却也是不可搁置的。活着的人当与无辜死者同在，难道我们与奥斯维辛以后的苦难反思无关吗？

一、奥斯维辛以后

在西方的思想著作中，“奥斯维辛以后”（After Auschwitz）已成为一个专门术语。以此为题的专著，就我所见，不下十余种。如法国哲学家利科所言，当今哲学面临恶的决定性挑战。

德国哲学家阿多尔诺是最早将“奥斯维辛以后”作为一项哲学课题提出来，也是在这种苦难反思中最富有深度的哲学家之一。阿多尔诺的名言：奥斯维辛以后诗已不复存在，至今仍未失去鸣声悲切的分量。

阿多尔诺感到，奥斯维辛对他首先是个人自身的主体性痛苦，尽管阿多尔诺在纳粹时代流亡美国，未曾尝过集中营之苦，他仍然感到奥斯维辛关涉自己个人生存的理由。他对自己提出过这样的问题：奥斯维辛以后是否还有理由让自己活下去？在奥斯维辛以后继续活下去，已多少使冷漠成为一种主体性原则，怀疑意识作为对野蛮经验的必然反应，也具有了正当性。然而，当人们由生命所迫继续活着时，就必须负起一种责任，使奥斯维辛不再重复。

作为哲学家，阿多尔诺把这种责任引入其形而上学的思考，并把奥斯维辛作为其哲学的基本经验来看待。《否定辩证法》一书中，“形而上学的沉思”一章的开章标题即是“奥斯维辛以后”。阿多尔诺认定：奥斯维辛既是惶然失措、深受伤害的世界过程之密码，是从深渊中发出声响的一个苦涩的词，也是历史哲学和认识论的密码。在这一密码中，生活世界接近了预知的恐怖。哲学理应认清这种恐怖，但它却显得那么软弱乏力。奥斯维辛既无法通过推理逻辑从概念上来把握，人们也无法为之找到哲学的安慰。

不仅如此，在阿多尔诺看来，奥斯维辛也是近代文明失败的公开证明，是一切致力于完美世界的构想彻底失败的标志，奥斯维辛对历史的成就和理想的未来都投下了永不消退的阴影。在此阴影之下，哲学的思辨理性只能处于绝望与痛苦之中，它已明显不能把握人类的苦难和不幸，而被迫只能把社会和历史中的苦难和不幸客观地描述出来，由此才能表达出渴求拯救的主体冲动。只有记忆的力量和由悲哀与痛苦构成的情状，才是希望的超验之光的酵素。

奥斯维辛不仅迫使哲学不能从表面现象理解历史材料，而是要摸清历史发生的深隐结构，而且迫使哲学之思禀具一种绝对必要的品质：以苦难记忆为基础的主体意志。唯有如此，哲学才能在已被践乱了的存在踪迹中寻到自己的生存位置。

二、无辜负疚

奥斯维辛以后，活着的和将要活着的人的生存是负疚的。这是生存论意义上的负疚，而非心理学意义上的负疚，正如奥斯维辛是生存论上的苦难和耻辱记号，而非一种地域性或民族性的苦难和耻辱记号。这一具有普遍意义的记号意味着，20世纪的罪恶和野蛮是独特的。以世界理想和人类未来为口实制造的苦难和不幸，已抹去了人的存在基础。一旦我们记起那些无辜的死者，那些被毁灭了的年轻美丽的生命在一方，而罪恶的人们在另一方，我们暗遣年华的生存就受到质询。以纳粹集中营为题材的电影作品，我看过不少。《索菲的抉择》提出了令我至今困思的一个问题：无辜负疚。尽管这部作品在描写集中营中不堪卒睹的折磨方面，远不如《为时间演奏》(Playing for Time)更为凌挫折挽，甚至也不是以描写集中营为主题，但它提出的问题相当尖锐：人的无辜负罪及其对迟来幸福的影响。

在被送往集中营的路上，纳粹强令索菲将自己的孩子——一个儿子和一个女儿交出，要把他们送往死亡营。索菲竭力想说明自己的出身清白，甚至以自己的美貌去诱惑纳粹军官，以图能留下自己的儿女。纳粹军官告诉她，两个孩子可以留下一个，至于留哪一个，让索菲自己选择。索菲几乎要疯了，她喊叫着，她根本不能做出这种选择。纳粹军官的回答是：那么两个孩子都死。在最后的瞬间，索菲终于喊出：把儿子留下。

索菲的抉择使我对萨特先生的自由的抉择说感到抑止不住的厌恶。索菲的抉择表明这种学说至少在生存论上是不真实的。当存在的结构因某些人的作恶而在本体论上带有罪恶性时，自由的抉择是不存在的。卡夫卡很懂得这一点，甚至即便从存在结构的自然本体论性质来看，自由抉择也是不存在的。人的生存必须抉择，而入又置身于生存的裂伤之中，抉择必然是负罪的，尽管是一种无辜的负罪。索菲的抉择应从隐喻形态来理解，其涵义远远超逾了事件本身。

深深爱着索菲的那位青年作家，希望与索菲远奔他乡，圆成幸福。人毕竟只能活过一次，任何幸福的机会都暗催残岁。索菲知道这一点，但她忆述了这段苦难记忆，拒绝了幸福。

体现在索菲这次抉择中的负疚感，源于对无辜不幸的苦难记忆。令人震慑的是，它是无辜的负疚！尽管索菲是苦难的蒙受者，是无辜不幸者，她仍然要主动担起苦难中罪的漫溢。索菲觉得，她已不是一个好母亲，她已失去了获得幸福的权利。

在汉语语境中，生存品质已被败坏，以人类的解被者自居，以历史的推动者自居，以新世界的制造者自居，连罪责应负的负疚都没有，谈何无辜的负疚！负疚感的缺失，显明了精神质素中最基本的惜感之丧失，这正是罪恶产生的根源之一。我们能说无辜负疚作为一种精神品质与我们毫不相干吗？

《索菲的抉择》末尾那段长时间的索菲特写镜头，我永生不会忘记：泪早已流尽了，干涩的双眼仍张得大大的，在盼望看什么。这是苦难记忆的标志。印在这张茹苦蒙辱、涩泪无端的脸上的无辜负疚，向已然被意识形态败坏了的人性品质提出了无声的挑战。

三、爱与死

描写苏比波集中营的电影，我看过两部。一部是写实性的，另一部是艺术性故事片。我更有感于后者，它提出了受苦中的爱的问题。

苏比波集中营之闻名，不仅因它是仅次于奥斯维辛的大死亡集中营之一，更因在那里曾发生过一次真实的大逃亡事件。电影《逃离苏比波》就以这次逃亡事件为题材。

整部电影从头至尾都让人颤栗。

在死亡集中营里，异死不是未确定的偶然，它是已确定的现在必然；不是人将走向异死，而是异死已走向人。如果仅从生命的自然形态来看，一切已不复存在。以致正义、良善、爱在异死的阴影中更显得无凭无端。尽管正义、良善、爱已被历史罪恶和意识形态颠倒，以至于诸多现代主义者对它们的怀疑、解构和嘲弄不无理由，然而在死亡集中营里，却仍有人不忍抛掷正义、良善和爱。

例如：在一个集中营里，十多位难友排成一行，站在其余难友面前，他们曾企图逃离，不幸没有成功。现在正等待现场枪决，当众难友之面，以“杀一儆百”。其中一位年轻的难友突然昏倒在地，他承受不了这种异死。这时，一位牧师走出难友群，申请代替年轻人被枪决。他被允许了。

在爱面前，异死丧失了骇人的力量。

还有另一种爱。

犹太姑娘丽莎在集中营里爱上了一位俄国中尉，她热情大胆地向这位俄国战俘表示自己的爱情。俄国中尉总是回避这位姑娘，这不是因为在死亡集中营里谈恋爱显得荒唐，而是因为在遥远的俄土有他的妻子和儿女。直到策动逃离暴动发生的前一天夜里，俄国中尉才轻轻吻过犹太姑娘一次。

第二天，犹太姑娘被枪弹打死了。她没有能越过集中营铁网与附近树林之间的那片开阔地。她毕竟是孱弱的姑娘，从背后射进她体内的机枪子弹，使她轻轻匍倒在地，再也没有起来。

俄国中尉活下来了。像许多其他有幸逃离的难友一样，他成了审判纳粹刽子手法庭的见证人。但他也是死亡集中营里爱的见证人。

我不知道俄国中尉心里是否曾有过悔意，懊悔自己在集中营里不曾回答犹太姑娘的爱，懊悔自己当初没有好好地爱她，感到对不起这位在异死的阴影中爱他的姑娘。

爱是真实之发生，而非伦理的规则。伦理规则应以爱的宗教为基础。在爱的宗教中，被钉十字架的爱打破了一切由自然构成的法则，它在神性的死中战胜了自然性的死，在自然性的死中复活了真实的爱。在被钉十字架的爱之肯定和否定——对生命中之肯定的肯定和对生命中之否定的否定中，爱支撑着每一位活着的人无根无据的残身。

人毕竟是人，他既非不死的，也非不朽的。爱应在生之中战胜死，补偿性的爱不在。

四、走进无辜

在电影《逃离苏比波》中，有一幅画面令人震慑：集中营焚尸炉的烟囱矗立在美丽的田野上，背景是绚丽的太阳，空气是那么透明清新……

你觉得这不谐调吗？你觉得集中营的焚尸烟尘污染空气吗？可是，大自然没有提出抗议，它仍然以自己美丽的身躯为人间罪恶提供背景，不曾为人间苦难洒过一滴泪水。

一切自然性的存在从来就对人间罪恶和人所遭受的无辜不幸默不作声，它们没有也无法对一切伤害提出指控，更不曾也不能抚慰不幸的悲惨，以至于罪恶和不幸成了自然而然的事。

不仅大自然如此，历史也如此。如果人的生息最终是建立在自然或历史之上的，人间罪恶和人之不幸就会是自然而然的。

只有超自然、超历史的神圣存在，才构成了对人间罪恶的绝对否定，才能抚慰人所遭受的无端不幸。只有当人的生息在超自然、超历史的神圣怀抱之中有一席之地，人间罪恶和人之不幸才不会是自然而然的。

从近代到现代，人类思想醉心于人之存在的自然性延长：制造技术及其组织、扩大语言覆盖面，并试图从中找到或确立人的终极性。人是劳动的生物、人是语言的生物、人是社会存在的生物。结果怎样呢？在20世纪，人类面对种种杀人机器，技术化的杀人机器和意识形态话语的杀人机器，哑然失语，束手失措。奥斯维辛的罪恶就是在技术化和一种特定的话语系统中发生的。由技术组织和特定的话语系统制造的罪恶，在奥斯维辛之前，就已问世，在奥斯维辛之后，亦有更新。奥斯维辛不过是20世纪无数诸般罪恶的一般性标志。

无辜者在一方，而罪恶的人在另一方；历史至今没有改变这种现实，大自然的阳光没有对此提出异议，作为受害的无辜者，至多只能提出一个问题而已。

甚至某些神圣存在也默不作声！并不是所有的神圣存在都对人间罪恶提出过指控：形而上学的神圣存在没有；神秘主义的神圣存在没有；“天何言哉”的神圣存在没有；大象无迹的神圣存在没有。更可怕的是，宗教的神圣存在还为无辜不幸和无端异死提供意义——神义论。在当今时代，传统的神义论再次被哲学和神学提出指控，其根据相当充分。

只有在“各各他”成人的神圣存在不默不作声。他不仅指控人间罪恶，而且亲身走进无辜者之中。只有这位在十字架上成人的神圣存在看到了人们将一切毁灭，但太阳还在升起、空气仍旧清新时，感到莫大的痛楚，他无法容忍，因此他要成人，而且自愿选择了无辜受难的方式成人，以便与每一位无辜者相遇。基督的上帝并未给无辜不幸和无端异死提供任何意义说明，而是以神圣恒在者的身份与人一同受苦受死。甚至艺术家罗丹也懂得：上帝是一位自我舍弃彼岸的他者，他伸向这个世界的手（“上帝之手”）只是一只颤栗的爱之手，托支着裸然男女瑟瑟的拥抱。正是由于这位神圣存在降身于无辜不幸和无辜负罪之中，从古至今的每一位无辜死者才不允许被遗忘。

五、记忆苦难

在一次神学研讨会上，马克思主义哲学家马尔科维奇向神学家默茨和拉纳提问："奥斯维辛以后祈祷是否也已不复存在？"这显然是根据阿多尔诺的那句著名的话加以发挥。默茨为这一问题所震慑，并感到其中的沉重含义。

奥斯维辛对基督宗教同样是一个挑战，"奥斯维辛以后"，基督宗教同样面临着正当性危机：以预定论传统的基督宗教信仰形式，是恰当的吗？基督宗教关于历史意义的传统陈述是恰当的吗？

天主教神学家默茨提出：决不存在一种能漠视奥斯维辛去拯救的历史意义，决不存在一种能漠视奥斯维辛去维护的历史真理，也决不存在一位能漠视奥斯维辛去祈告的历史之上帝。基督神学必须能够在历史的否定性中去感受历史，即在历史的灾难性本质中去感受历史。从实践——政治的角度记住每一位受难者，应成为基督神学的内在要求。

默茨使得圣经中的memoria passionis（苦难记忆）这一深刻的范畴重新显得极为耀眼。他主张，苦难记忆应成为普遍的范畴、拯救的范畴。丧失了这一范畴，人的主体生活就会日益成为人本中心主义，人的主体存在就会日益成为没有记忆的智力和具有柔性功能的机器。因此，默茨迫切地要求基督神学陈说苦难记忆，并为苦难记忆一再进入公共意识而努力。

由圣经展示出的苦难记忆是独一无二的，在一切哲学和其他东方宗教中，找不到与之相关的范畴。苦难记忆既是一种主体精神的价值质素，亦是一种历史意识。作为历史意识，苦难记忆拒绝认可历史中的成功者和现存者的胜利必然是有意义的，拒绝认可自然的历史法则。苦难记忆相信历史的终极时间的意义，因此它敢于透视历史的深渊，敢于记住毁灭和灾难，不认可所谓社会进步能解除无辜死者所蒙受的不幸和不义。苦难记忆指明历史永远是负疚的、有罪的。

作为主体精神的价值质素，苦难记忆不容将历史中的苦难置入一个与主体无关的客观秩序之中，拒绝认可所谓历史的必然进程能赋予历史中的苦难。以某种客观意义，拒绝认可所谓历史发展之二律背反具有其合法性。苦难记忆要求每一个体的存在把历史的苦难主体意识化，不把过去的苦难视为与自己的个体存在无关的历史，在个人的生存中不听任过去无辜者的苦难之无意义和无谓。苦难记忆因而向人性品质提出了更高的要求，默茨看到，在奥斯维辛以后，每一个体已不可能将历史中的无辜受难者的存在撇在一边去求得自身的自由、幸福和获救。

上帝要求我们记住每一位无辜的死者和历史中的每一次罪恶。

六、难平的歉然

歌德的一位挚友策尔特不幸失去了年幼的独子，悲痛万分。歌德写信用不朽的概念来安慰他。然而，歌德自己也马上感到，这种表白过于昧然单薄了。

的确，当记起奥斯维辛的无数死难者，忆起在种种人为制造的苦难中死去的无辜者的亡灵，我无法不惘然失语，难写安慰之言。即使是苦难记忆，也不能使活着的人感到安然，真正的“终究意难平”……我还活着，他们却死了，而且那么年轻，比我年轻……

小的时候，我看《冰山上的来客》，有句话一直不懂。中尉把古兰丹姆救出来，自己中了黑枪，临死前，古兰丹姆对死者说：“记住我，我叫古兰丹姆。”活着的人竟然恳求死者记住她，难道不是很荒唐的要求吗?

现在我懂了。让活着的人记住死者，对活着的人来说，仍是一种奢侈，面对无辜的死者，活着的人对生命总是亏欠的。我只有恳请无辜的死者记住我，因为，他们活着，永远活着，而我是将死的。我属于他们，所以恳请他们记住我。

不管在奥斯维辛，还是苏比波，如今遍地铺满了鲜花，还有为死难者塑的各种雕像。尽管中国离那里很远，我还是想能有一天去到那里，献上几束中国的鲜花。因为我记得许多无辜死者至今无葬身之地，更没有鲜花，没有墓志铭。我只得把鲜花带去奥斯维辛……

占领下的巴黎[①]

◇ 让·保罗·萨特

许多英国人和美国人来到巴黎时发现我们没有他们想象的那样消瘦，无不感到惊讶。他们见到妇女穿着优雅的连衣裙，似乎还是新做的。男子的上衣远看也不失气派；他们难得看见通常表明营养不良的苍白脸色和生机萎缩。对旁人的关怀一旦失望，便会变成怨恨：因为我们不完全符合他们事先设想的悲惨形象，我很担心他们会生我们的气。可能他们中间已经有人暗自思量，法国是否应该把战败看做一场好运气，因为战败当初使它脱身事外，日后又使它不必付出巨大的牺牲做代价就重新取得强国的地位；可能他们和《每日快报》一样认为，比起英国人，法国人在这4年里过得不算太坏。

让·保罗·萨特（1905—1980），法国哲学家，文学家。存在主义的主要代表人物，著有小说《恶心》、《墙》、《一个头目的童年》和长篇小说《自由之路》等。

我想对这些人说几句话。我想对他们解释：他们错了，德国占领曾是可怕的考验，法国不一定就能复兴，而且没有一个法国人不经常羡慕他的英国盟友们的命运。但是，就在我着手做这项工作时，我感到它的全部困难所在。我已经体验过一次这种困惑，那时我刚获释，人家就询问我当战俘的生活：我怎样才能使没有在俘虏营里生活过的人体会那里的气氛呢？只要加重笔触，就能描出一团漆黑，而稍加修饰就能使一切显得欢笑、快乐。甚至人们所谓的“一般情况”也不代表真相。需要有许多发明，

① 选自《世界散文随笔精品文库（法国卷）：那天夜里我看见了巴黎》，郭宏安编，中国社会科学出版社1994年版。

许多技巧才能表现真相，还需要许多善良的愿望和许多想象力才能理解真相。今天我面临一个相似的问题：怎样才能使一个始终未受奴役的国家的居民懂得被占领意味着什么？我们之间横着一道不可能用言辞填平的鸿沟。法国人之间谈论起德国人、盖世太保、抵抗运动和黑市交易时一说就明白，因为他们经历了同样的事件，因为他们有相同的回忆。英国人和法国人没有共同的回忆，伦敦骄傲地经历的一切，巴黎却是在绝望和耻辱中经历的。我们需要在谈论自己时不带感情冲动，你们则需要学会听懂我们的声音，学会抓住那些不能言传、只能意会的事情，可以用一个手势或片刻的沉默表示的所有一切。

如果我还是试图让人家看到一点真相，我会遇到新的困难：法国被占领是一个无比巨大的社会现象，它涉及3500万人。我怎么能用他们全体的名义发言呢？小城市，大的工业中心和农村的遭遇各不相同。某一个小村庄从未见过德国人；而另一个村里德国人却驻扎了4年。既然我主要住在巴黎，我就局限于描写巴黎沦陷时期的情况。我撇开不谈生理上的痛苦，确实存在但被掩盖起来的饥饿，生命活力的衰退，结核病的蔓延等等；统计数字总有一天会告诉我们，这些不幸曾达到多大的规模，但是说到底英国也有类似的情况；英国的生活水平想必仍然比我们的要高得多，但是你们遭受了轰炸、无人飞机的袭击和军事损失，而我们却没有作战。然而另有别种性质的考验；我想写的正是这类考验，我试图写出巴黎人是怎样体验沦陷生活的。

我们首先必须排除广泛传播的形象：不，德国人不是手执武器在街上溜达的；不，他们不强迫平民百姓为他们让路，给他们腾出人行道；他们在地铁车厢里给老年妇女让座，他们见到小孩子就会油然而生柔情，去抚摸他们的脸颊；他们接到命令要行为规矩，于是为了遵守纪律，他们就难为情地、用心地做到规规矩矩；他们有时甚至显示一种天真的、但是找不到用途的善良愿望。你们也别以为法国人对他们总是投去某种充满蔑视的目光。诚然绝大多数居民避免与德国军队有任何接触。但是不要忘记占领是天天存在的事实。有人被问到他在恐怖时期做了些什么，他回答说："我活下来了……"我们每个人今天都可以做同样的回答。我们活过这4年，德国人也活着，就在我们中间，湮没在大城市的统一生活里。前几天人家给我看登在《自由法国》上的一张照片，我不禁发笑了：照片上一个膀圆腰粗的德国军官在塞纳河畔一家旧书摊的书箱里搜寻什么，那位旧书摊主，一个留着典型法国式胡子的小老头用冷漠而忧伤的眼光看着他。德国人得意扬扬，他好像把他瘦小的邻人挤到取景框外面去了。照片下面有一行说明:“德国人亵渎了从前属于诗人和梦想家的塞纳河岸。”我当然不认为照片是假的;不过这只是一张照片而已,而且是专断地挑选出来的。肉眼的视野更广阔:摄影师看到几百个法国人在几十只书箱里搜寻,同时看到一个德国人,在这个太大的布景里他显得渺小,单独一个德国人在寻觅一本旧书,他是一个构想家,可能是个诗人——总之是一个无害的角色。在街上散步的德国士兵无时不向我们显示的正是这一无害的面貌。人群遇到他们的制服就自动分开,然后又合拢,他们褪色的绿制服在平民的深色便服中间形成一个浅淡的、谦逊的斑点,简直是期待之中的。其次,相同的日常需要使我们与他们交臂而过。同一个人流把我们和他们一起卷走,在一起颠簸,相互混杂:我们在地铁里挤着他们,我们在黑夜里撞到他们。当然,如果接到命令,我们会毫无怜悯地杀死他们,当然我们没有忘记我们的敌意和仇恨;但是这些感情已经变得有点抽象,久而久之我们在巴黎和这些实际上与法国士兵很相像的丘八之间建立起某种可耻的、很难说清楚的休戚与共关系。一种不带任何同情心的相互依存关系,确切说是生理上适应后形成的相互依存。最初我们只要见到他们便不舒服,后来,我们逐渐学会对他们熟视无睹,他们已具有一种建制的抽象性质,最终使他们变得无害的,是他们不懂我们的话。我在咖啡馆里不下100次听到巴黎人就在离一个孤独的德国人两步远地方肆无忌惮地议论政治,而那个德国人坐在桌子边上,面对一杯汽水,目光茫然。他们对我们来说更像是家具,而不是活人。当他们彬彬有礼地拦住我们,向我们问路时——对我们中大部分人这是唯一与他们说话的机会——我们更多感到的不是仇恨而是不自在;说明白了我们不自然。我们想起自己下给自己的不容改变的命令:决不同他们说话。但是,面对这些迷路的士兵,一种古老的助人为乐的人道主义精神在我们身上复苏了,另一个上溯到我们童年时代的命令要求我们对别人的困难援手相助。于是我们就根据当时的脾气和情境做出决定,或者说“我不知道”,或者说“走左手第二条街”。无论哪种情况下,我们走开时都对自己不满意。圣日耳曼大街上,有一次一辆军车翻倒在地,把一名德国上校压在车下。我看到10个法国人赶上去把他救出来。我确信他们都仇恨占领者;两年后,他们中必定会有几个人成为法国国内力量成员,在同一条大街上向占领者开火。不过当时又是怎么一回事呢?这个压在自己汽车底下的人是占领者吗?该怎么办呢?敌人的概念只有当敌人和我们之间隔着一条火线时才是坚定、明确的。

然而确实有一个敌人——而且是最可憎的——但是他没有具体的面目。至少见过这个敌人的人很少还能回来为我们描述他的模样。我想把他比做一条章鱼。它躲在暗处攫住我们中最优秀的人，使他们消失得无影无踪。有一天你给一个朋友打电话，电话铃在空无一人的房间里响了好久；你去敲他的门，无人应门；如果门房带着你破门而入，你会在门厅里发现两把靠在一起的椅子，椅子腿之间满是扔掉的德国香烟的烟头。失踪者如果是当着他的母亲和妻子的面被抓的，他们会证明说，把他带走的德国人很有礼貌，跟在街上向我们问路的德国人完全一样。当他们到福熙林荫道或者柳林街时，人们彬彬有礼地接待她们，她们临走时偶尔还能听到安慰的话。然而，在福熙林荫道或者柳林街，邻近楼房的居民整天，直至夜深，都能听到惊呼惨叫声。巴黎没有一户人家没有亲友被逮捕、流放或枪决的。似乎城里有好些看不见的窟窿，城市的生命就从这些窟窿里流失，好像它患了找不出确切部位的内脏出血症似的。何况人们很少谈论这些事情；人们掩饰饥荒，更掩饰这一不断的血液流失，这样做部分出于谨慎，部分是出于尊严。人们说："他们把他抓走了"，而这个"他们"，就像疯子有时用这个代词来指他们想象中的迫害者一样，指的几乎不是一些活人：不如说是某种有生命的、触摸不到的、焦油一般的物质，它染黑一切，甚至使光明失色。夜里，人们听见"他们"。子夜时分，街面上响起几个赶在宵禁前回家的居民急促的、相互隔开的脚步声之后，便是一片寂静。人们知道，这以后，唯一能在外面走动的是"他们的"脚步。很难让别人也体会到这个空荡荡的城市，这个就在我们窗户底下，唯有他们在活动的"无人区"带给我们的印象。住宅绝对不是可靠的庇护所。盖世太保经常半夜到清晨5点之间出动抓人。好像房门随时可能被打开，放进一股寒气，一片夜色和3个客客气气的，带着手枪的德国人。即使我们不说出他们，即使我们不去想他们的时候，他们也在我们中间存在。我们感到他们的存在，只因为周围的物件以某种方式不像过去那样完全属于我们，它们变得古怪、冷漠，好像已成为公有的，好像有一个陌生人的目光破坏了我们家庭里亲密无间的气氛。一到早晨，我们又在街上见到一些赶着钟点上班的德国人，他们腋下夹着公文皮包，看起来不像军人，更像穿军服的律师。我们努力在这些不带表情的、熟悉的脸上找到一星半点我们想象了一夜的那种凶残和仇恨。但是找不到。然而恐怖并不因此消散；这种抽象的、不能落实到任何人身上的恐怖可能正是最难忍受的。至少这是占领时期的主要面貌：请想象，一方面的是找不到对象的仇恨，另一方面是一个太熟悉了、叫人恨不起来的敌人，而这两者必须朝夕共处。

这一恐怖还有许多别的原因。但是，在进一步说清楚之前，必须避免一个误会：人们切不要把这一恐怖想象成一种强烈的、惊心动魄的情绪。我已经说过：我们活下来了。这就是说人们可以工作、吃饭、交谈、睡觉，有时甚至还能发笑——虽然笑声难得听到。恐怖似乎在外面，附在各种东西上。人们可以暂时不去想它，被一本书，一场谈话，一桩事情吸引过去：但是人们总要回到它那去的。于是人们发现它从来没有离开我们。它平静、稳定，几乎很知趣，但是我们的梦想和我们最实际的念头无不染上它的色彩。它既是我们的良知的经纬线，又是世界的意义，今天这场恐怖已经消逝，我们只看到它曾是我们生活的一个组成因素；但是当我们沉没在其中的时候，我们对它太熟悉了，有时把它当做我们的心情的自然基调。如果我说它对我们既是不能忍受的，同时我们又与它相处得不错，人们会理解我的意思吗？

据说有些精神病患者总觉得有一个残酷事件打乱了他们的生活。但是当他们试图理解到底是什么事情给他们留下如此强烈的印象，使他们的过去和现在截然断裂时，他们却什么也没有找到，什么事情都没有发生过。我们的情况也差不多。我们无时不感到与过去的一切联系被切断了。传统断裂了，习惯亦然。我们不太理解这个变化的意义，战败本身也不能完全解释这个变化。今天我看清这是什么了：巴黎死了。不再有汽车，不再有行人——除非是某几个钟点在某几个街区。人们在石头中间行走；好像所有人都迁走了，而我们却被遗忘，留下来了。首都的边边角角还残留一些外省生活情趣；剩下的是一座大城的骨骼，气势不凡但毫无生机，它对我们变得太大太空了：人们一眼望不到尽头的街道显得太宽，距离显得太大，远景显得太开阔；人们在这座空城里会迷失方向，巴黎人于是呆在家里或者不离开他们的街区；这些庞大、威严的宫殿一到晚上就坠入绝对的黑暗之中，他们害怕在其间穿行。说到这里，也应该避免夸张：我们中许多人曾经喜欢资产者的宁静生活，喜欢这个失血的首都在月光下古色古香的魅力；但是他们的乐趣也染上一丝苦涩：在自己的街上，围着自己的教堂和自己的区政府散步，感到的却是一种掺杂着忧伤的喜悦，与在月光下参观罗马古竞技场和雅典帕提侬神庙一样，世间还有比这更苦涩的事情吗？一切都是废墟：第16区无人居住的华屋关着百页窗；被征用的旅馆和电影院前设置了白色路障，人们会突然撞上去；酒吧间和商店在整个战争期间都关门停业，老板不是被流放，就是死了或失踪了；雕像只剩下底座；花园不是被七拐八弯的障碍物隔成两半，就是被钢骨水泥的暗堡弄得面目全非；还有楼房顶上所有那些尘灰扑扑的巨大字母，那不再点亮的霓虹灯广告。在商店橱窗里，人们看到的广告好像是刻在墓碑上的文字：随时供应酸菜肉丝；维也纳点心；请到图盖欢度周末；专修汽车。你们会说，我们也经受了这一切。伦敦也有过灯火管制和消费限制。这我都知道，但是你们生活里的这些变化的意义与我们的不一样。伦敦即使受到伤害，灯火不明，仍是英国的首都，巴黎却不再是法国的首都了。从前条条公路，条条铁路都通向巴黎；巴黎人呆在自己家里等于呆在法国的中心，世界的中心。巴黎人的野心和爱恋之情囊括世界，他把纽约、马德里和伦敦尽收眼底。贝里高尔，博斯和阿尔萨斯的农庄，大西洋的渔场养育着巴黎，但是我们的首都与古罗马不同，它不是一座寄生城市。它调节交易和民族的生命，它加工原材料，它是法国财富的转盘。停战以后一切都改变了，国土一分为二，割断了巴黎与农村的联系；布列塔尼和诺曼底海岸变成禁区；一堵水泥墙把法国和英国、美国隔开。还剩下欧洲：但是欧洲是一个令人发指的名词，它意味着奴役；历代国王的都城丧失了一切，连同它的政治职能也被设在维希的傀儡政府夺走了。法国被占领军分割成互不来往的省份，它把巴黎给忘了。这座名城变成了个平淡无奇、不起作用的大量居民集中点，它只能凭吊昔日的光荣，人们不时给它打补针以维持它的生命，全靠德国人决定每周放入一定数量的列车；它才能苟延残喘。只要维希稍加顶撞，只要拉伐尔向柏林输送劳工时不够爽快，人们马上停止给巴黎打针。巴黎在空荡荡的天宇下憔悴，饿得直打呵欠。它与世隔绝，别人出于怜悯或者出于自己的打算才养活它，它只有抽象的、象征性的存在。这4年里，法国人无数次在食品杂货店的橱窗里看到成排的圣埃米里翁酒或墨尔索酒瓶。他们被吊起胃口，走近去看个仔细，却读到一条告示：空瓶仅供陈列。巴黎也一样，它只是一个空架子。一切都被掏空了：卢浮宫里没有画，国民议会里没有议员，参议院里没有参议员，蒙田中学里没有学生。德国人为了维持门面而组织戏剧演出、赛马和兴味索然的庆祝活动，这不过是为了向世界证明法国安然无恙，既然巴黎还活着，这是中央集权制度造成的奇特后果。至于英国人，他们用炸弹把洛里昂、卢昂或者南特夷为平地，但是决定不去碰巴黎。于是我们在这奄奄一息的城市里享受到一种象征性的、死一般的安静。在这块孤岛周围，钢铁和火焰如雨水从天而降；但是，如同我们未被接受参与我们的外省的劳作一样，我们也没有权利分担它们的痛苦。一个象征：这个勤劳、爱动怒的城市变得只是一个象征。我们面面相觑，自己问自己，是否我们本人也成了象征。

这是因为，这4年里，人们抢走了我们的未来。必须依赖别人为生。而对于别人，我们不过是物。英国的广播和报刊无疑对我们表示了友情。但是除非我们太自负或者过于天真，才会相信英国人为了解救我们才打这场伤亡惨重的战争。他们英勇地手执武器捍卫自己的根本利益，我们知道，在他们的考虑中，我们不过是许多因素中间的一项因素。至于德国人，他们想的是怎样用最好的办法把这块土地并入“欧洲”整体。我们感到自己的命运从我们手里滑走；法国像人家放在窗台上的一盆花，天晴时拿出来，天黑了又搬回来，从不征求这盆花本身的意见。

大家知道有一种所谓“丧失自我意识”的病人，他们突然认定“所有的人都死了”；因为他们停止把自己的未来投射到自身之外，因为这样一来他们就停止感到别人的未来。最令人痛苦的，可能正是所有巴黎人都丧失了自我意识。战前，如果我们有时满怀同情看着一个孩子，一个年轻男人或女子，那是因为我们预感到他们的未来，因为我们从他们的手势，从他们脸上的皱褶里隐约猜到他们的未来。因为一个活人首先是一个计划，一项事业。但是占领剥夺了他们的未来。我们再也不能在目送一对情人远去时试图想象他们的命运：我们不比一枚铁钉或门上的插销有更好的命运。我们所有的行为都是暂时的，它们的意义限于它们被完成的那一天。工人在工厂里干一天活算一天：第二天就可能断电，德国可能停止运来原料，人家可能突然决定把他们押送到巴伐利亚或者帕拉丁纳去做苦工；大学生在准备考试，但是谁又敢保证他们准能参加考试呢？我们观看自己，看到的却像是死人。这种非人化，这种把人化为木石的现象实在难以忍受，所以许多人为了逃脱它，为了找回一个未来，就投入抵抗运动。奇特的未来，酷刑、监狱、死亡挡在前面，但是至少这是我们自己用双手创造的未来。不过抵抗运动仅是一种个人出路，而且我们一直知道这一点：没有抵抗运动英国人照样能打赢战争；如果英国人注定要打输的话，有了抵抗运动也无济于事。抵抗运动在我们心目中主要有一种象征价值；因此许多抵抗运动成员是绝望的：他们也是象征。在一座象征性的城市里发动的象征性叛乱；唯有酷刑是真实的。

于是我们就被置身局外。对于我们不再打的这一场战争，我们还因不能理解它而感到耻辱。我们从远处看到英国人和俄国适应了德国的战术，而这期间我们仍在回味我们1940年的失败；我们败得太快，什么也来不及学到。今天不无嘲讽地庆贺我们躲过这场战争的人不能想象，法国人本来多么愿意继续战斗。日复一日，我们看到我们的城市被摧毁，财富被销毁；我们的年轻一代萎靡不振，300万同胞在德国受尽磨难；法国的出生率大为下降。还有什么战役的毁灭性超过这一切？我们本会乐意做出这些牺牲，如果它们能加快我们的胜利的来临，但是现在这些牺牲没有任何意义，毫无用处，或者说它们对德国人有利。还有下面这一点，可能大家都能理解：最可怕的，不是受苦，也不是死去，而是白白受苦，白白死去。

在被绝对遗弃的境地中，我们有时看到头顶上掠过盟友的飞机。我们的处境实在古怪，以致警报器宣告这些飞机是敌人。命令毫不含糊：必须离开办公室，关闭店铺，躲进空洞。我们从不服从：我们呆在街上，昂首望天。不应该把这一违抗纪律的行动看做徒劳的反抗或者愚蠢的硬充好汉：我们在绝望地注视我们最后剩下的友人。这个坐在驾驶舱里从我们头顶上飞过的年轻飞行员，他以看不见的联系与英国、与美国拴在一起，他代表整个巨大而自由的世界占满了天空。但是他带来的唯一信息却是死亡的信息。人们永远不会知道，我们必须对盟友抱有多大信念，才能继续爱他们，才能和他们一起愿意他们在我们的土地上大肆破坏，才能不顾一切地把这些轰炸机当做英国的脸庞来欢迎。如果炸弹没有命中目标，掉在居民区里，人们就想尽办法来辩解，有时人们甚至指责是德国人扔下炸弹以便挑拨我们和英国人的关系，或者是德国人故意迟发警报。大轰炸时期，我曾在勒阿弗尔一位战俘营的难友家里住过几天。头一天晚上，我们围着一台无线电收音机坐下，一家之主带着既天真又令人感动的庄严神情转动收音机的旋钮；他好像在主持弥撒。正当我们收到BBC的首次新闻节目时，我们听到远处传来隆隆的飞机声。我久不能忘在场一位妇女既惊恐万状又大喜欲狂，她小声说道："英国人来了！"一刻钟内，他们在椅子上端坐不动，不管爆炸声越来越近，全神贯注倾听伦敦的声音；他们觉得飞机里的声音更加实在，而他们头顶上的飞机编队赋予了这个声音以五官四肢。但是这类笃信不移的行为要求精神始终处于紧张状态，还经常要求人们压下心头的愤怒。当洛里昂被夷为平地，当南特市中心被毁灭，当卢昂的腹心受到轰炸时，我们强压下心头的愤怒。但愿你们能猜到这样做需要多大的克制力。有时候怒火无法抑制——然后人们又说服自己不要听凭情绪冲动。我记得1944年7月，我坐火车从商蒂依回巴黎时遭到飞机上的机枪的扫射。这是一列与军事目标完全无关的郊区客车；3架飞机掠过；几秒钟内，头一节车厢里就有3名乘客被打死，12名受伤。乘客们站在铁道上，看着死者和伤员被放在担架和绿色长椅上抬走——担架不够，人们把附近车站月台上的长椅也搬过来了。激动和气愤之下，乘客们个个脸色煞白，人们咒骂你们，人们责备你们野蛮，不近人情："他们有必要袭击一列无力自卫的客车吗？难道莱茵河那一边的活还不够他们干的？他们最好到柏林去！可不，那边的高射炮想必让他们害怕了，等等。"然后，突然有人找到了解释，"听着，通常他们总是瞄准机车，这样不会伤害任何人。只不过今天人家把机车编在最后；于是他们就朝头一节车厢开枪了：他们飞得那么快，没有发觉这个变化。"大家立即闭口不语：人们心头轻松了，因为飞行员没有犯下不能原谅的错误，因为我们可以继续爱你们。我们经常受到诱惑，很想恨你们，我们必须与这种诱惑斗争：在我们遭受的不幸中，这可不是最小的一项，我还可以作证，那一天，在我们的战胜者德国人讥讽的目光下，我们眼看你们在城市近郊造成的火场上冒起浓烟，我们那时侯孤独到了极点。

然而我们不敢埋怨：我们内心有鬼。这一隐秘的耻辱折磨我们，我首先在被俘期间体验到这种耻辱。战俘们是不幸的，但是他们做不到对自己生怜悯之心。他们说："想想，我们将来回去了，人家会怎样对待我们！"他们的痛苦又干又涩，令旁人不悦，还因为他们觉得自己理应受惩，这痛苦就像掺着毒药。他们感到自己愧对法国。但是法国愧对世界。为自己的不幸伤心落泪也能带来安慰。但是当我们到处受到蔑视时，我们又怎么可能怜悯自己呢？和我同一个战俘营的波兰人毫不掩饰他们对我们的轻蔑，捷克人则责怪我们在1938年抛弃了他们。有人告诉我，一个从战俘营逃出来的俄国人躲在安茹一名法警家里，他谈到我们时老挂着微笑："法国人，兔子！兔子！"你们自己对我们也不是一直都很温和的，我还记得我们听斯穆茨元帅的某次演说时不得不强行保持沉默。这以后，当然我们转过这这样的念头：索性屈辱到底，再增添一些。也许我们本有可能为自己辩护。世界上3个最大的强国花了4年才打败德国；当我们单独抵抗德国的攻击时，我一上来就被打垮不是自然而然的事吗？但是我们不想辩解：出于为国家赎回荣誉的需要，我们中最优秀的人投入抵抗运动。其他人迟疑不决内心不安；他们反复咀嚼自己的自卑情结。有一种痛苦人们必须承受：既不能认定自己不该遭此报应，又不能把它当做赎罪手段，你们难道不认为这是世上最难忍受的？

但是，正当我们就要陷入不能自拔的悔恨之中的时候，维希政府成员和合作者们试图把我们推进去，结果反而使我们止步不前了。占领，这不仅是战胜者在我们的城市里长住下来，这也是他们在所有的墙上，所有的报纸上愿意让我们看到的我们自己龌龊不堪的形象。合作者们首先呼吁我们要正视现实。他们说："我们打败了，输要输得漂亮：承认我们的过错吧。”紧接着又说：“应该承认法国人轻浮、冒失、爱吹牛、自私。我们一点不了解别的民族。战争是在我们国家分崩离析时突然袭来的。”墙上的幽默招贴嘲笑我们最后的希望。面对如此卑劣的行为，如此拙劣的计谋，我们倒想为自己感到自豪了，可惜，我们刚抬起头就在自己身上重又找到我们真正的悔恨理由。我们就这样整天六神无主，感到不幸却又不敢对自己明言，蒙受耻辱同时羞愧得无地自容。我们的不幸达到顶点：我们每走一步路，吃一顿饭，甚至吸一口空气，都不能不与占领者同流合污。和平主义者们在战前一再向我们解释，一个被侵占的国家应该放弃战斗，做消极抵抗。这话倒是好说，但是为了使消极抵抗有效，火车司机必须拒绝开车，农民必须拒绝犁地。这样做的话，战胜者可能会感到不方便——虽然他们可以从自己国土上取得给养——可是被占领的民族肯定过了几天就会统统死光。因此必须工作，为民族维持徒具外观的经济组织，不管经历多少毁灭和抢劫，为它保存最低限度的活力。然而最微小的经济活动也对敌人有利。敌人扑到我们身上，把他的吸盘紧贴住我们的皮肤，与我们同生共死。

我们的血管里生成的每一滴血都有他们一份。人们关于“合作者”谈论得很多。诚然，在我们中间有真正的法奸：对他们我们不引以为耻；每个民族都有自己的渣滓，总有那么一批不得志、心怀怨恨的人利用灾难或革命得逞于一时：一个民族组合中有吉斯林[①]或拉伐尔这样的人存在本是正常现象，如同自杀率或犯罪率一样。但是我们感到不正常的是国家的处境，全国都在与敌人合作。游击队员是我们的骄傲，他们不为敌人工作；然而农民如果想养活游击队员，就得继续饲养家畜，而其中一半必定被运到德国。我们一举一动都有双重意义：我们永远也不知道应该完全责备自己呢，还是完全赞同自己：一种微妙的毒汁使我们最好的举动也带上毒素。我只举一个例子：火车司机和司炉工是令人钦佩的。他们的冷静、勇气和经常表现的献身精神拯救了成千上万人的生命，他们使载着食物的货车安抵巴黎。他们中大部分人是抵抗者而且证明了这一点。但是他们热心保护法国铁路器材却对德国有利：这些被奇迹般保存下来的机车随时可以被征用；他们搭救下来的人中，也有前往勒阿弗尔或瑟堡的军人；运送食品的列车也载着军用物资。所以，这些本心只想为同胞效劳的人势所必然站在我们的敌人一边，反对我们的友人；贝当把勋章挂在他们胸前时，实际上是德国向他们授勋。从战争开始到结

① 吉斯林（1887—1945），挪威投靠法西斯的民族叛徒。

束，我们没有承认自己的行为，我们无法要求对自己行为的后果负责，病毒无所不在，任何选择都是坏的，然而又必须选择，并且对之负责；我们的心脏每一次跳动都加重一分我们的犯罪感，我们为之毛骨悚然。

维希政府一直要求我们团结一致。如果我们能团结起来反对维希政府，我们被迫过的这种卑污生活可能会变得易于忍受一些。但是不幸未必就能使人靠拢。首先，占领使同一个家庭的成员散处世界各地。某位巴黎工厂主把妻子和女儿留在自由区，因此——至少在头两年里——不能见到她们，也不能给她们写信，除非寄明信片；他的长子关在被俘军官营里，他的幼子投奔戴高乐去了。不在巴黎的人似乎没有离开巴黎，我们整整4年沉浸在对远方友人的宝贵回忆里，在想念他们的同时，我们回忆着一去不复返的生的温馨和骄傲。不管我们多么努力，回忆随着岁月的流逝逐渐淡化，亲友的面目变得模糊不清。一开始人们经常谈到被俘的亲友，后来就越来越少了。并非人们不再想念他们，而是因为，他们起先在我们心里有痛苦的、明晰的面目，后来变成敞着大口子的空位置，逐渐与我们的贫血症混为一体。我们像缺少脂肪、糖或维生素一样缺少他们。其缺少程度同样彻底，难分轩轾。同样消失了巧克力或鹅肝酱的回味，对某些阳光灿烂的日子的记忆，对7月14日巴士底广场的舞会，与情侣的一次散步，海滨的一个夜晚，以及法国的光荣的回忆。我们的生理需要缩小了我们的记忆。因为人什么都能将就，我们又有了新的耻辱：凑合着我们的贫困，我们饭桌上的芜菁甘蓝和我们仍享有的少得可怜的自由，乃至我们干涸的内心活下去，我们变得日益简单化，最后我们只谈论食物，与其说这是出于饥饿或对明天的恐惧，不如说因为寻找食物“来路”是我们唯一够得着去做的事情。

何况占领唤醒了古老的纠纷，加剧了法国人之间本来存在的不和。法国分成北区和南区，使巴黎和外省以及北方和南方之间古老的对立重新复活。克莱蒙-费朗和尼斯的居民指责巴黎人与敌人达成协议；巴黎人责怪自由区的法国人都是“软蛋”，说他们因自己未“被占领”，盛气凌人地显示自私的满足心理。在这一方面，应该说德国人践踏停战条约，把全法国置于占领军直接控制下，倒是帮了我们一个大忙：他们重建了我们民族的团结。但是别的冲突依然存在，例如农民与市民的冲突。农民长期以来一直以为自己受城里人的蔑视，这下轮到他们报复，对城里人趾高气扬了；后者反过来指责他们为黑市提供货源，存心使市民挨饿。政府则火上加油，它发表的讲话一会儿把农民捧到天上，一会儿责备他们把收获隐藏起来。豪华餐厅的倨傲气派更使工人与资产阶级敌对。说实话，光顾这类场所的主要是德国人和一小撮“合作者”。但是这类场所的存在使社会不平等有目共睹。劳动阶级也不可能不知道，主要是他们被征发到德国去做劳工，资产阶级没有或几乎没有被触动。据说这是德国人运用策略的结果，他们有意挑起不和，或者这只是因为工人对德国更有用？我不知道该怎么想。但是这也是我们不能有明确见解的一个标志：我们不知道应该为大学生中的大多数免于流放而庆幸呢，还是应该出于患难与共的精神，希望这一厄运不分区别地打击所有社会阶层。为了面面俱到，需要指出，战败加剧了两代人之间的冲突。4年内，1914年后的老兵责怪1940年的士兵们打输了战争，而后者又指责他们的前辈丢失了和平的机会。

不过你们不要想象法国陷于四分五裂。真相没有那么简单。这些争执主要表现为对一个巨大的、笨拙的团结愿望的阻碍。可能历史上从未有如此多的善良意愿。人们朦胧地向往着新秩序的来临。雇主就整体来说，倾向于对雇员让步。无论何地，每当两名地铁乘客在拥挤的车厢里互不相让，每当一个不够灵活的骑自行车者与一个躲避不及的行人发生争执，人群里总有人轻声说：“这又何苦呢！法国人之间还吵架，当着德国人的面！”但是占领造成的局面本身，德国人在我们之间树立的壁垒以及秘密斗争的需要，使得这些善良意愿在大多数场合派不到用场。所以这4年是一个漫长的、无力实现的团结之梦。当前局势之所以紧急、令人焦虑，也在于此。壁垒倾圮了，我们的命运握在自己手里。是重又复苏的古老纠纷，还是这个巨大的团结愿望将取得胜利呢？你们从伦敦望着我们，请你们大家多少保持一点耐心：占领时期的回忆还没抹掉，我们刚刚醒过来。拿我来说，我在街角遇到一名美国兵时，会本能地突然一惊：我以为他是德国人。反过来，一名躲在窖里的德国军人迫于饥饿出来投降，巴黎解放后半个月他就可以骑自行车在香榭丽舍大街畅行无阻。人们太习惯德国人的存在了，以致对他们视而不见。我们需要许多时间才能忘记过去，而明天的法国还没有露出它的真面目。

但是我们首先请你们理解，占领往往比战争更可怕。因为在战争中每个人都可以表现自己是男子汉，而在占领这一暧昧的处境中我们真的不能行动，甚至不能思想。在这个时期——抵抗运动除外——法国大概说不上始终表现得很伟大。但是你们首先应该理解，积极的抵抗必定只能限于少数人。其次，我以为，这一小部分人义无反顾地自愿以身殉难，他们足以补偿我们的种种软弱之处。最后，如果这篇文章能帮助你们衡量我们国家的羞辱，在极度厌恶，在愤怒中忍受的一切，我以为，你们会和我一样认为它有权得到尊重，包括它的过失在内。

奥斯维辛集中营[①]

◇ 君特·格拉斯

君特·格拉斯（1927—），德国作家，著有长篇小说《铁皮鼓》、《猫与鼠》等。

本次展览会展出的是绘画与摄影作品，但是，图片的内容，在一般美术展览的审美框架内是无法理解的，除非打破这种现代美学的框框，借助这里形成的美学观念来扩展人们的理解。阿多尔诺关于不能再就奥斯维辛写诗的言论，招致了如此多的误解，以至于有必要对它试作一点补充说明：就奥斯维辛创作的诗歌，必须接受奥斯维辛这个尺度。

迄今为止我都犹豫不决，在听到奥斯维辛这个词时，是否要按照人们的反响来衡量奥斯维辛这个词。

我们知道这种最为普遍的反响：又是奥斯维辛！总是奥斯维辛！还有没有完？还没有结束？我希望：没有。

我同样反对那种有风度的克制的反响：对奥斯维辛的回答只能保持沉默，只许感到羞愧，闭口不言。因为，奥斯维辛不是什么神秘莫测的东西，不必出于害怕而远远地通过内省进行观察，它是现实，是有待研究的人工之作。

自奥斯维辛以来，虽然日历上没有翻开新的纪元，但在我们的思想上（很少是有意识，多半是无法避免的下意识）也许已留下了一些类似新纪元的东西。自奥斯维辛以来，人们的想法在改变，我们强制自己改变想法，在所有

---

① 选自《记忆》第二辑，林贤治、辛德宁主编，陈巍译，中国工人出版社2001年版。

奥斯维辛集中营中堆积如山的遇难者遗物。

延续奥斯维辛的地方，必然同时想到这个已经设定的尺度。

假如要进行评判，奥斯维辛之前发生的事情属于另外的范畴；虽然屠杀人类的机器早就已经存在：只有达到日臻完善的地步它才成为此类。这种新的、前所未有的、我们斥之为非人性的东西，不是那种有名有姓的个人的残暴，而是无名无姓的、对幕后策划的唯命是从。将奥斯维辛这一现实作为时代的转折点，使这个当年的集中营和灭绝营具有了象征意义：奥斯维辛成了特布林卡和毛特豪森，以及无数前集中营和灭绝营的代表。这种象征化为解说奥斯维辛的日常机制增添了难度，因为使用这个地名，同时也就说出了适用于所有民族屠杀的关键词。

如果我今天想给我的孩子们解说奥斯维辛——他们由于嗅觉敏锐及天生好奇要求解释当年发生的事情，可一开口，我就变得笨口拙舌，犹如困兽，引起误解。在接近奥斯维辛之前，我仍不得不像螃蟹那样倒行一步。在做出勉强令人满意的解释之前，总是由于各种因素不得不提及更多的原因。在这些原因前面，其他的原因要求发言：我们也是如此。虽然我们也不想这样，但我们的所作所为，我们所说的和所写的，在绕了个弯子后到了一个地方，它叫做奥斯维辛，但也可以称为特布林卡。

德国的孩子们在和平中成长。在玩游戏、做功课和等放假的过程中，他们与饱受心灵创伤的父母相比，更多地受到高消费和时髦的娱乐的影响。当播放了3遍吉米·亨德利克的唱片之后，在向我列举越野车的种种优点和可能性之前，我哪里还有机会用600万这个抽象的数字——或者更精确地说：永远抽象的数字——试图对某些东西做解释？而这些东西对于孩子们来说，只能通过个人案例，例如安妮·弗兰克的故事，才开始变得清晰，或者说，变得较为吸引人。

我们尚不清楚，传统的或者尝试性的生动的教育，其结果会呈现出多么深刻的矛盾。人们在两年多时间里从电视里目睹150万尼日利亚人丧生，并且对此已习以为常，在这种情况下凸显了诱人的机会，用直接的现实对照证明德国的过去。“民族屠杀”这个词语被经常使用。但是，孩子们机敏的追问——“这究竟是谁干的？”——使昔日的灌木丛随着回答而重新滋生。由于人们指出，英国、苏联、中国、瑞士出售的军火使这种大批死亡成为可能，在当前的情况下，德国明确承担责任的奥斯维辛开始被推入历史的远处，被推入“很久以前的”世界。

在和平环境中长大的年轻一代却厌倦了历史。我有意识把和平时代的宠儿统统说成厌倦历史，这是根据我与他们交往的经验中得出的，我还要将我的观点升级：他们对历史感到恶心，因为，课堂上按照德国唯心主义逻辑，以黑格尔世界精神的飞跑方式教给他们的历史知识，愈来愈使人荒谬地认为：从历史中——据说——没有东西可学。令人担心的是，我在此提到的这种对历史的逃避，可能会导致愈来愈拒绝具有启蒙意义的理性。我们每天都看到，和平年代成长起来的孩子们如何凭借道德上的高要求为自己创造一种语言气氛，其措辞虽然仍有启蒙色彩，可是，一旦我们再三提问，就会暴露出：一种新的非理性主义正威胁着未来。我知道，仅仅呼唤理性是难以对付它的。理性被自己的失败嘲笑的次数太多了，以致于单纯引证理性已不能作为灵丹妙药来有效地反对非理性主义。

这里谈到一位父亲向他的孩子们解说奥斯维辛时遇到的困难，我想提请你们注意，这种困难有可能发展到“教育问题”的传统范畴再也无法把握的难度。现在，重要的是，理解历史上的奥斯维辛，认识现代的奥斯维辛，警惕未来的奥斯维辛。奥斯维辛并没有在我们身后结束。

德国，一群老鼠的童话[①]（节选）

◇ 维里·费尔曼

维里·费尔曼（1929—），德国作家、教育家。费尔曼长期从事教育工作，且在少年时经历过纳粹的统治，因此他的作品善于以童话演绎历史，充满了对专治主义的批判。

超级老鼠登基

就在这天夜里，当老鼠会议召集正准备举行大型协商会议的时候，雄鼠胡戈在到处传播一条可怕的新闻。

“你们想一想吧，”他瞪圆眼睛说道，“真是要多可怕有多可怕！有一只硕大的、浑身长着虎皮斑纹的母猫正悄无声息地绕着宅子转悠呢！”

“危险！太危险了！”雌鼠卡琳呻吟道，“我的祖父曾经说过，他的祖父就是被一只母猫逮住的。那时，他正坐在窗台上，对着满月唱歌呢，没料想……”

“那后来，后来那母猫把你祖父的祖父怎样了呢？”胆小鬼米米问道。由于极度的恐惧，嗓门细得连她自己都难听清。

“我那可怜的祖先被连皮带毛……”说到这里卡琳突然打住了。“生吞活嚼”这几个字它不愿意说出口，就是这样她已经毛骨悚然了。

“别去扯这些老掉牙的故事了！”一只老奸巨滑的名叫尤瑟夫的雄鼠训斥这群老鼠婆娘道，“还是去想想，一旦那只虎斑大猫侵入宅子，咱们该怎么办吧！”

① 选自《德国，一群老鼠的童话》，（德）费尔曼著，陈俊译，二十一世纪出版社2002年版。

“对这个问题我们正准备彻底地加以讨论并形成决议呢。”召集人格奥尔格说道，“大伙儿充分发表意见，然后投票表决，然后……”

“知道，知道！无休止的讨论！”一只绰号“大块头”的肥胖雌鼠海尔曼打断他的话道，“召集人先生除了无休止地讨论还能想出什么来呢？冗长的讨论意味着更快地完蛋！”

狡滑的尤瑟夫使劲点点头，接着说道：

“主持人只知道让大家发言啊发言啊，表决啊表决啊，然后是唱票啊唱票啊，好不容易才完了，我们也早被大花猫的爪子按住了！”

“可是我们可以钻洞啊！”莉莉说道，“一进洞，我们就安全了。”

“没错，没错！”一只名叫弗里德利克的雌鼠赞同道，“我的朋友莉莉说得对。只要钻了洞，随便什么猫都奈何不了我们！我们可以平心静气地在洞里开会！”

“莉莉应该闭嘴！”最最强大的威利巴尔德开口说话了。他咆哮道：

“闭嘴！莉莉！谁知道呢，也许我们大家所受的惊吓全是你造成的！只有你看见通往花园的门没有关紧，我可得问问，为什么我们就没有看见呢？！大伙儿不都是在厨房里吗？！”

大伙儿茫然不知所措地沉默着，威利巴尔德接着说道：“我要告诉你们，我认为，是莉莉把通往花园的门打开的！”

“莉莉为什么要这样做呢？”一只叫卡尔的老鼠不相信地问。

“因为她没有正宗老鼠应该拥有的灰色皮毛！因为她是白色的，就像厨房里的瓷砖一样白！还因为她长着一双讨厌的红眼睛！”威利巴尔德说道，他的声音充满了愤恨和敌意。“莉莉根本就不属于我们这个种群，也许就是她把虎斑大花猫勾引来的！一只白老鼠打老远就能看得清清楚楚，而正宗灰老鼠呢，却不引人注目，这一点连老鼠娃儿都明白！莉莉是我们的危险！”

他的话有一点是对的：除了莉莉，所有的老鼠都是灰色的。

当然在亮处看起来，有些灰色老鼠的身上长有褐色的斑点，可是莉莉是雪白的，外加一对红宝石般的眼睛。

“莉莉是一只白化鼠……”召集人想加以解释。可是最最强大的威利巴尔德威胁地盯了它一眼，还把他那强有力的长尾巴攻击性地竖了起来。召集人慌神了，想说的话哽在喉咙里，只是轻轻地嘟囔道：“白化鼠嘛，毛发和皮肤是没有色素的，如此而已。”再多的他就不说了。

"莉莉是该闭嘴!"老鼠卡琳骂道,"她不是我们中的一员,她应该闭嘴!再说召集人那一套太冗长!喋喋不休,喋喋不休,谁都自以为是!"

"我们不需要长时间的空谈,"狡猾的尤瑟夫说道,"如果有人能够独自裁决,那么一切都会十分快捷!"

大块头海尔曼高呼:"我们不需要什么选举!我们也不需要什么召集人!在这所大宅子里,唯一需要的是一位鼠帮大头领!"

"我们一旦拥有强大的头领,一切就会更好、更快、更安全!"狡猾的尤瑟夫重复道:"那就再没有老鼠会害怕猫了!"

"没有大头领,我们不也过得好好的吗?"莉莉尖声说道,"再说我们已有一位很好的召集人,为什么我们自由自在的老鼠需要一位……"

"安静!"最最强大的威利巴尔德吼道,"召集人格奥尔格已经被罢黜了!"他挺直老鼠腰杆,以胜利者的声调高喊道:"在危险的日子里,种群需要真正的大头领!我将成为你们的大头领!我,最最强大的威利巴尔德!这是无可置疑的,就像这强壮硕大的老鼠尾巴属于我一样!"

他跳上地球仪就开始奔跑,在他之前还从未有过老鼠这样疯狂。整个地球在最最强大的威利巴尔德脚下颤抖。他跑过中国和日本,越过浩瀚的太平洋……跑啊跑啊,一直横着跑过非洲大陆才扑通一声掉到地毯上。

"一共33圈!"被罢黜的召集人在一旁大声数数,所有的老鼠对这项成绩都倍感敬畏。"33圈!"老鼠卡琳虔诚地重复道,"那么多国家在他的脚下过了33遍!"

"威利巴尔德!"大块头海尔曼不失时机地喊道,声音因激动变得十分尖细,"没有任何人能像威利巴尔德那样有资格成为我们的大头领!"

种群中的许多老鼠向威利巴尔德发出了欢呼。他跳到红色绒布沙发的扶手上,仁爱谦和地向老鼠们挥手致意。他的身旁环绕着一支由年轻健壮的老鼠组成的卫队,他们居高临下,狂野而坚决地注视着整个群体。

莉莉深深地蹲伏在一本大书的阴影里,她鼠毛倒竖,鼠须索索发抖。她最担心的是接下来将会发生什么。威利巴尔德在那里对天发誓,要让所有的老鼠吃得饱饱的,要让所有的老鼠活得安全,要让所有的老鼠进入人间天堂……所有这些都不能让莉莉得到丝毫宽慰。

顺便说一句:威利巴尔德在他上台的最初的日子里发过与这一模一样的以及更多更动听的宏愿。

敏捷！坚强！柔韧！

最最强大的威利巴尔德统治最最严厉。他常常让老鼠们排成长长的一列纵队练习跑步，兴之所至，老鼠们就得排成笔直的三路纵队操练。每逢星期日，老鼠们甚至必须演练六路纵队行军。狡猾的尤瑟夫和大块头海尔曼发号施令，与大头领形影不离的卫队则在一旁严密监视，不让任何老鼠脱离队列。

“一旦虎斑大花猫来了，一切行动都必须快而又快！”狡猾的尤瑟夫宣讲道，“为此，我们得反复操练，做到敏捷，坚强，柔韧！”

大块头海尔曼亢奋地高呼道：“像蝙蝠一样敏捷！像蒂罗尔面包一样坚强！像猪皮一样柔韧！”

除此而外，鼠群还练唱了许多新歌。这件事是由最最强大的威利巴尔德自己负责的。大头领有一副天生低沉圆润的男低音。他最喜爱的歌曲群鼠们每夜必须齐唱两遍。领唱者一发音，所有的老鼠直挺挺地站立起来，然后引吭高歌。

“我们必须给这首歌配上一个独特的动作，”大块头海尔曼建议道，“我想，当这首歌唱响的时刻，所有的老鼠必须举起右爪子，虔诚地举到老鼠鼻子边。这是一个庄严的举动。”

“庄严，嗯，庄严是重要的，”最最强大的威利巴尔德首肯道，“庄严与喜庆的调门正好相配。”

“好极啦！真是一个极好的建议，”狡猾的尤瑟夫在一旁说道，“这样我们一眼就可以瞧出，大家是否真正步调一致！”

这首歌闪耀着勇气与决心的光辉。歌词是这样的：

让天下所有的猫，
震恐在我们脚下！
倘若它侵入宅子，
就扯掉它的尾巴，
拔光它的利爪！
来吧来吧，
让我们跳舞祝捷，
让恶猫颤抖去吧！

当老鼠们高声歌唱或者肃穆地行军的时候，往往会出现这样的情景：最最强大的威利巴尔德突然高叫：

“猫！猫！猫来了！”

于是所有的老鼠立即以最快的速度窜回鼠洞。

“他们越来越顺从了，”大头领颇为满意，还嘉许地对狡猾的尤瑟夫眨眨眼睛。这时大块头海尔曼振臂高呼：“像蝙蝠一样敏捷！像蒂罗尔面包一样坚强！像猪皮一样柔韧！”

不过，有时这种乏味的演练也让老鼠们不堪重负。老鼠卡尔有一回就发牢骚：“这一切真的有必要吗？”老鼠弗里德利克接嘴道：“猫，猫，到现在我还没见过它的影子呢！”

“你们这帮老鼠无赖！你们这群老鼠流氓！”狡猾的尤瑟夫破口大骂。“你们这些臭猪！下三滥的胆小鬼！阴暗角落的渣滓！”大块头海尔曼也大发脾气。由于愤怒，她的鼓鼓囊囊的腮帮子都在发抖。环绕在威利巴尔德身旁的卫队队员们个个怒气冲冲地挺起了身子。

“你们俩是不是属于莉莉那个令人恶心的种族啊？”威利巴尔德厉声问道。

“不，不！我们又不是白色的！”卡尔急忙辩解。

“我们家世世代代没有一个是红眼睛！”弗里德利克力图证实自己家世的清白。

“一个头领！一座宅子！一个种群！”老鼠卡琳冷不丁呼起了口号，几乎所有的老鼠都跟着高呼。卡尔和弗里德利克呼喊得有气无力，它们感到有些羞愧。

不是尾声

看着大头领这副模样，弗里德利克第一个吃吃地笑出声来。然后是卡尔放声大笑；老鼠艾尔纳笑得眼泪直滚；艾米尔乐不可支，尖声高叫“敏捷、坚强、柔韧”。

“猫来了！猫来了！”狡猾的尤瑟夫声嘶力竭地叫道。可是谁也不去理睬他的叫喊，再没有谁听他的了。整个群体都在开怀大笑。就像获得了解放一样，大家围着最最弱小的威利巴尔德，围着茫然不知所措的尤瑟夫，围着由于绝望而双爪捂着眼睛的海尔曼尽情地跳舞，直跳到精疲力竭才逐渐安静下来。

老鼠卡尔这时说道：

“幸亏我没去碰那老鼠夹子！你们大家可亲眼看到，莉莉真的能阅读！她救了我们的性命！谢天谢地，再也别去碰那烤肥肉了！”

“我们可没有活够！”老鼠艾尔纳说道。皮特也在一旁高叫：“再没有哪个老鼠傻到这种程度，眼睁睁地往陷阱里跳！”

“等一等，亲爱的朋友们！”莉莉喊道。她跑到老鼠夹子面前，咬了一小口烤肥肉。老鼠们紧张得都透不过气来了。只见莉莉彬彬有礼地向后退了一步，说道：“下一个，请！”然而还是没有一只老鼠敢去碰那块烤肉。

莉莉解释道：

“那老鼠夹子早就打过了。只有弹力框张开的时候，它才有危险。”

众老鼠这才明白过来，纷纷上前品尝烤肥肉。大家一面咂吧着嘴，一面回想着当初在食品储藏室里随心所欲地吃喝的日子。那时威利巴尔德还没有剥夺掉这么多的欢乐。

“威利巴尔德躲到哪儿去了？”卡尔问道。

“他呀，羞愧难当，爬回洞子里去了。”老鼠贝尔塔回答道。

“没了尾巴还当什么大头领，”大块头海尔曼乘机高叫道，“我当你们的大头领好了！所有的老鼠听从我的指挥！一个头领、一座宅子，一个首领！”

“不！”

老鼠卡尔后腿直立，再一次强有力地说道：“不！”

众老鼠都望着它，难道卡尔自己想当大头领？

卡尔却不慌不忙地说道：

“莉莉是我们当中唯一会阅读的老鼠！她最聪明！她能从1数到1000，她应该做我们的大头领！”

老鼠们先是惊讶和沉默了一阵子，接着就响起了欢呼声，绝大多数老鼠同声叫道：

“莉莉当头领！当头领！！我们最放心！最放心！！”

“不！”莉莉说道。她一直在反复说“不”。

欢呼声渐渐平息了，莉莉响亮地再说了一遍：“不！”

然后她接着说道：

“我们不需要什么先知先觉的大头领，不需要谁来独断专行。当初威利巴尔德自封为大头领，我们相信了它的诺言，又对它听之任之，结果怎样，你们都亲眼看到了：行军！操练！干活！卖命！不要独立思考，只需盲从就行。我主张，大家要重新学会思考！”

老鼠们空前活跃，问题接踵而来：

“像过去那样，遇事大家商量吗？”老鼠皮特问。

“再也用不着整天提心吊胆了吗？”

“用投票方式达成统一意见吗？”胡戈问道。

“还像以前一样，让我们在图书馆里奔跑和滑滑梯吗？让我们在书堆里攀爬和跳跃吗？”

“还让我们听厨娘说故事吗？”。

“还让我们在地球仪上做环游世界的旅行吗？”老鼠明娜迟疑地问，“还可以从中国、日本、太平洋、美国上面跑过吗？”

“是的是的，这些我们都会去做，”莉莉回答道，“现在还有谁来阻挡我们呢！”

“母猫！”海尔曼做出一副愁眉苦脸的模样说道，“想想那只母猫吧，它一来，我们就得迅速钻洞，这样才能确保安全，我会照料这一切的，我能当好你们的卓越的大头领！”

可是谁也不正眼瞧它一下。

“谁要是第一个看见它，谁就高叫：‘大花猫来了！大花猫来了！’然后大家立即钻洞，到了洞里我们就没事了！”卡尔建议道。

“谁知道花园里究竟有没有虎斑大花猫呢。”莉莉说道，她不由得想起了她的菲列普。

“一切都恢复到先前的样子。”被罢黜的前召集人格奥尔格在一旁说道。

“我们应该比从前做得更好！”莉莉说道，“好上许多许多！”

“就按卡尔说的去做！谁先看见猫，谁就发警报，然后大伙儿钻洞，个个提高警惕，这个方法好！”

“就这个建议，我们是否表决一下呢？”莉莉问道。

众老鼠竖起尾巴，就连藏身于阴暗角落的狡猾的尤瑟夫，也把尾巴梢竖起一点点。

大宅的气氛重新和谐。老鼠们选举年轻的莉莉当了新召集人。莉莉许诺大伙，要教会他们数数。老鼠们夜深人静以后在宅子里奔跑、玩耍，在储藏室里吃饱喝足，在地球仪上转圈，许多事情都是大家一起去做。

有一件事使老鼠们达成了共识：谁也不可以说什么“我是大头领，我说了算！”

谁要是这样说，就会遭到大家无情的嘲笑。

在每个月光溶溶的夜晚，莉莉都坐在厨房的窗台上向花园里张望。她始终没有发现什么大花猫。

至于她有没有找到心爱的菲列普，那就得在另一个故事里来讲述了。

安妮日记[①]（节选）

◇ 安妮·弗兰克

安妮·弗兰克 （1929—1945），犹太少女。

纳粹登上德国政坛后，把犹太人当做“劣等民族”，开始惨绝人寰的种族大清洗。1942年，13岁的犹太少女安妮·弗兰克，随全家躲进一间“密室”，在里面隐蔽了整整两年。后被人出卖，密室中全部人员（包括其他几家人）被投入集中营，全部遇害，只有安妮的父亲幸存于世。安妮从1942年6月12日（她的生日）开始写日记，《安妮日记》是那场邪恶战争最著名的文字见证之一。

1943年1月13日 星期三

外面变得很可怕。白天夜里任何时候，都有可怜无助的人被拖出家门。他们只准带一个背包和一点现金，就是这些东西，在路上也会被抢光。他们妻离子散，男、女和儿童各分东西。小孩子放学回家，父母已经不见踪影。女人买东西回家，家已经被查封，家人都消失了。基督徒和荷兰人也生活在恐惧之中，因为他们的儿子被送往德国。人人都心惊胆跳。每天晚上几百架飞机从荷兰上空飞往德国城市，把炸弹丢在德国土地上。在俄国和非洲，每个

---

① 选自《安妮日记》，（德）安妮·弗兰克著，彭淮栋译，海南出版社1996年版。

小时都有成百成千的人送命。没有人能置身于冲突之外，整个世界都在战争，虽然同盟国比较顺利了，但结局还不知道在哪儿。

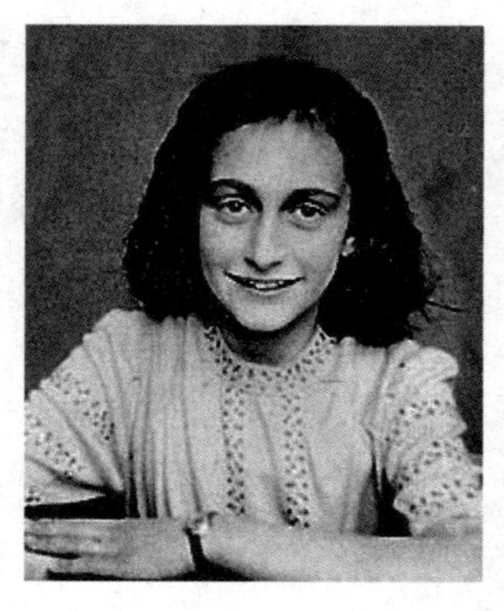

安妮·弗兰克如果还活着，也许会成为作家、诗人。安妮·弗兰克的日记透露出一种早熟的才能，一种勾魂摄魄的感染力……

——爱尔莎·特丽奥莱（法国著名女作家）

1943年10月29日 星期六

我经常神经质，尤其星期天；星期天是我心中真正悲惨的时候。气氛令人窒息、呆滞、沉重。外面听不见一声鸟叫，整个屋子笼罩在一片死寂、压迫的寂静里，这寂静附在我身上，仿佛要把我往下拖，拖到阴间的最下层。这时候，父亲、母亲和玛各对我完全无关紧要。我从一个房间徘徊到另一个房间，在楼梯里上上下下，像一只本来会唱歌的鸟被剪去翅膀，不断用身子撞那沉暗的笼子的铁条。“放我出去，到有新鲜空气和笑声的地方去！”我心中有个声音哭喊着。我已懒得应答人家，只愿歪在沙发上。睡眠能使这个寂静和可怕的恐惧快一点飞逝，而既然霎时间不可能，只有靠这样来帮助它赶快过去。

1944年2月2日 星期六

最亲爱的吉蒂：

阳光普照，天空深蓝，和风轻拂，我渴望着，真的渴望着一切：交谈、自由、朋友、独处。我渴望……哭一场！我觉得我仿佛要爆炸。我知道哭会有帮助，可是我不能哭。我浮躁不安。我从一个房间踱到另一个房间，从窗框的细缝呼吸，感觉到我有心在跳着，好像在说：“终于，满足我的渴望吧……”

我想，春天已经在我内心里。我感觉到春天在苏醒，我在我整个身体和灵魂里感觉到它。

1944年3月25日 星期六

我没有很多钱，其他世俗财产也不多，我不美丽，智慧不高，也不聪明，可是我快乐，而且立志永远快乐！我生来快乐，我爱人，我天性信任人，而且希望人人也快乐。

1944年4月11日 星期二

我们的处境从来不曾像那晚那么危险。想想看，警察到了书架前面，灯亮着，却没有人发现我们藏在里面！“现在我们完了！”那一刹那我曾轻声说了这么一句，结果我们有惊无险。

经过这一场，我们又痛切地记取，我们是身戴铐链的犹太人，被铐在一个处所，没有任何权利，却有千般义务。我们必须将我们的感觉摆在一边；我们必须勇敢并且坚强，吃苦受难，不能埋怨，尽力而为，信任上帝。有一天，这可怕的战争将会结束。那时候，我们会又是人，而不只是犹太人！

谁把这苦难加在我们身上的？谁使我们和其他人类不一样的？谁使我们这样受苦受难的？是上帝把我们做成这样，但上帝也会再将我们提拔起来。在世界眼中，我们注定受苦，但是，在这一切苦难之后如果还有犹太人留下来，这些犹太人将会被当做范例高高举起。谁知道，也许我们的宗教会教导世界以及世上所有的人向善，那就是我们受苦受难的理由，唯一的理由。我们永远无法只是荷兰人，也永远无法只是英国人，或任何一国的人，我们会永远也是犹太人。我们将必须继续做犹太人，但那时将是心甘情愿做犹太人。

勇敢吧！我们要记取我们的责任，无怨无悔地尽我们的责任。会有出路的。上帝从来不曾抛弃我们这个民族。多少世纪以来，犹太人必须受苦，但多少世纪以来他们继续活着，千百年的苦难只有使他们变得更坚强。弱者会倒下去，强者会活下去，他们是打不败的！

如果上帝让我活下去，我会有比母亲更大的成就，我会让世人听见我的心声，我会走入世界，为人类尽一份力量！

现在我知道，人最需要的是勇气和幸福！

1944年5月3日 星期三

作为一名成长中的少女，安妮在日记里表达了她对成年人世界的看法、她热情活泼的天性、不为人知的写作才华以及初生的爱情等。书中描绘了充满阴郁、恐怖、淘气、梦想与成长的安妮的世界，引起人们对战争与人性的思考，和对密室青春的爱怜。

你一定可以想象，我们经常满怀绝望地问："战争有什么意义？人为什么不能和平相处？这一切破坏，到底是为了什么？"

会问这问题，是可以理解的，但目前为止没有人拿得出完满的答案。为什么英国人的飞机愈造愈大，愈造愈精，同时又一直弄出一大堆要重建的新房子？为什么每天花几百万打仗，却拿不出一分钱给医学研究、艺术家或穷人？为什么有些人挨饿，世界其他地方却有堆积如山的食物在腐烂？哦，人为什么这么疯？

我不相信战争只是政客和资本家搞出来的。芸芸众生的罪过和他们一样大；不然，许多人民和民族早就起来反叛了！人心里有一股毁灭的冲动，发怒、杀人的冲动。除非所有人类没有例外都经过一场蜕变，否则还是会有战争，苦心建设、培养和种植起来的一切都会被砍倒、摧毁，然后又从头来过！

我经常心情沮丧，可是从来不绝望。我将我们躲藏在这里的生活看成一场有趣的探险，充满危险和浪漫情事，并且将每个艰辛匮乏当成使我日记更丰富的材料。我已下定决心要过和其他女孩子不一样的人生，不想以后变成一个平凡的家庭主妇。我在这里的经验，是一个有趣人生的一个好开头。碰到最危险的时刻，我都必须往它们幽默的一面看，并且笑一笑，理由——唯一的理由——就在这里。

我年轻，有许多尚未发现的特质；我年轻又坚强，正活在一场大探险里；我正在这探险过程之中，不能因为没有什么好玩的事而只顾整天唉声叹气！我有很多福分：幸福、愉快的性情，以及力量。每天我都感觉到自己在成熟，我感觉到解放正在接近，我感觉到大自然的美和周遭人的善良。每天我都想，这是一场多么迷人有趣的探险！有此种种，我为什么要绝望？

魏茨曼关于大屠杀的演讲①

◇ 哈伊姆·魏茨曼

哈伊姆·魏茨曼（1874—1952），英国犹太裔化学家、犹太复国运动政治家，魏茨曼研究所创建人。

当未来的历史学家追溯我们这个时代的悲惨记载时，有两件事会令他感到迷惑不解：第一件事是大屠杀罪行本身，第二件事是世界对这种罪行的反应。他将反复而仔细地考证有关的历史资料，才能相信在20世纪中期，一个伟大国家的人民竟会把政权交给一群杀人犯管理。这伙杀人犯竟把屠杀无辜奉为公开的政策。这位历史学家将会看到有关毒气室和密封毒气车之类的史料。这些史料简直令他难以置信。

当这位历史学家终于被这些悲惨的史料说服后，在他要对人类历史这一绝无仅有的暴行做出判断时，另一件事又使他百思不得其解，那就是为什么文明世界对纳粹残酷地和有计划的屠杀犹太人无动于衷。犹太人唯一的罪过就在于他们是昔日献给人类伦理道德戒律的犹太民族的后裔。他不能理解，为什么世界的良知还需要被唤醒，为什么人类的同情心还需要被激起。而他最不能理解的是，为什么那些正与这种具有煽动性的、有组织的暴行进行斗争的国家，还需要经过请求才能给予这一暴行最早和最主要的受害者以庇护。

---

① 这是以色列第一任总统魏茨曼1943年3月1日在纽约麦迪逊花园广场发表的讲话。他当时是世界犹太复国主义组织的主席。在讲话中，他指出现在200万犹太人死于非命。但到二战结束时，共有600万犹太人死于纳粹的屠刀下。

现在200万犹太人已死于非命，世界再也不能以这些可恨事件尚未公布或尚未证实为借口了。那些没有兑现的援救声明，现在就像戏弄人的谎话一样回荡在濒临死亡者的耳畔。